당신의 영혼은 안녕하십니까?

신경애 목사

사랑교회 담임 목사
사랑교회영성원장
늘찬양기도원장
영성훈련원설립, 교역자영성지도원장
미국 늘사랑교회 협동 목사, 해외파송 선교사
종교음악 작곡자
신경애 목사 작사 작곡의 "성령님의 운행하심으로" 1, 2, 3, 4집 앨범 발표
love01919@naver.com

당신의 영혼은 안녕하십니까?

© 신경애, 2015

1판 1쇄 인쇄 __ 2015년 05월 20일
1판 1쇄 발행 __ 2015년 05월 30일

지은이 __ 신경애
펴낸이 __ 이종엽

펴낸곳 __ 글모아 출판
　　　　　등록 __ 제324-2005-42호

공급처 __ (주)글로벌콘텐츠출판그룹
　　　　　대표 __ 홍정표　이사 __ 양정섭　디자인 __ 김미미　편집 __ 김현열 송은주　기획·마케팅 __ 노경민
　　　　　경영지원 __ 안선영
　　　　　주소 __ 서울특별시 강동구 천중로 196 정일빌딩 401호　전화 __ 02-488-3280　팩스 __ 02-488-3281
　　　　　홈페이지 __ www.gcbook.co.kr

값 18,000원
ISBN 978-89-94626-34-5 03230

당신의 영혼은 안녕하십니까?

신경애 지음

글모아출판

이 천지간에 그 모든 것은 하나님의 사랑에 의해서 시작되었습니다. 하나님은 모든 것의 근원이 되시며 생명의 근원이 되신다는 것을 알아야 합니다.

우리는 하나님의 은혜를 입은 사람이므로 그 은혜에 감사하고 보답하는 사람들이 되어야 합니다.

세상은 우리의 믿음을 떨어뜨리기 위하여 온갖 수단과 방법을 동원하곤 합니다. 우리는 세상의 수많은 미혹을 이겨 나가야 합니다. 그리스도께서 세상을 이기셨으니 그리스도께서 주신 생명과 능력으로 세상을 이겨야 할 것입니다.

그러나 사람들은 하나님의 영적인 큰 사랑의 목적을 스스로 상실하고 육적·물질적 충족만을 우선으로 하고 있습니다.

하나님의 사랑과 인간이 하나님께 원하는 사랑이 일치하지 않으므로 인간은 정욕으로 인하여 타락의 결과만을 가져오고 있습니다.

하나님이 우리에게 모든 것을 주시고 사랑하신 것은 영적 가치를 위한 것이건만, 인간은 그 사랑을 오해하여 영적인 가치를 상실하고 있습니다.

하나님께서는 예수 그리스도를 통하여 당신의 희생적인 사랑의 모습을 보여 주고 있습니다. 하나님의 사랑은 우리가 생각하는 만큼 관념적이거나 추상적이지 않다는 것을 알아야 할 것입니다. 하나님께서는 독생자이신 예수님을 인간의 죄를 대신하여 죽게 하심으로써 우리에게 사랑을 표현하셨음을 우리는 가슴 깊이 새겨야 할 것입니다. 죄인들을 불쌍히 여기셨기 때문에 아들을 제물로 사용하셨습니다.

우리는 하나님의 사랑을 생각과 마음에만 그치지 말고 행동으로 표현할 줄 알아야 합니다. 그런데 우리는 스스로의 희생을 하지 않으려고 육의 일에만 욕심을 내다가 영적 소경과 영적 귀머거리가 되었습니다. 자신이 하고 싶은 그 모든 것을 육적인 측면에서 생각하게 되고, 하나님과의 관계가 없는 암울한 영적 침체기에 도달하여 자기의 영혼이 방황하고 있는 처지에 놓여 버리게 되었습니다. 하나님을 두려워하지 아니하고, 경외하지 못하고 세상의 쾌락만 좇아 살아가는 인생들이 되어 버렸습니다. 그리스도께서 보내신 성령님의 말씀을 알지 못하고 성령님에 대한 믿음이 없으므로, 각자 그 영혼은 방황하고 황폐함 속에서 갈 바를 알지를 못하는 처지에 놓여 있게 된 것입니다.

　사람들은 하나님을 두려워하지 아니하고 경외하지 아니하고 세상의 쾌락을 좇아 살아가고 있습니다. 사람들은 교만하고 자기중심적이 되어서 성령님의 인도를 외면하고 사단의 종노릇을 하고 있습니다. 사람들은 헛되고 헛된 것을 향해 달려가면서 영원한 형벌을 향해 나아가고 있습니다. 사람들은 악이 악인 줄도 모르고, 시시때때로 거짓말만 늘어놓는 자신의 영적 모습을 알지 못하고, 거짓이 진실인 줄로 착각하며 살아가고 있습니다. 회칠한 무덤같이 겉으로는 번지르르하나, 그 영혼은 썩고 병들어 더러움이 우글거리고 있다는 것을 모르는 채, 아무 분별없이 마귀와 벗되어 살아가면서도, 그리스도와 친구인 척 위장하고 있습니다. 영적 소경이 되어, 성령님이 일하심을 보고도 알지 못하고, 들어도 깨닫지 못하는 영적 무지함 속에 빠져 있습니다.

　교만과 자만으로 인해 악을 악인 줄도 모르는 영적 위치에서 다시 하나님을 욕보이는 사람들을 볼 때 안타까움을 금할 길이 없습니다. 우리의 영혼은 성령님이 하시는 사역을 통하여 성령님의 인도하심을 받아 그리스도를 더 알고, 그리스도를 믿는 믿음의 경지에 도달해야 할 것입니다. 은혜의 하나님이시면서 심판의 하나님이십니다. 회개하고 돌아오는 자들에게는 축복이, 끝까지 하나님께 대적하는 자들에게는 냉엄한 심판이 내려질 것입니다. 우리 모두가 성령님의 인도를 받아 예수 그리스도를 영접하고 영생의 주인공이 되기를 기원합니다.

2015년 봄 대구에서
저자 신경애

목 차

당신의 영혼은 안녕하십니까?

1부

그리스도만
높여야 됩니다

❶

단장품을 제거하라

여호와께서 모세에게 이르시기를 이스라엘 자손에게 이르라
너희는 목이 곧은 백성인즉 내가 한순간이라도 너희 가운데에 이르면
너희를 진멸하리니 너희는 장신구를 떼어 내라 그리하면 내가 너희에게 어떻게
할 것인지 정하겠노라 하셨음이라 이스라엘 자손이 호렙 산에서부터
그들의 장신구를 떼어 내니라

(출애굽기 33:5~6)

범죄한 히브리 민족은 하나님의 긍휼하심을 입기 위하여 자기의 몸에서 단장품을 제하게 되었고, 단장품을 제한 히브리 민족들이 하나님의 긍휼하심을 입었다면, 우리는 현재 얼마나 세상에 속한 나의 심령의 단장품을 제하려고 애써 보았습니까? 그리고 마음의 단장품인 자기중심적인 모습에 속한 여러 모양의 영적 단장품을 제거하기 위하여 몸부림을 치며 애통하며 애쓰고 힘써 보았습니까? 또 얼마나 하나님 중심적인 삶의 모습으로 살아가기를 원하였습니까? 단장품을 제하기 위하여 전심으로 애쓰고 힘써 보았습니까? 겸손한 마음과 생활로 성령님의 통치 안에 들어가기를 위하여 자기중심적인 이기적인 단장품을 버리

며 얼마나 애쓰고 힘써 보았습니까? 자기 속 단장품을 제거하기 위하여 죽기까지 몸부림을 치며 애통해하며 성령님을 내 안에 모시어 들이기 위하여 바라고, 두드리고, 구해 보았습니까?

여러분, 몸을 위하여서는 혼신의 힘을 다하여 몸부림치며 울어 보았겠지만, 자기의 영혼과 자기 자녀의 영혼을 위해서는 과연 목숨을 다하고, 뜻을 다하여 애통해 보았습니까? 자기중심적이고 이기적인 단장품을 제거하기를 위하여 울어 보았습니까? 여러분, 아직도 자기중심적인 삶에서 벗어나지 못한 우리의 모습을 돌아보아야 할 것입니다.

여러분, 우리의 영혼이 물과 성령으로 거듭나지 아니하면, 타락한 자기를 버리지 못하고 악의 굴레에 갇혀서 진노의 잔을 채워 가는 것은 하나님의 뜻과는 정반대 방향으로 걸어가는 것입니다. 하나님 중심적인 삶이 아니라 자기중심적이고 이기적인 육적 삶의 단장품에 매여 살고 있다면 단번에 그 단장품들을 제거해야 할 것입니다.

여러분, 한 번 받았던 은혜를 아니 지금껏 수없는 많은 은혜를 받았음에도 불구하고 지금 현재까지도, 하나님의 은혜 가운데 살아가면서도 아직도 자기의 단장품을 제하지 못하고 꽉 잡고 있는 모습은 하나님의 진노 속에 있음이기 때문이라는 것을 알아야 할 것입니다. 한 번 받았던 은혜를 상실하고 그 은혜를 다시 회복하는 것이 얼마나 힘든가를 스스로가 느꼈을 것인데도, 아직도 은혜를 갈구하는 것보다는 자기 육을 위한 자기의 정욕으로 살아가려는 악함은 어찌 버리지는 못하는지, 깊은 애통과 회개가 있어야 할 것입니다. 우리의 인간성과 죄악성을 주 안에서 죽이고, 받은 은혜를 자기의 혈기로 쏟아 버리지 않아야 하는데, 우리 자신은 정녕 모든 은혜를 혈기와 분냄과 당 짓기와 술수로 쏟아 내어 버리고 있는 것에 대해 두려워 할 줄 알아야 합니다. 인간성과 죄악성이 발동을 하여 사람도 종도 알아보지 못하는 악한 마음을 즉시 회개하고 자기를 낮추고, 깨어져야 됨을 알아야 합니다.

여러분, 사단에게 압제당하는 데에서 진정한 참 자유를 얻게 하여 주시려고 하나님께서는 우리의 영혼을 향하여 단장품을 제하여 버리라고 하십니다. 그러나 우리는 스스로를 자기의 욕심으로 인한 자기중심적인 신앙생활의 틀에 결박시켜 놓고 있기 때문에 진정한 자유함을 얻지 못하고 있는 것입니다. 자기의 영적 위치를 분명히 알면서도 자기의 욕심을 다스리지 못하여 죄가 되었고, 죄가 장성하여 사망에 이르게 되었다는 것을 깨닫고 깊이 회개하여야 할 것입니다. 죄 문제가 해결이 되지 않는다면 그 어떠한 다른 길로도 하나님을 향한 거룩한 예배에 참예할 수가 없을 것입니다.

여러분, 우리는 나그네 같고 돌 같은 이방인들이었습니다. 우리는 원래 아브라함의 혈통을 받지 않았기 때문에 아브라함과 야곱과는 아무 상관도 없고 아무 관계도 없는 것입니다. 그러나 예수 그리스도의 복음을 듣고, 알고, 믿어 십자가의 도를 걸어갈 때 아브라함의 영적 자손이 될 수 있는 것입니다. 그리스도를 믿지 않는 자는 절대로 아브라함의 혈통이 될 수가 없다는 말입니다. 십자가의 도는 자기 영혼을 위하여 하나님을 알고, 믿고, 섬기는 데에 있어서 어떠한 고난과 환란이라도 이겨 내며, 하나님을 영화롭게 하기 위해 자기 목숨을 내어 놓는 일들을 말하는 것입니다. 하나님의 뜻 속에 있는 합당한 종들은 십자가의 도를 걸으며 자기를 부인하고 그리스도를 높이는 삶을 살아갈 것입니다. 그때에 하나님께서도 끝까지 함께하신다는 것을 기억해야 할 것입니다. 아무리 사단이 하나님 나라를 무너뜨리기 위해 악한 방법을 사용한다고 하여도 하나님 나라는 그리스도를 통하여 승리하셨으므로 영원히 무너지지 않습니다. 하나님 나라는 사단의 방해가 있다고 하더라도 반드시 이루어질 것입니다. 하나님 나라를 방해하는 사단은 결국 참소만 당하게 될 뿐입니다.

여러분, 사단이 자기의 정체를 감추고 자기의 때를 기다린다고 하여도 결국 사단의 때는 다가오지 않을 것입니다. 하나님 나라의 영광의 때는 있어도 사단의 때는 멸망이고 사망의 때밖에 없는 것입니다. 사단의 때가 되면 결국 참소만 당할 일뿐이며 무저갱 속에 갇히게 될 뿐입니다.

여러분, 오늘날 모든 악이 활개를 치는 것은 마지막 때가 임박하였다는 것을, 하나님의 예언하심을 이루기 위함임을 깨달아야 할 것입니다. 하나님께서는, 하나님 나라를 이루기 위하여, 무저갱 속에 갇힌 사단을 잠시 풀어 둔 것입니다. 이 또한 하나님의 나라를 이루어 가시기 위한 계획 속의 일부인 것입니다. 또 하나님이 보시기에 진정으로 그리스도를 믿지 아니하는데, 불법을 행하면서도 스스로 자칭 그리스도를 믿는다고 자부하는 이들을 결코 주의 도구로 사용되어지지 않게 하실 것입니다. 불법을 행하는 그러한 자들은 주의 도구가 아니라 사단의 종노릇을 하는 도구가 될 것입니다. 그러한 자들은 즉시 모든 불법을 멈추고 두려워하는 마음으로 회개하며 나아가야 할 것입니다.

자기의 생각만으로 하나님의 뜻에 따라 살고 싶다고 해서 마음 놓고 선과 악 사이를 왕래하면서 살아갈 수 없다는 것을 깊이 깨달아야 할 것입니다. 단장품이 가득한 악에 속한 자들은 성령님의 통치 안에 들어갈 수가 없다는 사실을 분명히 깨닫고 성령님의 통치 안에 들어갈 수 있는 사람이 되기 위하여 착한 행실을 행하는 선한 마음을 가져야 함을 깊이 깨달아야 할 것입니다. 우리들이 원해서 되는 것이 아니라 하나님의 계획하심이 있어야 함을 알고 선택을 받기 위해 회개하는 삶을 살아야 합니다. 선택을 받기 위해서는 먼저 이기적인 단장품을 제해 버리는 훈련에 들어가야 할 것입니다.

여러분, 우리의 생사화복은 위로부터 정하는 것이며, 만약 정하셨다면 하나님께서는 분명히 모든 일들을 이루어 가실 것입니다. 그렇다면 우리는 어찌해야 하는지를 잘 깨달아야 할 것입니다. 오늘 이 시대에 사는 우리는 무저갱에서 잠깐 풀려난 사단의 종노릇을 하는 것이 아니라 성령님의 통치하심 속에 거하며 하나님 나라에 쓰임 받을 수 있는 사명자가 되기 위해 몸부림쳐야 합니다.

여러분, 하늘의 것을 먹는 것이 중요한 것이 아니라 하늘의 것을 먹고 하나님의 뜻에 부합되는 하나님의 자녀가 되는 것이 중요하다는 사실을 깊이 깨달아야 합니다. 많은 기적과 표적을 체험하고 듣고, 보고, 깨닫는다고 하여도 그것을 통하여 성령님을 증거하는 일에 목숨을 다하여 전심으로 복음을 부르짖는 증인의 삶을 사는 것이 더욱 중요하다는 것을 깨달아야 합니다. 많은 체험을 통하여 위의 것을 맛보고도 입을 봉한 자들은 하나님의 검으로 멸망을 당하게 될 것이라는 사실을 분명히 알아야 합니다.

성경을 잘 아는 율법사나 사두개인, 바리새인, 제사장들은 예수님의 말씀의 떡을 먹지 못하고 예수님을 평범한 사람으로 밖에 보지 못했으므로 천국을 소유할 수가 없었던 것입니다. 천국의 비밀을 아는 것이 그들에게는 허락되지 아니했고 예수님을 따르는 제자들에게만 허락되었기 때문입니다. 바꾸어 말하면 오늘날에도 역시 성경을 지식으로 알고 행

당신의 영혼은 안녕하십니까?

함 없는 신앙관으로 하나님을 안다는 자들은 도리어 그리스도를 믿어 물과 성령으로 거듭난 자들에게 임한 성령님의 역사하심을 부인하고 핍박하는 가운데 사람을 통로로 사용하시는 성령님의 사역하심을 알지 못하고 평범한 사람의 일로 보고 있기 때문에 천국을 소유할 수가 없는 일뿐만이 아니라, 성령을 훼방하는 죄로, 악을 지속하는 삶을 살고 있다는 말과 같습니다. 여러분, 성령훼방죄는 영원히 용서받을 수가 없습니다.

아무리 천국의 비밀을 말하여 주어도 천국이 허락되지 않는 자는 그 비밀을 깨닫지 못할 것입니다. 그러나 말씀을 듣고 진리를 깨달아 성령님을 섬기며 어린아이와 같이 성령님을 받드는 자는 특별히 선택을 받은 종이라는 것이 분명합니다. 말씀을 듣는 귀가 열리고 영안이 열려 하늘의 비밀을 알고 성령님을 두려워하며 경외하는 자는 하나님의 자녀이기 때문인 것입니다.

여러분, 시대의 흐름을 깨닫고, 하나님의 뜻과 섭리를 깨닫고, 이 시대에 허락하신 하나님의 비밀을 깨닫는 자는 하나님의 백성이 되는 자격을 갖춘 자라는 것을 분명히 알고 하나님 나라를 위한 성령님의 사역에 동참하여야 할 것입니다. 그래서 영을 분별할 줄 아는 것이 중요하다는 것입니다. 성경을 잘 안다고 자처하던 사람들도 예수님의 말씀을 듣고도 목수의 아들로만 보았고 예수님께서 귀신을 쫓아내시니 귀신의 왕 바알세불로 보았습니다. 예수님의 제자들만이 예수님을 하나님의 아들로 보았습니다. 예수님을 따르던 제자들은 천국을 소유할 수 있는 일들을 허락 받았기에 말씀을 깨닫게 되었고 예수님이 하나님의 아들이심을 아는 것이었습니다.

그러나 우리는 사정이 어찌 되었든지 간에 수년 동안 성령 역사를 체험하고도, 말씀을 듣고도 믿지 못하는 까닭은 무엇이겠습니까? 천국을 소유할 자들은 한 번의 체험을 통해서도 아니 체험하지 않고 성경을 통해서도 성령님의 하시는 사역을 믿고 따르며 성령님을 내 안에 모시어 들이기를 힘쓰며 성령님이 하나님이심을 고백하며 증인으로서의 사명을 다하게 될 것입니다. 그런데 우리는 그렇게 많은 체험을 했으면서도 아직도 자기 꾀와 술수에 젖어 하나님을 조롱하며, 거짓된 심령으로 하나님을 자기 육을 위하여 자기 삶의 수단으로 밖에 여기지 않는 죄를 범하고 있습니다. 그러한 자는 과연 천국을 소유할 수가 있는 자인지를 스스로가 자기의 영적 진단을 하며 자기의 심령을 의심해 보아야 할 것입니다. 그리고 하나님께서 천국을 허락하여 놓은 자인지를 한 번 분별해 보아야 할 것입니다.

　여러분, 신비주의(무당)는 파괴를 가져오며 사망을 가져온다는 사실을 잊지 말아야 할 것입니다. 그러나 그 신비주의(무당)를 제압하는 것도, 떠나보내는 것도 하나님의 권능에 속해 있다는 것을 알아야 합니다. 하나님의 권능 없이는 우리는 아무리 어떤 수단과 방법을 동원한다고 하여도 해결 받을 수가 없을 것입니다. 그런데 그러한 권능의 하나님을 우리는 어떻게 여기고 있습니까? 간악함으로 하나님보다 더 높이 서려는 타락한 천사 루시퍼의 모습으로, 타락한 영에 흡수되어 악에 속한 활동을 하면서도 하나님의 도우심을 받는 듯 위장한 모습으로, 하나님의 자녀로 위장을 하여 수많은 영혼들에게 거짓을 말하며 신비주의에 빠져들게 만드는 도구로 있지는 않은지 스스로 자기 영혼을 말씀의 잣대로 점검해 보아야 할 것입니다.

　하나님의 영이 아닌 어둠의 세력 속에 거하면서 하나님께로 나아갈 수 있다는 착각은 이제 멈추고 선한 마음으로 착한 행실로 성령님을 모시어 섬기는 자로 변화 받아야 할 것입니다. 여러분, 육적인 세상 병원에서의 중환자들을 생각해 보십시오. 산소 호흡기를 의지해서 목숨을 유지하고 있는 환자들을 보십시오. 그와 마찬가지로 우리는 지금껏 영적 산소 호흡기를 달고 있었고 현재도 그 호흡기로 살아가고 있다는 사실을 알아야 할 것입니다. 그 산소 호흡기만 떼면 그 환자는 숨을 거두게 되어 있습니다. 산소 호흡기를 하고 있는 자는 자기의 의지와 판단과 고집은 아무 필요하지 않습니다. 그저 의사가 하는 대로 목숨을 맡기고 의사가 산소 호흡기를 떼기만 하면 죽음으로 갈 수밖에 없이 되어 있습니다. 그처럼 우리는 그동안 "하나님의 사람을 통하여, 성경을 통하여"라는 산소 호흡기를 달고 살아왔습니다. 그 영적 산소를 마셔 가면서도 악에 속한 모든 단장품을 제거하지 않는 심령이라면 계속 육적 욕망을 위해 살아가게 되고 결국에는 악의 양이 급속도로 차서 영적 산소 호흡기를 떼야 할 시기까지 가게 될 것입니다. 우리는 성령님의 도우심으로 호흡함까지도 감사해야함을 확실히 알고 영적 산소 호흡기를 떼지 않기를 소망하여야 합니다.

전심으로 성령님을 내 영혼에 모시어 들이는 순결하고 성결한 마음밭이 되기 위해 스스로 자기 영혼을 훈련시켜야 할 것입니다. 세상의 육의 병으로 산소 호흡기를 의지한 사람들은 그 호흡기를 하는 동안 악을 부리지 않고 가만히라도 있는데, 우리는 2사망을 당하지 않기 위해 생명을 공급하시는 영적 산소 호흡기이신 중보자 성령님을 나의 영혼에 모시어 드릴 수 있는 자격을 갖추어야 합니다.

여러분, 하나님을 영화롭게 하기 위해 몸부림을 치기는커녕 살리시는 영을 배역하고 육의 목적을 이루기 위하여 하나님을 자기 삶의 수단으로 여기는 태도를 가진다면 하나님과는 영원히 단절되어 버릴 것입니다. 하나님과 단절되어 버린 자들은 자기의 심령을 한 번 돌아볼 수도 깨달을 수도 없는 소경이 되어, 입으로는 성령님을 모시어 들인다고 말하고 있으나, 실상은 성령님을 대항하는 마음을 가지고 성령님의 사역을 방해하는, 그리고 성령님을 근심케 하며 하나님 나라를 파괴시키는 삶을 살게 될 것입니다. 그런 모습이 되지 않기 위해 자기심령을 분별해 보며 영혼을 관리해야 할 것입니다. 자기 영혼의 일들을 분명히 분별해 보아야 할 것입니다.

여러분, 보리떡과 물고기를 먹는 것이 중요한 것이 아니라 그것이 누구에게서 왔으며 누구를 영화롭게 해야 하는 것인지를 깨달아야 할 것입니다. 물이 포도주가 된 것이 중요한 것이 아니라 누가 어떤 방법으로 포도주를 만들었느냐를 더 중요시 여겨야 할 것입니다. 그리고 그렇게 하신 이를 믿는 것이 가장 중요하다는 것을 깨달아야 합니다.

여러분, 말씀과 진리를 듣고 말씀과 진리가 있는 곳에 남는 자가 되어야 합니다. 말씀과 진리는 곧 그리스도를 말하는 것입니다. 육의 것을 목적하는 자들은 곧 하나님으로부터 멀어지게 될 것입니다. 영의 것을 목적으로 하는 자들은 끝까지 참고 인내하며 기다리고, 연단을 통해 영생의 소망을 가지게 되며, 결국에는 하늘의 영광을 누리게 될 것입니다. 영의 것을 사모하여 끝까지 참고 인내하며 견디는 자는 자신의 영혼이 물과 성령으로 거듭난다는 확신을 가져야 할 것입니다. 물과 성령으로 거듭난다는 것은 진정으로 그리스도를 믿는 자들에게 주시는 하나님의 증표라는 것을 우리는 반드시 알아야 합니다. 하나님께서 인정하시는 믿음만이 구원의 확신을 가질 수 있게 됩니다.

건물적인 교회에 다닌다고 해도, 그저 입으로 아멘이라고 말하며 스스로 구원의 확신을 가지고 있다고 하여도, 하나님께서 인정하시지 않는 믿음이라면 종교인에 불과할 뿐 그리스도를 믿는 하나님의 백성은 아니라는 것을 깨달아야 할 것입니다. 하나님께서 인정하시는 믿음은 우리의 영혼이 성령의 인도함을 받아서 예수 그리스도를 구세주로 믿고 영접하는 믿음이며 그리하여 우리 육신이 성령이 거하시는 성전으로 변화되는 것입니다. 하나님께서는 우리가 성령님의 인도하심을 받으며 하나님 나라를 증거하며 영혼 구원을 위하여 사용되는 도구로서의 삶을 살게 되기를 원하시고 계십니다.

하나님께서는 자식을 양육하듯이 우리를 양육하였으나 우리는 하나님을 버리고 만홀히 여겼으므로 패역한 자가 되어 버렸고 패역한 길에서 돌이킬 수 없는 존재로 전락되었습니다. 회개해야 합니다. 그러므로 하나님께로 돌이켜 나가기 위하여 성령님을 찾고, 구하고, 바라는 심령이 되어야 합니다.

소도 임자가 있고 나귀도 주인의 구유를 알고 있는데, 성령님의 인도를 받지 못하는 자들은 부패하여 하나님의 경고의 말씀을 듣지 않고 하나님의 사랑하심도 받아 누릴 수 없는 영적 고아라는 사실을 알고 탄식해야 할 것입니다. 부패한 가운데서도 또 부패함으로 향하여 가고 있는 영적 고아들은 머리에서부터 발바닥까지 상한 곳과 터진 곳과 새로 맞은 흔적으로 성한 곳이 없도록 부패되어 버릴 것입니다. 그럼에도 불구하고 지금 현재에도 더 맞고 부패하여지기 위하여 패역을 일삼고 있는 자신의 모습을 돌아보아야 합니다. 머리는 병이 들고 마음은 피곤하여 죽게 되었어도 곪은 곳을 짜며 터진 곳을 싸매지도 못하고 맞은 것을 기름으로

유하게도 못한다고 하나님은 말씀하십니다. 아무 쓸모가 없는 영적 고아들은 멸망의 길로, 패망의 길로 향하면서까지 성령님을 대적하고 있습니다. 하나님을 떠난 삶은 이와 같이 하나님의 저주와 진노가 기다리고 있을 것입니다. 그리고 하나님의 진노와 저주 속에 있는 그들은 심령이 부패하여 졌으므로 그 심령에 다른 우상들이 들어가서 그리스도를 믿는 영혼들을 삼키고 짓밟아서 황무하게 만들어 버립니다.

우리는 하나님의 저주 속에 있는 타락한 자의 모습에서 단번에 벗어나기를 소원해야 합니다. 우리의 마음으로부터 하나님을 찬양하는 것이 아니고 하나님의 영광을 위한 것도 아니고 오히려 하나님을 이용하여 자기 육이 살고자 하는 모습을 단번에 끊어 내기 위하여 몸부림치며 회개하여야 할 것입니다. 회개하지 아니하고 자기의 고집과 아집으로 버티며 나가는 자는 육이 그저 황폐하게 될 뿐입니다.

성령님의 통치 안에서 성령님의 법에 귀를 기울이지 않고 무수한 제물을 드린다고 하여도 부패한 제물은 헛된 제물이 된다는 것을 알아야 할 것입니다. 즉, 가인의 잘못된 제물은 헛된 것이고 아나니아와 삽비라의 제물 또한 헛된 것이라는 것입니다. 헛된 제물이라는 것은 하나님께서 받지 않는 제물을 하나님 앞에 보이러 오는 것이니 마당만 밟을 뿐이라는 것입니다. 마당만 밟는다는 것은 신령과 진정으로 드리지 못하고 하나님께 상달되지 않는 형식적이고 의식적인 예배를 말하는 것입니다. 그리고 대회나 성회로 정한 절기로 부지런히 모인다고 하여도 마당만 밟고 가는 심령들이라면 그 모임을 하나님께서는 싫어하시며, 모일 때마다 하나님께서 기뻐하시지 않는 일들을 행하므로 성령님께서 애통하시는 것입니다. 헛된 제물을 드리는 모임은 하나님께서는 무거운 짐으로만 여기시게 될 것입니다.

　여러분, 성령님의 인도하심으로 하나님의 말씀을 가벼이 여기지 아니하고 순종해 나간다면 새 땅의 아름다운 소산을 먹고 천년왕국의 기업을 얻어 영생복락을 누리게 될 것입니다. 그러나 하나님의 말씀을 부정하며 거부하고 배반하면 여호와의 진노의 칼을 받아 영원한 사망(2사망)으로 가게 될 것입니다. 과거에 아무리 의와 공평을 행하며 신실하게 살았다고 할지라도 영적 살인자, 창기, 패역하고, 도적과 짝하며 뇌물을 사랑하며 고아나 과부를 억울하게 하며 사례를 구하는 자는 모두 버림을 받게 될 것입니다. 악에서 선으로 돌이키기만 한다면 하나님의 긍휼하심을 얻게 될 것입니다. 하나님께서는 부패한 우리들에게 경고하시며, 알려 주시며, 돌이키는 자에게는 긍휼과 자비와 사랑을 베풀어 주실 것입니다. 진정으로 구원의 복을 사모하는 자는 자기 영혼을 위하여 악을 멀리하고 선한 마음으로 착한 행실로 나가야 할 것입니다.

　하나님께서는 자기 백성들을 불타는 지옥에서 건지시기 위하여 자기 독생자를 잔인하게 죽이셨다는 것을 반드시 기억해야 할 것입니다. 겟세마네 동산에서 사랑하는 독생자이신 예수님의 절규를 듣고도 자기 백성을 건지시기 위한 목적으로 아들을 죽이셨다는 말입니다. 아들은 아버지의 뜻을 이루기 위하여 희생을 당하신 것입니다. 우리는 십자가의 도를 잃어버리면 안 되는 줄로 알아야 할 것입니다. 하나님께서 아들의 절규를 뿌리치면서까지 지옥으로 향하는 자기 백성들을 건지시기를 원하셨던 것처럼 우리는 예수님의 본을 받아 십자가의 희생을 감당하며 나아가야 합니다. 그러나 그렇게 하지 못하고 여전히 머뭇거리고 있다면 이런 자들에게 천국은 영원히 허락되지 않는 것이라는 것을 깨닫고 즉각 악으로부터 돌이켜 천국을 소유하도록 해야 할 것입니다.

　여러분, 은혜 입은 사람은 교만하면 절대로 안 됩니다. 은혜를 버리는 자는 사람이 아니기 때문에 은혜를 모르는 것입니다. 어찌 그러한 자가 사람이라고 생각할 수가 있겠습니까? 예수님께서는 십자가의 사랑으로 죄 가운데 있는 우리들을 건져 주셨는데, 혈관이 터지고 온몸의 피를 터지면서까지 우리를 악에서 건지시기를 위해 사랑으로 보호하여 주셨는데, 그러한 주님의 사랑의 은혜를 어찌 무시할 수 있다는 말입니까? 이 얼마나 어리석고 교만한 태도입니까? 교만한 자는 결국 패망의 길로 걷게 될 것이며 사망(지옥)으로 향하게 될 뿐입니다. 이것이 마귀의 목적이고 마귀의 계획인 것입니다.

　하나님께서는 능력이십니다. 하나님께서는 권능이십니다. 아버지의 권능으로 무엇이든지 하면 되겠지만 먼저 중요한 것은 하나님께서는 성령님을 향한 믿음을 먼저 보시고 기다리신다는 것을 명심하여야 할 것입니다. 믿음이 있을 때에 권능도, 능력도, 모든 일들이 발휘될 것입니다. 우리의 믿음 없음으로 내 안의 단장품을 제거하지 않는다면 스스로를 멸하게 할 뿐, 하나님과는 상관이 없음을 깨닫고 즉각 자기의 악한 마음을 돌이켜야 합니다. 악을 끊고 성령님을 영혼 속으로 모시어 들이며, 성령님을 믿고 섬기는 삶을 살게 되기를 간절히 소망합니다.

❷

원인이 있으면
결과가 있습니다

그는 허물과 죄로 죽었던 너희를 살리셨도다
그때에 너희는 그 가운데서 행하여 이 세상 풍조를 따르고 공중의 권세
잡은 자를 따랐으니 곧 지금 불순종의 아들들 가운데서 역사하는 영이라
전에는 우리도 다 그 가운데서 우리 육체의 욕심을 따라 지내며 육체와
마음의 원하는 것을 하여 다른 이들과 같이 본질상 진노의 자녀이었더니
긍휼이 풍성하신 하나님이 우리를 사랑하신 그 큰 사랑을 인하여
허물로 죽은 우리를 그리스도와 함께 살리셨고
(너희는 은혜로 구원을 받은 것이라)

(에베소서 2:1~5)

사람들의 고뇌가 한도 끝도 없는 것은 "죄" 때문입니다. 우리의 근본이 "죄인"이기 때문에 늘 죗값을 치르며 죄에 눌려 살아가야 하는 것입니다. 죗값을 치르면서도 우리는 여전히 불평불만으로 악을 되풀이 하며 반복해서 죄를 범하고 있습니다. 죗값을 치르면서 선한 양심(그리스도의 마음)으로 돌이키는 마음으로 살아간다면, 죗값을 치르고 난 후 새로운 시작이 있을 것입니다. 그러나 자신의 교만함 때문에 죗값

을 치르는 줄도 모르고 마냥 죄를 짓고 있다면 죄에 대한 보응은 한없이 이어질 것입니다.

여러분, 성령님의 인도를 받지 않는 사람은 누구나 한순간도 제대로 평안을 누리며 살아갈 수 없습니다. 육신의 고통도 이겨 내지 못하고 힘들어 하는 자신의 모습을 돌아보십시요. 성령의 인도를 받지 않는 사람들은 옛사람 아담의 범죄로 말미암아 육이 흙으로 돌아가는(1사망) 저주받은 삶 속에서 항상 고뇌의 무거운 짐을 짊어지고 살게 됩니다.

사람이 무엇 때문에 육신의 피곤함으로 고통을 받고 있는지 살펴보아야 합니다. 그 까닭을 알기 위해서는 자기 자신의 심령을 더 깊이 있게 분별해 보아야 합니다. 분명 원인이 있기 때문에 결과가 생겨나는 것입니다. 사람들은 원인을 알지 못하고 아직까지도 무엇을 잡아야 하며 무엇을 해결해야 하는지를 모르고 있습니다. 무엇이 원인인지를 아무리 외쳐 부르짖으며 알려 주어도 그 말의 의미를 깨닫지 못하고 있습니다. 사람들의 고뇌와 고통의 가장 근본적인 원인은 성령님을 떠난 삶을 사는 것입니다.

자기의 영혼이 스스로 성령님을 외면하며, 성령님을 멀리하며 지내 왔음을 회개하여야 할 것입니다. 아직 회개할 태도가 되어 있지 않는 자들은 자기가 지금까지 안주해 온 삶의 환경과 규칙이 깨져 버릴까봐, 자기 중심적인 삶과 계획이 깨져 버릴까봐 성령님을 받아들이지 아니하며 오히려 성령님이 오실까봐 두려워하는 것입니다. 성령님의 통치함을 받게 되면 자기를 부인하고 십자가를 져야하기 때문에 도리어 성령님을 차단하는 것입니다.

성령님을 떠난 삶이라고 말하니 육의 관계가 멀어져 갔다는 것으로 아는 이가 허다합니다. 성령님을 떠난 삶이라는 것은 하나님의 뜻대로 살아가지 아니하고 자기중심적으로 자기 뜻대로 살아가는 것을 의미합니다. 성령님을 떠난 삶이란 성령님을 인정하지 아니하고 성령님을 자기 영혼에 모시어 들이지 않고 성령님을 미워하는 삶을 말하는 것입니다. 하나님의 말씀에 귀를 닫고 있는 것은 성령님을 떠난 삶입니다. 즉, 성령님이 하시는 말씀에 거듭 불순종하고 있다는 말입니다. 성령님을 떠난 삶이란 하나님 말씀에 거듭 불순종하며 하나님께서 기뻐하시는 삶을 살지 못하는 것을 의미합니다. 어쩌면 성령님이 함께하시어 선한 마음(십자가의 길, 고난의 길)을 가지게 될까봐 두려워하며 거부하는 건지도 모릅니다. 입술로는 "주여 주여 나를 도우소서 십자가의 길을 따르오리다"라고 말하지만, 영적 상태는 성령님을 진정으로 받아들이지는 않고 있음을 알아야 합니다. 아집과 고집을 버리는 것을 죽도록 싫어하며 자기의 욕심을 포기하지 않는 범위 내에서 성령님이 함께하여 주시기를 바라는 이기적인 모습인 것입니다.

무엇이 원인이 되었는지를 알았다면 그 원인을 반드시 해결해 나가야 합니다. 원인은 그대로 두고 자꾸 엉뚱한 것을 고쳐 나간다 하여도 문제는 해결 되지 않는 법입니다. 성령님과의 대적이 원인이 되었으면 성령님과 대적하지 말아야 합니다. 남을 미워하는 마음으로 지내고 있다면 미워하는 마음을 거둬야 할 것입니다. 그와 동시에 자기 마음을 다스려 선한 양심(말씀에 순종하는 마음)이 되도록 훈련을 받아야 할 것입니다.

지금 현재 자기들의 심령에서 나오는 모든 악한 모습과 모양들, 즉 짜증이 올라오고 분냄과 혈기가 올라오는 것은 육신의 피곤함과 환경의 곤고함 때문이 아닙니다. 자신들은 육신이 힘이 들어 피곤하고 견딜 수가 없기 때문에 온갖 혈기를 부리고 분을 낸다고 생각할 것입니다. 자기 안의 속 사람이 악하기 때문에 그런 현상이 나타나는 것임에도 불구하고 남을 탓하고 있는 자신을 볼 줄 알아야 합니다. 모든 생각과 행동이 부정적이며 남을 의심하고 판단하기를 좋아하는 자신의 영혼을 돌아보고 회개하여야 합니다. 스스로가 악에 속해 있으므로 모든 주어진 사물과 환경 그리고 사람들이 나쁘게 보이며 불평 불만투성이가 되는 것입니다. 눈에 조금이라도 거슬리면 그 상대를 미워하고 싫어하며 비판한다면, 자기 자신이 문제이지 상대방이 문제가 아니라는 것을 깨달아야 합니다. 상대의 고통을 즐기고 본체만체하는 모습도 역시 악에 속해 있기 때문에 그러한 것입니다.

여러분, 자기 안의 영이 먼저 성령님이 떠난 삶을 살기 때문에 악의 지배를 받게 되는 것입니다. 먼저 말씀(하나님)을 떠난 삶으로 살아가기에 분냄이 있고 혈기가 있고 당 짓기를 좋아하고 술수를 부리는 삶으로 살아가고 있는 것입니다. 진노의 자녀의 모습과 불순종의 자녀의 모습으로 살아가기 때문에 육신은 더 지치고 망가지게 되는 것입니다. 육이 지치니까 심령이 더 완악하여지는 것이 아니라 자기의 악한 심령(하나님을 모르는 것)으로 말미암아 육신은 더욱 피곤하고 곤고하며 짓눌리게 된다는 것을 알아야 합니다.

진노의 자녀였으며 불순종의 자녀였던 때의 모습 그대로를 간직한 채 주님을 찾고 있는 각자의 모습을 깊이 회개해야 합니다. 여러분, 우리는 말씀(하나님)을 버렸기 때문에 힘들고 고통스런 삶을 살아가게 되었으면서도, 성령님의 말씀은 귓등으로도 듣지 않고 성령님을 떠난 삶을 살아가기에 육신은 더 비참해지고 심령은 더 완악해져 있는 것입니다. 사람들은 현재도 늘 성령님과 대적 관계로 성령님을 외면하며 자기의 가치관대로 살아가려고 하고 있습니다. 악의 잔이 차고 2사망으로 끌려가지 않기를 위하여 성령님을 믿어야 한다고 외쳐 부르짖어도 자기 악을 놓지 않으려고 합니다. 이는 자기 안의 속 사람이 악신에게 지배를 당하여 그것들에게 의해서 움직이고 있다는 것을 모르고 있기 때문입니다. 자기 육을 빌어서 귀신 떼들이 들어가 사단의 모략에 빠져 들어가는 것을 아직 깨우치지 못하고 있습니다. 아무리 생각으로 안다고 깨우친다고 하여도 그것은 아는 것이 아닙니다. 진정으로 아는 자는 성령님을 받아들이고 믿게 되어 있습니다. 하나님을 두려워하고 경외하는 자는 반드시 하나님께로 돌이키게 되어 있습니다. 그러나 돌이키지 않는 자는 그 반대로 성령님을 무시하고 조롱하는 자에 속한 것입니다.

여러분, 육이 달려 있다고 해서 자기가 자기인 줄로 착각한 채 사단의 종으로 살아가고 있음을 느끼지 못하고 있는 상태라는 것을 성경을 잣대로 해서 체크해 보아야 할 것입니다. 그리고 자기 안에 또 다른 자기가 있다면 즉시 자기 안의 자기를 버리려고 하여야 할 것입니다. 자기 안의 자기를 버리지 못한다면 결국 자기 안의 자기로부터 피격을 당하게 될 것입니다.

이 땅에는 성경과 복음전하는 자들의 증언 외에도 절대자이신 여호와 하나님께서 보여 주시는 증거들이 즐비하게 널려져 있습니다. 예언의 성취는 이루어져 가고 있는데도 우리는 자신의 악함 때문에 성령님의 말씀에 귀 기울이지 못하고 하나님을 자기 삶의 수단으로 밖에 여기지 않는 아주 간교한 존재인 것입니다. 간교를 부릴 때는 좋겠지만 그 간교로 말미암은 보응은 그대로 살아 있다는 것을 명심하여야 할 것입니다. 자기 기분에 따라 하나님의 이름을 망령되이 일컫고 있다는 말입니다. 자기의 간교함으로 인하여 하나님의 영광을 땅에 떨어뜨리고 거짓의 하나님으로 만들고 있다는 것을 알아야 할 것입니다. 신실하신 하나님의 말씀의 비유를 알지 못하고 미련한 중생들이 하나님을 현저히 욕보이고 있다는 말입니다.

오늘날 건물적인 교회에서는 현대판 가룻 유다들이 득실득실 거리고 있습니다. 예수님을 팔아넘겼듯이 말씀(하나님)을 회비를 주고 회원가입을 하여야만 들을 수가 있기 때문입니다. 이러한 행동들은 하나님(말씀)을 매매하는 것입니다. 하나님 말씀은 누구나 그냥 들어야 하는 것이기 때문입니다. 세상은 거짓으로 물들어 가고 있습니다. 그리고 앞으로도 더욱 더 거짓으로 가게 될 것입니다. 거짓된 세상에서 사람들은 무엇이 진짜이고 무엇이 가짜인지를 모르고 있습니다. 세상과 함께 많은 사람들은 머리가 핑핑… 세상에 초점을 맞추고 돌아가고 있고 돌아 버리게 될 것입니다. 사람이 세상을 다스리는 것이 아니라 세상이 세상의 틀에 사람을 가두고 다스리고 있습니다.

우리의 입이 아무리 아름다운 말을 할지라도 우리의 심령이 더럽고 추잡한 마음과 생각을 끊어 버리지 못한다면 결국 용의 계획 안에 들어갈 것입니다. 용은 하나님을 대적하는 우두머리인 것입니다. 그 계획 속에서 우리는 용의 말을 듣고 용의 일에 동참하며 성령님을 대적하는 자가 되지 않기를 간절히 소원합니다.

여러분 성령님을 훼방하고 대적하는 행위는 영원히 죄사함이 없습니다. 악인은 바람에 나는 겨와 같이 흩어 버린다고 하셨습니다. 이러한 말씀을 우리는 두려워하지 않습니다. 두려워하지 않는다는 것은 하나님을 두려워하지 않는다는 것입니다. 두려워하지 않는다는 것은 하나님의 예언이 성취될 것을 믿지 않음을 의미하는 것입니다. 그러나 하나님께서는 당신께서 예언하신 것을 반드시 성취하십니다. 누구든지 성령님을 훼방하는 자가 되지 않기를 위하여, 악인이 되지 않기를 위하여, 성령님께로 돌이키려고 하는 영혼의 몸부림을 쳐야합니다.

우리가 그리스도를 믿는 것은 구원 받기를 위해서입니다. 구원은 악에서 건짐 받는 것입니다. 어느 누구도 악의 도구로 살아가면서는 구원이 없음을 알아야 할 것입니다. 구원은 영원한 생명을 얻게 해 줍니다. 구원 받음으로써 우리는 하나님 나라에 들어갈 수 있게 되는 것입니다. 구원은 바로 자기 심령 안에서부터 시작이 되어야 합니다. 여기서도 "주여" 저기서도 "주여"라고 하여도 하나님 나라는 자기 안에 임하여야 할 것입니다. 그것이 바로 구원 받은 자의 모습입니다. 자기 악으로 말미암아 심령이 회칠한 무덤이 되어 겉도는 식으로 주님을 찾는다는 것은 헛수고일 뿐입니다.

여러분, 우리는 먼저 선한 양심(그리스도를 믿으려는 몸부림)이 되어야 합니다. 선한 양심으로 주님을 찾을 수 있으니까 말입니다. 하나님은 선한 양심을 찾으시기 때문입니다. 여러분, 가장 근본적인 문제를 알고 풀지 못한다면 다른 어떠한 것도 묶이게 될 것입니다. 이 땅에서 성령님과의 매인 문제들을 풀어야만 하늘에서도 풀어 주실 것입니다.

인간은 자기의 의지는 있지만 자기가 가고자 하는 곳으로 갈 수는 없습니다. 정해진 이치에 따라 움직이는 것이 바로 우리인데, 우리는 착각에 빠져 우리가 걸어가고 있는 줄로 알고 있습니다. 모든 것은 하나님의 계획하심 안에 있기 때문입니다. 무엇을 심느냐에 따라 자기의 갈 길이 정해지는 것이지 자기의 생각과 뜻과 바람만으로 천국을 소유할 수도 갈 수도 없을 것입니다. 악을 심으면 악을 거두고 악인이 들어가야 하는 곳 불사름을 당하기 위한 곳으로 가야 되고 선을 심으면 선한 자들만이 향할 수 있는 선한 길로 향하게 될 것입니다. 우리의 눈앞에 보이지 않는다고 하여도 분명 천국과 지옥은 있다는 말입니다.

모든 이들은 입술로는 그리스도를 믿는다는 것을 시인만 하여도 천국에 간다고 착각을 하고 있다는 것을 알아야 합니다. 마음으로 먼저 그리스도를 믿어야 하는 것입니다. 마음으로 믿어 입으로 시인해야 하는 것입니다. 마음으로 믿는다는 것은 성령님이 하시는 말씀에 순종하여 살아가는 삶을 말하는 것입니다.

오늘날 대부분의 목회자들은 지나간 일들을 말합니다. 그리스도의 십자가를 말하고 부활을 말하고 이미 오신 메시야를 증거하고 있습니다. 이 모든 일들은 이미 이루어진 일인 것입니다. 이제는 성령님의 인도를 받아 앞으로 되어질 일을 알아가야 할 것입니다. 의에 대하여 알아야 하며, 죄에 대하여 알아야 하며, 심판에 대하여 알아야 할 것입니다. 그리고 주님 재림 하실 날을 기대하면서 성도로서의 자격이 될 수 있도록 자기 영혼을 위하여 준비 되어져야 할 것입니다. 그리고 주님 재림 하실 때 성도로서 주님을 맞을 준비를 해야 할 것입니다.

지난날을 돌이켜 보십시오. 여러분들의 신앙이 그 누구보다도 더 그리스도를 믿는 믿음이 다른 교인들보다 더 앞선 자라고 자부하며 살지 않았습니까? 그래서 우쭐한 태도로 여러 가지의 상황을 스스로의 판단대로 대처해 왔습니다. 그러나 그것은 성령님을 대적하는 강퍅한 마음으로 교만만 키워 온 것이었을 뿐 성령님이 하시는 말씀에 순종하고 굴복하는 성결한 마음으로는 살아온 것은 아니었음을 알고 회개하여야 할 것입니다.

회개를 하라고 하니까 입으로만 잘못했다는 말을 되뇌이며 중언부언하는 기도를 몇 시간 또는 몇 날에 걸쳐서 하는 것이 회개인 양 착각합니다. 적당히 자기만족의 기도 시간이 지나면 자기는 하나님께 용서함을 받았다고 스스로 인정해 버립니다. 스스로 합리화를 시킨 나날들로 보내왔음을 회개하여야 할 것입니다. 하나님의 인정하심을 찾기보다는 자기가 만족하면 그만인 것으로 알았던 지난날의 잘못된 신앙을 깨달아야 합니다. 우리의 생각과 성령님의 생각이 다르다고 설교를 통해서도 그리고 우리 스스로도 생각을 하면서도 실질적으로는 우리 생각에 말씀을 끼워 맞춰 지내 왔음을 회개하여야 할 것입니다.

회개는 올바로 돌이키는 것입니다. 회개는 잘못 걸어가고 있음을 알았으면 즉시 확실하게 돌아서는 것입니다. 그러한 것이 회개입니다. 중언부언하던 긴 기도를 아무리 하고 마음으로 아무리 소원을 하여도 돌이키지 않는다면 그것은 회개가 아니라 고개를 빳빳이 들고 성령님의 말씀에 대적하는 행위일 뿐입니다. 우리는 연약하고 아무것도 가진 것이 없는 존재입니다. 설령 육신적으로는 많은 재물을 가지고 살아간다고 하여도 우리는 한순간 하나님께서 호흡하심을 닫아 버리신다면 쓸모없이 되어 버리는 존재에 불과한 것입니다. 뉴스를 통해 보십시오. 모든 사건 사고를 통하여 볼 때 인간은 마지막 때가 임박하였음을 알리는 하나님의 경고의 메시지를 느끼지 못하고 있습니다. 여러 재난을 보고도 돌이키지 않는 교만함으로 꽉 차 있습니다. 도리어 다른 방법을 가지고 하나님의 경고하심을 피하며 새로운 제안들로 사람들의 눈을 다른 곳으로 돌리게 만들며 생각을 바꿔 버리는 일들을 앞장서서 하고 있습니다. 사람들은 이 모든 것이 공중 권세 잡은 영들의 모략인 줄도 모르고 세상의 돌아감에 순응을 하면서 하나님을 배역하는 일들을 하고 있는 것입니다.

사람이 죽어도 생명을 중요시하기보다 보상금을 받는 것에 더 마음을 두고 기뻐하는 사람들의 심령을 보면서 "인간은 참으로 별수 없다"라는 것을 깨달아야 할 것입니다. 심지어는 자기 자녀라고 하여도 자녀의 생명보다 돈을 우선시 하는 것이 사람입니다. 겉으로는 생명을 사랑하는 듯하나 실질적으로 심령은 돈을 더 사랑하는 존재로 전락하고 있는 것입니다. 그리고 때로는 자녀의 목숨을 이용하여 더 많은 보상금을 받기 위해 온갖 추한 행동을 자행하는 심령들도 있음을 볼 수가 있었습니다.

사람들은 살아야 할 가치가 없이 죽어야 하는 존재이지만 그 속에서도 구원의 계획을 가지고 특별한 사랑으로 다가오시는 하나님을 우리는 기다릴 줄 알아야 합니다. 그리고 하나님의 은혜로우신 계획 속에 들어가기 위해 믿음으로 나아가야 할 것입니다. 하나님의 구원의 계획하심은 은밀한 곳에서부터 시작이 되어져 가고 있습니다.

여러분, 세상을 사랑한다면 세상으로 돌아가십시오. 어느 누구도 말리지 않습니다. 십자가의 길을 걸으면서도 세상을 완전히 떠나지 못하고 마음으로는 세상이 그립다느니 십자가의 길은 못 견디겠다느니 하며 애달파 하지 말고 자기의 믿음대로 돌아가십시오. 성령님께서는 세상을 바라보는 사람들을 위로하시지는 않습니다. 도리어 세상을 사모하는 이들을 하나님의 계획하심 속에서 빼 버리시고 쓸어버릴 계획을 하신다는 것을 알아야 할 것입니다. 그런 자들은 세상에 속하였기에 세상을 사랑하는 것이고 세상이 자기 집이니까 세상이 좋은 것입니다. 그러한 자들은 쓸어버림을 당할 자이며 사망으로 옮겨갈 자이기에 세상을 사랑하는 것

당신의 영혼은 안녕하십니까?

입니다. 그렇게 하는 것이 하나님의 뜻이기 때문입니다. 하나님과 세상을 함께 섬길 수는 없는 것이니 세상을 사랑하는 자들은 세상으로 돌아가시기를 바랍니다.

천국을 소유할 자들은 어떠한 환란이 있다고 하여도 끝까지 하나님의 말씀을 지키게 될 것입니다. 또 어떠한 고난과 역경과 환란이 닥친다고 하여도, 천국을 소유하기 위하여 그리스도를 따라갈 때 생기는 여러 가지 고난과 환란과 핍박을 끝까지 견디며 마지막으로 남은 자로 속함 받기를 소원할 것입니다. 그래서 고난을 감사해야 하는 것입니다. 고난을 원망하고 불평하는 것이 아니라 고난을 감사하는 믿음이 되어야 하는 것입니다. 고난은 죄를 끊기 위한 하나님의 계획 중 일부이기 때문입니다. 그래서 예수님의 고난에 우리도 동참해야 하는 것입니다. 고난의 길을 가지 않으면 면류관의 길도 영광의 길로도 갈 수가 없습니다.

지금은 하나님의 역사하심으로 하나님의 마지막 경고를 예고하고 계시는 시기임을 잊지 마십시오. 언제가 되던 간에 결과는 반드시 드러나게 되어 있습니다. 그 누구도 육신으로 영원히 살 수는 없습니다. 죽음과 심판이 기다리고 있습니다. 마지막 때를 위하여 지금부터 선한 양심으로 선한 일을 많이 심어야 하는 것입니다. 악을 버리는 것이 바로 선입니다. 악은 선을 뭉개고 도전하는 행위인 것입니다. 악이 선을 뭉개고 도전한다고 하여도 선을 뭉갤 수도 이길 수도 없는 것입니다. 선은 그리스도이시기 때문입니다. 선은 여호와 하나님이시기 때문입니다. 하나님은 절대자이시고 유일신이십니다. 사람이 감히 하나님을 바라볼 수도 그의 이름을 부를 수도 없는 위엄의 대상인 것입니다. 그런 장엄하고 거룩하신 하나님을 하찮은 미물에 불과한 사람들은 대적하고 있는 것입니다.

비참한 죽음을 맞이하기 위하여 악을 쓰며 몸부림을 치고 있다는 말입니다. 한순간도 성령님의 인도가 없으면 호흡조차도 할 수가 없는 존재이면서 말입니다.

예수 그리스도의 보혈의 피는 죄에서 자유를 얻게 하였습니다. 누구든지 그리스도를 믿는 자들은 그리스도의 보혈의 피로 죄사함을 받을 수가 있습니다. 그러나 그리스도를 믿지 않는 자는 보혈의 피로 죄씻음을 받을 수가 없습니다. 그리스도의 보혈의 피로 죄에서 자유케 하신 이유는 하나님의 제사장으로, 혹은 종으로 세우기 위함인 것입니다. 그러나 우리는 그리스도를 만났고 자유를 누렸으나 우리의 몸과 마음을 하나님 나라를 위한 목적으로 사용하는 것이 아니라 도리어 하나님을 배역하고 자기의 지난 삶인 애굽으로 돌아가려고만 했습니다. 그래서 여러분들이 더욱더 악에 매이게 된 것을 알아야 할 것입니다.

예수 그리스도의 보혈은 하나님 나라를 위하여 흘리신 물과 피입니다. 우리를 죄에서 자유케 해 주신 목적은 하나님 나라가 이 땅에 이루시기를 원하시는 하나님의 계획을 이루시기 위해 우리를 사용하시기 위함입니다. 그런데 우리는 하나님의 그 계획과 일들을 외면한 채 자신들의 육적인 일에만 급급해 하면서 아직까지도 하나님을 자기 삶을 위한 수단으로 이용하고 있다는 것이 문제입니다.

여러분, 여러 방법을 찾아보아도 어느 곳에도 새로운 길은 없을 것입니다. 오직 그리스도를 믿는 길만이 영원히 죄에서 해방 받을 수 있는 길입니다. 그리스도를 믿어야지만 지금 현재 우리에게 얽매인 모든 문제들에서 벗어날 수가 있는 것입니다. 그리스도를 믿으려는 가장 근본적인 이유는 죄사함과 구원을 받으며 악을 끊고 선한 양심으로 살아가는 것입니다. 선한 양심이 우리로 하여금 그리스도를 찾게 하고 바로 서도록 도와줍니다. 악한 양심으로는 절대로 그리스도와는 가까이할 수가 없으며 영원한 진리의 길로 들어 설 수가 없는 것입니다. 자기 스스로의 꾀에 속아서 성령님의 통치를 벗어난다면 불사름 당할 선택을 하고 있다는 것을 알아야 할 것입니다. 그러면 자기 악을 멀리하고 선한 양심으로 살아갈 때에 성령님과 가까이 될 수 있음을 깨달아야 할 것입니다. 성령님의 통치 안에 들어서려면 먼저 악을 끊어야 할 것입니다.

성령님의 통치함을 받는 것은 너무나 행복한 일입니다. 행복한 성령님의 통치하심으로 들어오기 위하여 악을 멀리하고 선을 사랑해야 할 것입니다. 우리는 지나간 모든 체험들을 통하여 하나님을 증거하기 위한 삶으로 선한 마음이 먼저 되어야 할 것입니다. 성령님의 사역을 위해 살아가기를 소망하는 것보다 먼저 성령님의 통치함 속에 거할 수 있는 믿음이 되어야 할 것입니다. 주님 재림하실 때에 믿음이 있는 자는 택함을 받을 것입니다.

마지막 환란 시기가 다가오면 믿는 자들도 믿음을 잃게 되는 날들이 오게 될 것입니다. 마지막까지 믿음을 잃지 않고 영원한 하나님 나라를 소유할 수 있는 남은 자가 되기를 간절히 소원합니다. 하나님은 예수 그리스도를 믿는 자를 가장 사랑하십니다. 그리스도께서는 그리스도께서 보내신 성령님을 믿는 자들을 가장 사랑하십니다. 성령님은 우리를 그리스도께로 인도하실 것입니다. 악은 하나님을 모르는 것이 악입니다. 악은 그리스도를 모르는 것이 악입니다. 악은 성령님을 모르는 것이 악입니다.

영적 전쟁은 반드시 해야 합니다

창세로부터 그의 보이지 아니하는 것들 곧 그의 영원하신 능력과
신성이 그가 만드신 만물에 분명히 보여 알려졌나니 그러므로 그들이 핑계하지
못할지니라 하나님을 알되 하나님을 영화롭게도 아니하며
감사하지도 아니하고 오히려 그 생각이 허망하여지며 미련한 마음이
어두워졌나니 스스로 지혜 있다 하나 어리석게 되어 썩어지지 아니하는
하나님의 영광을 썩어질 사람과 새와 짐승과 기어다니는
동물 모양의 우상으로 바꾸었느니라

(로마서 1:20~23)

A와 B라는 나라가 전쟁을 합니다. 각 나라에는 전쟁을 하기 위한 병사도 있고 그 병사를 지휘하는 장군이 있을 것입니다. 그리고 A나라의 병사는 B나라의 장군의 지휘에 결코 따르지 않을 것입니다. 싸워야 하는 적군이기 때문입니다. 적과 싸워 이겼을 때에 전쟁에서는 살아남을 수 있습니다. 꼭 자신만이 살기 위해서가 아니더라도 각 나라에 속한 자는 자신의 목숨을 아끼지 않고 싸울 것입니다. 이와 같이 하나님 나라와 세상 가운데도 같은 원리가 작용합니다.

당신의 영혼은 안녕하십니까?

여러분, 우리의 영적인 모습은 어디에 속하여 있습니까? 영적 사람이 되기 위하여 보이지 않는 영적 일에 열심을 내고 있는지, 아니면 육적인 일에만 몰두하고 있는지… 자기의 심령을 분별해 보아야 할 것입니다. 지금 우리의 심령은 무엇을 위하여 누구와 싸우고 있습니까? 살아 계신 하나님의 생명의 말씀에 귀를 기울이고자, 말씀에 순종하고자, 자기 안의 자기와 싸워 본 적은 있습니까? 아니면 육신의 생각이 흘러가는 대로 그저 아무 감각 없이 불순종의 삶으로 그대로 살아가고 있는 것입니까?

죄인인 우리가 의인이 되기 위해서는 그리스도를 믿는 길뿐이며, 하나님의 양자로 입적이 될 수 있는 길도 그리스도를 믿는 길밖에 없습니다. 예수 그리스도의 발자취를 따라 가는 과정은 순탄하지 않을 것입니다. 순탄하지 않다는 것은 곧 고난의 길이라는 것을 의미합니다. 지금까지 신앙생활을 할 때 순탄만 하였다면 자기의 신앙관을 다시 되짚어 볼 줄 알아야 합니다. 분명 성경은 그리스도를 믿는 길은 고난의 길이라고 말씀하시는데, 아직도 고난을 경험하지 못하였다면, 그리스도를 제대로 믿지 못하고 있는 것은 아닌지 자신의 신앙심을 체크해 보아야 할 것입니다. 아무 문제가 없고 고난이 따르지 않는 편안이라면, 그리스도의 축복하심이 아니라 세상이 주는 복으로 하나님과는 상관없는 삶을 살고 있는 것은 아닌지 성경을 잣대로 해서 분명히 분별해 볼 줄 알아야 할 것입니다. 그래서 분명히 아직까지도 그리스도를 아직 믿지 않는 상태인지 아니면 바리새인과 사두개인의 믿음과 같은 것은 아닌지를 분별해 보아야 할 것입니다.

여러분, 상처의 아픔을 통하여 진주가 태어나는 것처럼 우리의 심령이 성령 하나님께서 거하시는 합당한 성전으로 거듭나기 위하여 하나님께서는 우리에게 믿음의 시련을 주신다는 것을 알아야 할 것입니다. 성령님께서는 그리스도를 믿는 자들에게는 누구나 고난의 때가 있다고 말씀하십니다. 이 고난의 과정을 통과하여서 축복의 자리로 나아갈 수 있게 되는 것입니다. 하지만 고난의 시간이 있다고 하더라도 그 고난을 통과하지 못한다면 결과는 달라질 것입니다. 하나님께서는 우리의 중심을 지켜보고 계십니다. 바리새인들이 얼마나 율법을 잘 지켰습니까? 물론 니고데모와 같은 바리새인도 있었지만 예수님을 못 박는데 앞장선 사람들은 바리새인, 율법학자, 제사장들이었습니다.

여러분, 우리가 얼마나 종교 생활을 잘하느냐 보다 우리의 중심에 그리스도를 모시고 늘 성령님의 인도하심을 따라 살아가는 경건한 삶이 진정으로 중요한 것입니다. 여러분, 하나님께서는 우리의 겉모습이 말씀대로 살아가는 흉내를 내는 것보다 실질적으로 고난을 통하여 하나님께서 기뻐하시는 모습으로 변화되어져 가는 것을 원하십니다. 우리의 생각이 만족하였다 할지라도 성령님께 인정받지 못한다면 아무 소용이 없습니다. 잠언 29장 1절 말씀에는 "자주 책망을 받으면서도 목이 곧은 사람은 갑자기 패망을 당하고 피하지 못하리라"고 기록되어져 있습니다. 우리 삶 가운데 책망을 받을 수 있다는 것은 너무나 감사한 것입니다. 하지만 책망을 받는데도 불구하고 여전히 똑같은 모습으로 남아 있다면, 그리스도의 발자취를 따라가지 못할 것입니다. 성령님의 인도를 받지 않고 자기의 고집을 부리며 악한 마음을 돌이키지 않는다면 하나님과는 영원히 단절될 것입니다. 말씀을 들을 때는 "아멘"으로 화답을 하나 마음을 돌이키지 못하고 목이 곧기만 하면 결국 멸망의 길로 갈 것이며 이는 자신의 행위에 대한 보응입니다. 정결한 마음을 가지지 못하고 성령님의 말씀에

당신의 영혼은 안녕하십니까?

불순종하는 자들은 육신도 망가져만 가게 될 것입니다.

영원히 죽지 않고 살아갈 길은 그리스도의 길뿐입니다. 십자가의 길뿐입니다. 십자가의 길은 찢기고, 희생을 감당해야 하는 길입니다. 십자가의 길은 자기의 혼은 죽어야 하고 정직의 영으로 거듭나야 하는 것입니다. 십자가의 길은 우리의 생각과 의견을 초월하여 하나님의 뜻을 행하기 위해 우리의 목숨을 내어놓아야 하는 길입니다. 십자가의 길은 핍박이 있고, 조롱이 있고, 주를 위하여 억울한 일들을 당해야 하는 길입니다. 십자가의 길은 나의 육신의 길을 편히 살라고 열어 놓은 길이 아니라 내가 죽어 헌신해야 하는 길입니다. 그래야만 내가 영원히 사는 길이기 때문입니다. 그리스도를 믿는 목적이 그리스도를 믿어 행복한 삶을 누리기 위함이 되면 안 됩니다. 나의 영광을 만드는 길이 아니라 하나님을 영화롭게 하는 길이며 하나님만을 높이는 길입니다.

하나의 종교적 행위로 끝나는 것이 아니라 참 생명을 얻는 길은 성령님의 인도에 따라 살아가는 길입니다. 하나님은 살아 계십니다. 단지 성경이 그렇게 기록되어 있기 때문이 아니라 천지만물을 주관하시고 역사하시는 하나님은 지금도 우리를 지켜보시고 계십니다. 생명 되신 하나님과 함께하려면 그리스도를 믿어야 되고, 그 증표로 반드시 물과 성령으로 거듭나야 합니다. 우리의 겉모습이 바뀌는 것이 아니라 속 사람이 바뀌는 것을 의미합니다. 내 안에 악들이 가득한데 천사인 척 가장하며 포장을 한다고 해서 그리스도를 믿는 것이 아닙니다. 그렇게 해서는 하나님 나라에 들어갈 수가 없습니다. 내 안의 모든 악을 끊기 위하여 악과 싸우며 성령님의 인도하심을 따라야 합니다.

그리스도께서 보내신 성령님을 근심케 해서는 안 됩니다. 성령 안에서 우리가 구속의 날까지 하나님의 인치심을 받아야 합니다. 우리는 스스로 하나님의 뜻을 알 수가 없습니다. 우리는 처음부터 하나님과 만날 수가 없는 관계였습니다. 하나님과 만날 수 있도록 도와주시는 분이 성령님이십니다. 그러므로 성령님을 근심케 하지 않기를 위해 악독함과 분냄과 훼방하는 것과 모든 악의를 단번에 잘라 버려야 합니다. 우리 심령에서 모든 더러운 악을 제거해 버려야 합니다. 마음으로 순종을 배우며 실천하여야 합니다.

여러분, 채찍과 꾸지람은 지혜를 가져 옵니다. 우리의 삶이 채찍과 꾸지람을 통하여 지혜를 얻어서 그 지혜로 하나님을 기쁘게 하시는 삶을 살아야 합니다. 여러분, 자기의 영혼을 사랑하십시오. 자기의 영혼을 사랑하고 아낀다면 자기의 심령에 있는 모든 악독을 버리는 것은 쉬운 일인 것입니다. 악독을 버리지 못하는 것은 자기의 영혼을 파멸시켜 멸망으로 가기를 원해서일 것입니다. 천국을 포기하는 것은 진정한 천국을 모르고 있기 때문입니다. 또한 사람들은 무서운 지옥을 모르면서 지옥을 부인하고 있습니다.

하나님께서는 천국은 침노하는 자의 것이라고 말씀 하셨습니다. 빼앗는 자의 것이라고 하셨습니다. 대부분의 사람들은 천국은 침노하는 자의 것이라는 말씀을 잘못 이해하고 초점에 맞지 않는 신앙생활을 하고 있습니다. 하나님 나라가 우리 심령 안에 이루어져야 한다는 것이며, 우리 심령에 가득한 악과의 전쟁, 즉 하나님에 대한 불순종의 행동들을 선한 마음과 착한 행실로 싸워 이겨 나가야 한다는 의미입니다. 하나님의 말씀에 순종하여 그리스도를 믿는 믿음으로 싸워 이겨 나가야 한다는 의미입니다. 그리고 우리의 눈앞에 있는 사건과 상황만 보지 말고 자기의 영혼을 생각하여 울어야 합니다. 울어야 한다는 것은 육적 눈물을 흘리는 것을 말하는 것이 아니라 자기의 영혼을 위해 악을 끊어야 한다는 의미입니다.

여러분, 여호와 하나님만이 우리의 피난처가 되십니다. 우리는 이 세상의 것에 우리의 목숨을 다하는 것이 얼마나 허무한 것인지 아직도 깨닫지 못하고 있습니다. 하나님께서는 나를 예수 그리스도를 믿는 길로 인도하시기 위해서 고난을 허락하십니다. 말씀을 듣기만 하고 자신의 고집과 아집 속에서 죽음의 길을 택하지 말고 하나님께 순종하고 하나님과 가까워져 하나님의 자녀로서 사는 길을 택하며 고난을 감사함으로 맞이하고 승리하는 삶을 살아야 합니다.

보이는 것을 믿는 것은 믿음이 아닙니다. 보이지 않는 하나님의 말씀을 그대로 믿는 것이 믿음입니다. 내가 볼 수 있고 알 수 있는 것을 향해 전부를 거는 어리석은 인생이 되지 말아야 합니다. 보이는 것은 누구나 믿을 수가 있습니다. 그리스도를 믿는 것은 보이지 않는 말씀(하나님)을 믿는 것입니다. 우리는 그동안 얼마나 보이지 않는 말씀(하나님)을 믿어 왔습니까? 성경을 통하여, 설교를 통하여 하나님을 얼마나 많이 알아 왔습니까? 혹여나 얄팍한 성경 지식을 근거로 해서 자신이 정말 하나님의 말씀(하나님)을 안다고 착각하고 있는 것은 아닙니까? 하나님을 진정으로 아는 것은 그리스도의 발자취를 따르기 위해 영적 전쟁을 하며, 자기 영혼과 자기 자녀의 영혼을 위하여 악과의 전쟁을 하며, 거룩한 삶을 살기 위해 몸부림치는 것입니다.

사람이 그 길을 계획한다 할지라도 그 걸음을 인도하시는 분은 성령님이십니다. 성령님이 우리의 모든 길을 인도하여 주십니다. 우리는 오직 하나님만 의지하고 의뢰하는 믿음을 가져야 합니다. 그러려면 반드시 성령님의 인도하심을 따라야 합니다. 오직 성령님의 통치하심 속에서만 승리의 개가를 부를 수 있습니다. 하나님께서 각자에게 주신 믿음의 분량대로 하나님이 기뻐하시는 삶을 살아갈 때 그것이 우리의 가장 아름답고 행복한 삶이 될 것입니다. 이 세상에서 잘 살기를 원하고 자기의 여러 가지 육적인 목표들을 이루기 위해서 살아간다면 우리의 삶은 하나님 중심의 삶이 될 수가 없습니다. 바로 지금 이 순간에도 마귀는 우는 사자와 같이 그리스도를 믿는 자를 삼키려고 두루 찾아다니고 있습니다. 천국에 가는 그 순간까지도 어느 누구가 구원을 받을지는 아무도 모르는 것입니다. 우리는 항상 영적 전쟁터에 있는 병사임을 알고 하나님(말씀)의 전신 갑주를 입고 늘 깨어 있어야 합니다.

말씀을 성취하시는 하나님의 일을 우리는 잘 알 수가 없습니다. 하나님께서 하시는 일을 이해할 수가 없는 것입니다. 하나님께서는 우리 영혼이 생명을 얻기를 원하십니다. 오직 구원의 길은, 생명의 길은, 하나님께서 보내신 그리스도를 믿는 길이며 그리스도께서 보내신 보혜사 성령님을 믿는 길입니다. 세상의 기준이 하나님의 시각과 결코 같을 수는 없습니다. 모든 악을 끊어 버리십시오. 성령님의 도우심을 구하며, 힘쓰고 애써서 내 안에 오직 그리스도만이 거하실 수 있도록 육신이 거룩한 성전이 되기를 사모하십시오. "사모하라"는 말은 생각으로 기억을 하며 원하라는 것이 아니라 전심으로 악을 끊으며 하나님께로 돌아가기를 위하여 회개하기를 힘쓰라는 의미입니다. 전심으로 애쓰고 힘쓰는 회개의 시간을 가지라는 의미입니다.

여러분, 최후를 맞이하지 않는 사람은 하나도 없습니다. 우리 삶에는 태어남이 있다면 누구나 육체의 죽음(1사망)이 반드시 따르게 됩니다. 그리고 하나님 앞에 모든 영혼은 심판을 받게 될 것입니다. 그리고 천국은 누구나 갈 수 있는 곳이 아닙니다. 그리스도를 믿는 자만이 갈 수 있는 곳입니다. 그리스도를 믿는다는 것은 내 자신의 확신과 다른 사람들의 인정함으로 되는 것이 아닙니다. 하나님께서 우리가 그리스도를 믿고 있음을 인정하셔야 하는 것입니다. 즉, 하나님의 인치심(그리스도를 믿는 보증으로 성령님의 임재하심)이 있어야 합니다. 가고 싶다고 누구나 갈 수 있다면 천국으로 가는 길은 넓은 길이요 큰 문일 것입니다. 그러나 천국으로 가는 길은 좁은 길입니다. 천국에 들어가기 위해서는 진노의 자녀였던 우리가 죄악에 물들어 죄를 먹고 마시던 일들을 단번에 끊어 버리고 하나님 나라를 위하여 애쓰고 힘쓰는 삶으로 거듭나야만 합니다.

우리의 본분은 하나님을 경외하고 성령님의 말씀에 복종하여 하나님을 영화롭게 하는 것입니다. 하나님의 뜻에 합당하게 사는 길이 참 생명을 얻는 길이며 참 복된 길입니다. 성령님의 인도를 받는다는 것은 참 축복이며 진정한 생명이 달린 문제입니다. 그리스도를 믿는 것은 종교 문제가 아닙니다. 단순히 위로를 받고자 하는 문제가 아닙니다. 우리들이 영원히 죽느냐 영원히 사느냐 하는 문제입니다. 노아 때 사람들은 하나님의 말씀을 듣고도 자신의 눈을 더 믿었기 때문에 결국 홍수에 멸하고, 미련한 다섯 처녀는 등과 기름을 미리 준비하지 못하여 혼인 잔치에 참석하지 못했습니다. 방주 문이 닫힌 후에는 그리고 혼인 잔치에 들어가는 문이 닫힌 후에는 아무리 두드려도 열리지 않으며 들어갈 수가 없는 것입니다. 우리의 머리로 재어 보고, 계산을 해 보아도, 인간은 한계를 벗어날 수가 없습니다. 말씀을 믿고 복종하며 성령님의 인도하심을 따라 하나님 나라에 들어갈 수 있는 자가 되어야 합니다. 내일이 아니라 지금 당장 죄악의 길에 빠져 있던 마음을 바로 멈추고 하나님께로 돌이키는 선한 마음이 되어야 합니다. 그리스도를 믿고 복종하는 삶은 우리가 하는 것이 아니라 성령님의 도우심으로 하는 것입니다.

하나님은 완전하십니다. 하나님은 전능자이시며 거룩하신 분이십니다. 가증한 우리는 그러한 위대하신 하나님을 얼마나 자기중심적인 신앙의 잣대로 놓고 배반하고 조롱하였습니까? 우리들이 누릴 수 있는 참 안식처는 성령님의 통치 안에 있습니다. 여러분, 우리는 자기의 모든 욕심과 정욕을 십자가에 못 박아 버려야 합니다. 자기를 부인하고 십자가를 지고 그리스도를 높일 때에 하나님께서는 우리들을 붙들어 주실 것입니다. 우리의 심령이 자기를 죽이고 성령님을 높일 때에 하나님께서는 우리들을 돌아보아 주실 것입니다. 우리는 가만히 있는데 하나님께서 먼저 붙들어 주실 것이라 여기며 자기 안의 악을 버릴 수 있다는 태만한 생각들을 버리십시오. 물론 때로 하나님의 은혜로 악을 멸해 주시기도 하시지만 대부분의 경우에는 악을 끊으라고 하나님께서 명령하시면 그 말씀에 순종하여 우리 자신이 악을 끊어야 합니다. 그리고 우리가 악을 끊어 버리기 위해 노력하면 하나님께서 함께하시고 도와주실 것입니다. 우리가 우리 심령의 악을 끊으려는 몸부림을 칠 때, 그리고 이를 위해 고난의 길을 갈 때에, 성령께서 우리에게 힘을 주시고 인도해 주실 것입니다.

자기의 잘못된 해석을 근거로 해서 하나님을 능멸하는 행위는 이제는 버려야 합니다. 우리의 성경 지식에 맞춰 해석 되어지는 하나님이 아니십니다. 영적 눈이 뜨이지 않고는, 영적 귀가 열리지 않고는 말씀을 깨달을 수가 없을 것입니다. 영적 눈이 뜨이는 자는 심령이 맑고 깨끗해야만 됩니다. 일부 목회자들이나 은사자들은 어설프게 점을 치는 모습으로, 신비주의적인 신앙관을 가지고 자신들이 영적 눈을 떴다 단언하지 마시기를 원합니다. 성령님으로부터 된 것인지 우상으로부터 된 것인지는 심령을 통해서 보면 알 수가 있을 것입니다. 그런 점과 하나님 나라는 대적 관계일 뿐입니다. 우리는 즉각 돌이켜 하나님 나라의 확장을 위해 신령과 진정으로 전심을 다하는 신자들이 되어야 합니다. 그리하여 하나님께 인정받고 새롭고 정직한 영으로 기름 부음을 받아 하나님의 자녀가 되고 하늘의 평강을 누리며 천국을 소유하는 삶을 살아가기를 간절히 소원합니다.

❹

죄와 악은 다른 것입니다

스스로 속이지 말라 하나님은 업신여김을 받지 아니하시나니
사람이 무엇으로 심든지 그대로 거두리라 자기의 육체를 위하여 심는 자는
육체로부터 썩어질 것을 거두고 성령을 위하여 심는 자는
성령으로부터 영생을 거두리라

(갈라디아서 6:7~8)

우리는 죄와 악이 같은 것인 줄로 착각합니다. 그리고 동시에 죄와 악을 범하며 살아가고 있는지도 모르는 채 세월을 보내고 있는 우리의 심령을 돌아보아야 합니다. 죄와 악은 똑같은 것이 아니라 그 무게는 확연히 다르며 그 의미도 전혀 다른 것임을 알아야 합니다. 필자는 죄는 하나님의 형상으로 지음을 받은 피조물인 사람이 하나님을 떠남으로써 행하게 되는 행동들로, 그리고 악은 하나님 나라의 일들을 방해하려는 사단의 도구로 사용 되어지는 여러 모양의 대적 행위들로 구별해서 정의하고 싶습니다. 죄는 그리스도를 믿으면 사함을 받을 수 있습니다. 그러나 악은 사함을 받지 못한다는 것을 명백히 알아야 합니다. 악은 사

당신의 영혼은 안녕하십니까?

단의 도구가 되어 성령을 훼방하고 대적하는 행위이기 때문입니다. 성령님이 하시는 일을 보고 듣고 체험한 자들이 성령님을 무시하고 조롱하고 받아들이지 않는 것은 그들이 철저히 사단에 사로잡혀 있기 때문입니다. 성령님의 사역하심을 보고 들은 자들이 하늘의 것을 맛보고도 입을 봉한 채로 있거나 대적하는 행위를 하며 성령님의 말씀에 순종하지 않는 자리에 머물러 있는 것은 성령을 훼방하는 악을 행하고 있는 것입니다. 성령님께서 하시는 일을 보고 듣고도, 성령님의 하시는 일들을 인정하지 않는·자들은 악에 속해 있기 때문입니다. 그리고 성령님의 하시는 모든 표적과 기사를 본 자들이 자신의 자리를 빼앗길까봐 자기의 지식과 철학을 잣대로 해서 성령님의 역사들을 사이비니 이단이니 하는 자들은 성령훼방죄에 속한다는 것을 알아야 합니다.

다른 사람들의 관점과 생각하는 것이 자기의 뜻과 다르면 무조건 잘못된 것으로 말해 버리고 단정 지어 버리는 일들은 매우 위험한 일임을 알아야 합니다. 자신의 인간적인 생각에 기준을 정해 놓고 성령님을 판단해 버리는 것은 그야말로 죽임을 당할 일인 것을 알아야 할 것입니다.

여러분, 자신의 생각들이 옳다면 왜 지금 자신들의 영과 육과 환경과 모든 상황들이 황폐해지는 곳으로 향해 가게 되었는지를 돌아보며 회개하여야 할 것입니다. 우리는 수많은 세월 동안 그리스도를 믿는다고 입술로는 말하였지만 얼마나 성령훼방죄를 되풀이 하며 지내 왔는가를, 그리고 자기 영혼이 얼마나 악에 물들어 있는가를 생각해 보아야 할 것입니다. 우리들이 행한 것들이 알든 모르든 간에 성령 하나님을 대적하는 행위들이었다고 한다면, 우리는 우리가 악에 속해 있다는 것을 깨달아야 합니다. 우리들 스스로가 악의 무게를 알고 모르고는 아무 상관이 없습니다. 오직 성령님만이 악의 무게를 정확하게 아십니다. 우리들이 악을 참지 못하고 악을 범하고 난 후 "잘못했습니다. 잘 몰랐으니 용서해 주세요"라고 말한다고 하여도 악을 행한 자와 죄를 지은 자는 구분이 되어 심판을 받게 될 것입니다.

그리고 죄를 끊지 않고 멈추지 않으면서 성령님께서는 우리의 심령에 찾아와 주실 것이라고 믿고 계십니까? 지금도 그리 생각하고 있다면 정말 큰 착각 속에서 자기중심적이고 외골수적인 삶을 살아가고 있음을 깨달아야 할 것입니다. 그리고 그들은 아직 하나님이 살아 계셔 역사하신다는 사실조차도 부인하는 자들이며 그리스도를 믿지 않고 성경도 믿지 않는 자들에 속할 뿐입니다. 여러분, 하나님은 공의의 하나님이십니다. 자기들이 저지른 악은 그대로 자신들이 거둬들이게 될 것입니다. 악을 심은 자들은 악을 거둘 것이고, 선을 심은 자들은 선을 거둬들이게 될 것입니다. 한 치 오차도 없이 그대로 심은 대로 거둬들이는 날이 올 것입니다.

다시 한 번 물어 보겠습니다. 우리는 그동안 수많은 세월이 지나가는 동안에 성령님의 역사를 수없이 체험 하였으면서도 얼마나 성령님을 섭섭케 하며 근심케 했습니까? 입술로는 "성령이여 오시옵소서"라고 맞이하듯이 했으나, 이미 오신 성령님을 외면하고 차단하는 마음은 아니었는지 자기 영혼을 돌아보아야 할 것입니다. 만약 그러한 자들이 있다면 성령훼방죄에 속한다는 사실을 알아야 할 것입니다. 왜냐하면 성령님을 통하여 하늘의 것을 체험을 하였으면서도 입을 봉한 채 하나님을 증거하지 않는 것은 성령훼방죄에 속하는 것입니다. 하나님도 하나님 스스로를 증거하셨는데 우리는 하늘의 것을 맛보고서도 성령님을 증거하지 않았던 것은 악이며 심히 타락한 존재가 되어 버린 것임을 알아야 합니다.

당신의 영혼은 안녕하십니까?

성경의 일들을 실상에서 체험한 자들이 성령님을 외면해 버리는 것은 사단의 종으로 타락해서 악에 심히 절어 있기 때문입니다. 이러한 자들은 사함받지 못할 것입니다. 그렇기 때문에 귀신 떼들이 들어가고 자기의 육신과 환경과 상황과 그 모든 것은 황폐해져 가게 될 것입니다. 여러분, 우리는 그래도 아직까지 하나님의 긍휼과 자비하심으로… 회개의 끈으로 연결하고 있어서 그나마 죄를 사함받을 기회를 얻고 있지만, 악인들은 아무리 몸부림을 친다고 하여도 악으로 말미암아 때가 되면 멸망에 이르게 될 것입니다.

여러분, 그 많은 세월동안 그렇게 부르짖었는데도 별다른 결과가 없다면, 우리가 사단의 덫에 걸려 있는 것은 아닌지, 우리가 구원 받은 백성의 무리에 속하지 못한 것은 아닌지 두려워해야 합니다. 하나님의 자녀들에 속한 자들이라면 그리고 속할 자들이라면 단 한 번의 말씀이라도 성령님이 하시는 말씀을 듣고 자기 영혼을 돌아보며 회개하는 삶으로 말씀에 순종하며 준행해 나가는 믿음으로 나아갈 것입니다. 하나님의 자녀가 되지 못하기에 말씀에 순복하지 못하고 성령님이 교회들에게 하시는 말씀이 들리지 않고 말씀을 지키지 못하는 것입니다. 이 말씀도 믿지 못하여 지옥에 가서야 "아이쿠 맞구나"하며 인정하시겠습니까? 지금 현재 우리는 혼자의 힘으로는 살아갈 수가 없다는 것을 알아야 할 것입니다. 진정으로 혼자의 힘으로 살아갈 수가 없다는 것을 아는 자들은 성령님을 두려워하고 경외하며 단번에 자기가 행하고 있는 거짓과 술수와 분냄과 혈기와 또 다른 모든 악을 버려야 될 것입니다. 아직 자기의 악을 버리지 못하는 자들은 성령님을 속이고 간사하고 거짓된 마음을 가지고 살고 있는 것입니다.

모든 악의 형태들은 성령님의 인도를 받는 듯하나 실상은 사단의 인도를 받고 있다는 것을 우리는 알아야 할 것입니다. 악인은 때가 되면 바람에 나는 겨와 같이 흩어 버림을 당하게 될 것입니다. 아직 악을 버리지 못하는 자들은 죄사함이 허락되지 않기 때문입니다. 여러분, 죄로 인하여 하나님의 저주를 피하기 위하여는 성령님의 인도하심을 받아 그리스도 예수님을 알고 믿고 섬기게 될 때 물과 성령으로 거듭남으로서 저주를 피할 수 있게 됩니다. 그러나 악에 속해 있으면 하나님의 저주를 피할 수가 없다는 것을 알아야 할 것입니다. 악인은 영원한 하나님 나라에 들어갈 수가 없다는 것을 알아야 합니다.

성령님께서는 우리의 죄로 말미암아 저주가 임하게 된 것을 안타까워 하시면서 다시 긍휼을 베풀고자 하십니다. 그러나 아무리 성령님의 하시는 말씀을 듣는다고 하여도 그 말씀에 순종하고 준행하는 삶이 되지 않으면 영원히 구경꾼으로 머물 수밖에 없는 것입니다. 이렇게 해서는 영원히 그리스도의 왕국에 들어갈 수가 없으며 자기의 영적 신분을 바꿀 수가 없는 것입니다. 그리스도를 믿지 않으면 천하를 가진다고 하여도 아무 소용이 없고 결국은 유황불못에 던지움을 받을 뿐입니다. 성령님을 믿지 않는 자들은 영원히 그리스도와 함께하지 못하는 죄의 세력에서 벗어날 수가 없게 될 것입니다. 사단도 그리스도를 주님이라고 인정한다고 성경은 말하고 있는데 우리의 강퍅한 심령과 그리스도를 믿지 않는다면 사단보다 더 못한 존재임을 알아야 합니다. 사단도 그리스도의 부활로 인하여 두 손을 다 들고 하나님께 굴복을 하였는데 우리의 믿음은 어디에 속하였습니까? 하늘의 것을 체험하고도 성경을 통하여 말씀(하나님)을 알아도 믿지 않는 그 모습과 하늘의 것에 굴복하지 않는 그 모습이 사단보다 더 강퍅한 자이며 사단보다 못한 것이 아니고 무엇이겠습니까? 하나님의 진노와 저주를 피하기 위하여서는 반드시 진정한 회개가 있어야 함을 알아야 할 것입니다. 회개는 말로 하는 것이 아니라 자기 심령의 더럽고 추악한 모든 것을 하나도 남김없이 다 버리고 죄를 멈추는 것입니다. 그러나 악인의 길은 저주의 길이며 멸망의 길이며 사망의 길이 될 것입니다.

하나님은 살아 계시고 역사하시고 계신다는 것을 우리는 분명히 알아야 합니다. 불꽃 같은 두 눈으로 우리의 심령을 감찰하시고 성령님을 하나님이라 여기며 사랑하며 섬기는지를 지켜보시고 계신다는 것을 잊으면 안 됩니다. 성령님이 역사하신다는 것을 아는 자들은 분명히 성령님을 두려워(구별되다)하며 경외하기 때문에 악을 미워하고 죄를 범하지 않을 것입니다. 성령님이 미워하시는 모든 일들을 함께 미워할 것입니다. 우리는 성령님을 싫어하시는 일들을 멀리하며 미워해야 하는데… 미워하고 싫어하기는커녕 도리어 그 반대로 성령님과 원수된 자들을 사랑하고 있다는 것을 알아야 할 것입니다. 그러한 자들은 성령님과 원수된 자들이기 때문입니다. 성령님의 일하심을 뻔히 바라보며 아무 생각 없이 바라보고 있는 모습은 성령님과는 상관없는 자이기 때문임을 확실히 알아야 할 것입니다. 성령님과 상관없는 자들은 아무리 예배당에 나가서 헌신하고 예배에 참석한다고 하여도 결국은 버림을 받게 될 것입니다. 빛은 어둠과 같이 할 수가 없어서 헤어지고 분리될 수밖에 없는 것입니다. 빛은 빛의 길로 가고 어둠은 어둠의 길로 가는 것이 하나님의 뜻이기 때문입니다. 빛과 어둠은 영원히 함께할 수가 없다는 것입니다. 빛은 말씀입니다. 말씀은 하나님이십니다. 하나님은 천국을 소유하신 분이십니다. 어둠은 거짓과 술수와 욕심입니다. 어둠은 사단입니다. 어둠은 지옥을 소유하는 악독한 자입니다. 여러분들은 어느 쪽을 더 사랑하십니까? 악인들의 입의 말로는 어둠이 싫어서 빛의 길을 향할 것이라 하겠지만 실상은 악인들은 빛(그리스도)을 싫어하고 어둠(사단)을 사랑하는 자들이라는 사실을 알아야 할 것입니다. 자기의 숨겨진 악한 마음들이 드러날까 봐 빛을 싫어하고 있다는 것입니다. 자기의 잘못이 드러날까 봐 빛을 싫어하고 있는 것입니다. 여러분, 빛으로 가기 위해서는 먼저 어둠에서 나와야 하는 것입니다. 어둠을 가지고는 영원히 빛에 거할 수가 없다는 것을 알기 때문에 우리는 오늘도 이 자리에 앉아 예배를 드리기 위하여 준비하고 있는 것입니다.

그러나 심령이 신실하게 온 마음과 뜻을 다하여 신령과 진정으로 드리지 못하는 예배는 하늘의 것이 될 수가 없습니다. 우리가 만일 진노의 자녀였던 자리에 머물러 종교의식을 치르는 일들을 예배라 여기며 기다리고 있다면 회개하여야 합니다. 진정한 예배는 성령님의 인도하심이 있어야 하며 성령님의 조명에 비추어 성령님의 권능으로 예배가 진행되는 것입니다. 하나님께서는 성령님의 인도를 받는 예배, 신령과 진정으로 드리는 예배를 받으시기를 원하시고 계시는 것이지 그 어떤 다른 예배를 받으시기를 원하시지 않으신다는 것을 알아야 합니다. 성령 받은 자들이 함께 모여 하나님께 예배를 드리는 예배를 하나님께서 열납하여 주신다는 사실을 명확히 알아야 하는 것입니다. 거짓과 술수로 가득한 자들이 예배를 드린다고 하면서 번드르르하게 형식을 갖춘 모습을 보시고 성령님은 얼마나 애통해 하시며 고통스러워하시는지를 우리는 깨달아야 할 것입니다. 그리고 그 고통을 몸부림치며 애통해 하며 함께 모인 이 자리에

당신의 영혼은 안녕하십니까?

성령님의 근심과 노여움을 일으키는 무리들이 우리 자신이 아닌지 돌아보고 회개하며 돌이켜야 할 것입니다. 하나님께 드리는 참된 예배는 영과 진리로 드리는 예배가 되어야 합니다. 하나님이 원하시는 예배는 성령님께서 드리시는 예배가 되어야 하는 것입니다.

진정한 성도는 그리스도를 신뢰하는 자들이지 자기의 육체를 신뢰하지 않는다는 사실을 알아야 할 것입니다. 진정한 그리스도인들은 자기의 육체를 신뢰하지 않고 성령 충만하여 예배하는 자가 되어야 합니다. 참다운 신앙에 대하여, 복음에 대하여 말하는 것은 오직 성령님에 대하여 증거하는 일뿐입니다. 우리의 예배에 가장 중요한 것은 오직 성령님에 의한 예배가 되어야 하는 것입니다. 형식적인 전통만을 고집하거나 겉껍질만 화려한 예배가 아니라 성령님의 인도하심을 따라 드리는 예배가 진정한 예배인 것입니다. 예배는 하나님으로부터 찾아와서 거울로 반사되어 다시 하나님께로 돌아가야 하는 것이 되어야 합니다. 성령님에 의한 예배가 되려면 제일 먼저 성령의 인도를 따르는 예배가 되어야 한다는 것입니다.

우리의 신앙생활은 역시 성령님의 역사가 있는 예배가 되어야 합니다. 성경을 보면 구약은 율법 조문에 의한 삶이며 신약은 성령에 의한 삶으로 분리되어 있음을 알아야 할 것입니다. 자기의 노력에 의지하여 율법 조문에 의한 삶을 의지하는 자는 반드시 버려짐을 당할 것입니다. 구원과 성화와 믿음을 성취하려면 반드시 성령님의 인도하심을 받아야 할 것입니다. 우리는 기존 교회에서 시편은 다윗의 시라 말하며 우리들 또한 다윗의 노래로 알고 지내왔을 것입니다. 그러나 성령님의 조명으로 알게 된 것은 그것은 다른 의미라는 것을 알았습니다. 다윗을 통한 성령님의 예배였던 것이었습니다. 다윗은 하나님과 합한 자로, 즉 성령님이 임한 자이므로 겉모습은 다윗이었지만 그의 속 사람은 성령님께서 하나님께 노래하고 기도하고 교제하여 왔던 것임을 깨닫게 하여 주셨습니다. 우리가 지난 세월동안 사람으로 태어나 얼마나 하나님과 반대 되는 것을 보고 알고 듣고 행하여 왔는지를 회개하며 돌이켜 보아야 할 것입니다. 그리고 즉시 그 모든 관습과 습관들을 버리고 이제는 성령으로 거듭나는 삶이되기를 위하여 성령님의 인도하심을 받아야 할 것입니다.

예배가 형식적인 것이 될 때에는 성령님께서는 더 이상 머무르지 않으시고 떠나 버리실 것입니다. 우리의 속 사람이 형식에 치우치고 자기의 육적 욕망에 따라가는 육의 사람이 되면 성령님께서는 낯을 가려 버리실 것입니다. 성령님이 낯을 가려 버리시면 우리는 한순간도 자기의 길을 알지 못하고 넘어지고 말 것입니다. 지금도 벌써 죽어야 할 자들이지만 아직까지 깨닫지 못하고 타락한 자들로 살아간다면 우리는 영원히 성령님의 낯을 볼 수가 없게 될 것입니다. 지금 이 기회가 주어졌을 때에 자기를 부인하고 십자가를 지고 그리스도를 닮아가는 삶이 되어야 합니다. 성령님의 낯을 구하는 사람의 삶을 살아야 합니다.

하나님께서는 어떠한 모양으로 우리들을 인정하신다고 생각하십니까? 성령님의 낯을 구하고 성령님의 인도하심을 받은 후에 성령님의 조명으로 인하여 된 믿음이 자라나는 것이 되어야 하는 것입니다. 사단의 손에 사로잡힌 악인은 성령님의 인도하심을 받는 사람들의 무리에 섞일 수는 있지만 택함을 받을 수는 없다는 사실을 알아야 할 것입니다. 구약에 보면 하나님을 가장 대적한 자들은 율법을 아는, 자칭 하나님을 믿는다고 말하는 율법사나 제사장들이었다는 사실을 분명히 알고, 그 말씀이 무엇을 의미하는지 제대로 알아야 합니다. 오늘날에도 역시 자칭 그리스도를 믿는다고 자부하는 자들이 성령님을 외면하고 성령님을 무시하고 조롱하는 가장 적대적인 자들이 되는 경우가 있음을 봅니다. 즉, 오늘날에도 그 옛날처럼 성령님을 대적한 자들은 자칭 하나님을 아는 자들로 종교 지도자들인 경우가 많습니다. 쉽게 말하여 사람들이 세운 종들이 대적할 것이라는 말입니다.

여러분, 우리는 자기 육을 위하여 온갖 심혈을 기울이면서 성령님과 대적자로 살아가는 악한 도구가 되어서는 안 됩니다. 끝까지 견디며 참으며 인내하는 자들은 반드시 구원이 있을 것입니다. 이 말은 육의 견딤이 아니라 자기의 심령이 선함으로 참고 인내하는 것을 의미합니다. 항상 악(하나님을 대적하는 모든 행위)을 미워하고 멀리해야 하며 선(그리스도를 믿기 위한 모습과 모양까지도)한 삶을 살기 위해 끝까지 인내하며 노력해야 합니다. 그리스도를 높이며 사는 삶으로 자기를 부인하며 십자가를 지고 갈 수 있는, 그래서 진리의 길로 들어갈 수 있는 믿음이 되시기를 간절히 소원합니다.

❺

죄의 삯은 사망입니다

죄의 삯은 사망이요 하나님의 은사는
그리스도 예수 우리 주 안에 있는 영생이나라
(로마서 6:23)

예수 그리스도를 알지 못하는 세상 사람들은 모두 자기가 의지하고픈 것들을 의지하며 살아간다고 하더라도 우리는 여호와 하나님을 섬기는 믿음으로 살아가야 할 것입니다. 물고기가 물에서 떠나서는 살 수가 없듯이, 그리고 산소가 없다면 모든 생물들이 죽을 수밖에 없듯이, 우리는 성령님의 통치하심에서 벗어나서는 살아갈 수가 없는 존재입니다. 성령님의 인도가 없이는 우리의 앞길은 캄캄한 어둠의 연속뿐일 것입니다. 그리고 우리 스스로가 아무리 안간힘을 써 보아도 승리하기는커녕 쓰러질 수밖에 없는 연약한 존재란 말입니다. 성령님의 뜻에 순종하며 성령님과의 동행함이 있을 때에만 진정한 자유함이 있다는 것을 깨달아야 할 것입니다. 우리들이 먼저 그의 나라와 의를 위하여 살아갈 때에 성령님께서도 우리들을 인도해 주실 것입니다.

당신의 영혼은 안녕하십니까?

우리들이 먼저 악을 끊을 때에 성령님의 인도하심이 있다는 것입니다. 육이 지금 이곳에 앉아 하늘의 양식을 먹는다고 하여도 자기 영혼이 거듭나지 않는다면 영원한 지옥불못으로 던져지게 될 것입니다. 우리의 삶 속에 슬픔이 있고 답답함이 있고 곤고한 심령으로 성령님을 대적하며 지내는 삶이라면, 우리가 성령님의 말씀에 순종하지 않고 하나님의 뜻에 굴복하기는커녕 자기 욕심으로 가득한 삶을 살고 있음을 의미하는 것입니다. 성령님께서는 지금도 부르짖으시며 악한 심령을 성령님께로 돌이키기를 원하시고 계십니다. 영원한 생명을 허락하시기 위하여 오늘도 잃어버린 양을 찾아 부르짖고 계십니다.

현재 우리는 과거의 어느 성도들보다 종말이 임박한 시대를 살아가고 있습니다. 악이 이 세상을 지배하고 있고, 공중 권세 잡은 어둠의 권세가 이 땅을 덮었으며 음란이 난무하는 악한 세대를 살아가고 있음을 알아야 합니다. 마지막 때가 임박한 이 세대를 살아가면서 우리 영혼을 위하여 믿음을 지키고 구원 받는 성도가 되기를 위하여 더더욱 낮아지고 깨어지는 신앙의 삶을 살아가야 할 것입니다. 그래서 나의 영혼도 거듭나며 또 이웃의 영혼들을 구원하시는 성령님의 사역에 동참하는 성도의 역할을 하며 자기 사명을 감당해야 할 것입니다.

이 세상에서 자기 육신이 좀 더 잘되고 명예와 부를 가진다고 하여도, 그리고 아무리 값진 것을 취하고 누리며 살아간다 할지라도, 그 모든 것은 잠시 잠깐 스쳐가는 헛되고 헛된 것들일 뿐입니다. 이 세상의 부귀영화를 부러워하지 마십시오. 눈에 보이는 세상 것에 집착하지 마시고 천국을 준비하는 삶을 살아가기를 소망합니다. 세상과 함께 멸망을 받을 것이 아니라 성령님의 통치 안에서 자유를 누리며 성령님을 섬기는 성도로서의 삶으로 살아가야 할 것입니다.

우리들이 살아가고 있는 이 세대를 유심히 분별하여 보십시오. 사람들의 마음이 악으로 물들어 버린 지가 오래되었습니다. 자기의 이익을 위해서라면 수단과 방법을 가리지 않고 자기 양심도 버리며 사는 세상이 되었습니다. 돈을 너무 사랑하여 돈을 위하여 자연을 파괴시키고 생태계에서 살아가고 있는 어류들과 동물들의 씨를 말려 버릴 정도로 인간의 악함은 몰인정하게 변한 지가 오래 되었습니다. 사람이 사람을 믿을 수 없고 신뢰할 수 없는 세상이 되었습니다. 사람들의 마음은 갈수록 악하여져서 독기가 있는 말들을 마구 쏟아 내며 컴퓨터로 인신공격을 해서 "악플"들로 인하여 자살하는 이들이 수두룩한 세상이 되었다는 말입니다. 그리고 자살한 사람들에게조차 욕설을 하고 비난과 조롱을 할 정도로 세상은 악에 물들어 있습니다. 원래 인간은 선한 존재로 창조되었습니다. 하나님께서는 이 세상을 창조하시고 인간을 창조하실 때에 하나님의 선하신 형상대로 창조하셨습니다. 모든 피조물들은 하나님의 동산에서 평화롭게 살아 왔습니다. 마음속에 죄가 전혀 없었기 때문에 아담과 하와는 벌거벗었으나 부끄러워하지 않았고 하나님과 대면하며 대화하며 하나님과 동행하며 평화를 누릴 수가 있었습니다. 마음속에 죄가 없고 선으로 충만하던 인간이, 하나님께 불순종함으로 마음속에는 죄가 들어오게 되었고 사단의 지배를 받게 된 것입니다. 하나님의 말씀을 거역하고 사단의 유혹으로 말미암아 선악과를 따 먹은 아담과 하와는 에덴동산에서 쫓겨나게 되었고 그들의 죄로 말미암아 온 인류는 죽음을 맞이하게 되었습니다. 죄의 삯은 바로 사망이기 때문입니다. 하나님을 떠난 인류는 하나님의 뜻대로 살아가는 것이 아니라 자신의 뜻대로 자기의 욕심대로 살아가다가 사단 마귀의 종이 되고 죄의 종이 되고 말았습니다. 사람은 하나님을 대적하던 사단 마귀가 유혹하는 대로 하나님의 말씀을 버리고 죄를 택하였습니다. 사람은 사단 마귀들이 죄악된 생각을 집어넣는 대로, 마귀의 지시를 따라 범죄를 하며 악을 품으며 하나님을 대적한 존재가 되었습니다. 사람은 사단이 격동하는 대로 마음속에 분과 혈기를 품으며, 살인을 품으며, 음란과 더럽고 악한 생각을 품으며 살아왔으며 온 인류는 타락해 버리고 말았습니다. 하나님의 형상을 따라 가장 선하게 창조된 사람이 하나님의 말씀에 불순종하여 하나님을 떠남으로 사단에게 넘기움이 되었고 결국은 하나님의 형상을 잃어버리고 죄악된 존재가 되고만 것입니다. 사람은 하나님의 지배를 받고 통치를 받는 것이 아니라 자신의 죄악으로 말미암아 악령의 통치를 받으며 악한 마귀 사탄의 지배를 받음으로 날이 갈수록 더 악랄해지고 타락해 가고 있는 것입니다.

하나님을 떠난 인간의 마음에는 이와 같이 어둠의 권세 사단 마귀가 자리를 잡고 활동을 하게 됩니다. 이스라엘의 초대왕 사울왕을 보십시오. 사울은 처음 하나님께 부름을 받을 때에는 가장 겸손하고 온유한 자였습니다. 아버지의 잃어버린 나귀를 찾아 사방을 헤맬 때에도 아버지를 생각하고 걱정을 할 줄 알던 효성이 있던 사람이었으며 사무엘을 통하여 하나님께 소명을 받았을 때에도 자신의 낮음과 처지를 알던 겸손한 사람이었습니다. 왕의 위임식 때에는 짐꾸러미 뒤에 숨어 있을 정도로 부끄러움이 많았으며 선지자들을 만나 그들과 함께 있을 때에 하나님의 영이 임하여 예언까지도 했던 사람이었습니다. 이스라엘의 초대왕으로 뽑힌 만큼 하나님께 인정을 받던 사울왕이 하나님의 말씀에 불순종함으로 인하여 완전히 다른 사람이 되어 버렸으며 그의 인생은 180도로 다른 길을 걷게 되었습니다. 그가 왕위에 올라 이스라엘을 다스린 지 2년 되던 해에 블레셋과의 전투에서, 전투에 나서기 전 하나님께 제사를 드리기 위하여 사무엘을 기다리라고 하신 하나님의 말씀에 불순종하였습니다. 사울왕은 하나님의 말씀과는 상관없이 인간적인 생각으로 자신이 직접 제사를 주관하여 드린 것이었습니다. 이 한 가지의 불순종으로 인하여 사울은 하나님께 버림을 받게 되고 하나님께서 떠나신 그의 심령에는 악신이 들어가 평생 동안 비참한 삶을 살게 되었습니다. 겸손하고 온순했던 사울의 심령에 악신이 들어가니 하나님의 기름 부음을 받은 자 다윗에게 시기와 질투가 불같이 타올라 하나님의 사랑을 받는 다윗을 죽이려고 하였습니다. 악령에 사로잡힌 사울은 그의 평생에 다윗을 죽이려고 하다가 블레셋과의 전투에서 패배하고 오히려 자신이 스스로 자살을 하여 죽는 비참한 죽음을 맞이하게 되었습니다. 이 모든 것은 사울이 하나님의 말씀에 불순종하는 삶을 살며 악신이 들어가 악한 삶을 살았기 때문에 비롯된 것이었습니다.

이 영적인 원리는 어느 시대에나 어느 개인에게나 마찬가지입니다. 지금 현재에도 예수 그리스도를 영접하지 아니하고 하나님의 뜻을 거역하며 성령님을 떠난 사람의 마음속에는 성령님의 통치하심이 있는 것이 아니라 악한 사단 마귀들이 지배를 하며 더욱더 죄와 사망으로 향하도록 만들고 있습니다. 지금도 예수 그리스도 안에서 살고 있는 하나님의 자녀들을 제외하고는 모든 사람들은 사단 마귀의 지배를 받아 범죄를 하며 멸망의 길, 사망의 길로 향하고 있다는 것을 알아야 합니다. 그래서 세상은 날이 갈수록 더 악하여지고 더 부패하고 더 이기적이고 냉랭하게 변해 가고 있는 것입니다. 성령님을 떠난 삶으로 살아온 지난날을 돌이켜 보며 어둠의 권세를 믿고 죄와 사망으로 향하고 있었다는 것을 깊이 깨우쳐야 할 것입니다.

자기의 고집대로 그리스도를 믿지 아니하고 성령님의 통치를 떠나서 사는 삶은 하나님의 심판을 받아 영원한 지옥불못에서 허덕이게 될 것입니다. 우리는 아직 다가오지 않는 일이라 여기며 안일하게 생각하고 있을 것입니다. 그 안일함이 덫이 되어 사단의 올무에 빠지게 되는 것임을 알아야 합니다. 그리고 즉각 긴장하는 맘을 가지고 성령님의 통치 안으로 들어가는 삶을 살아야 합니다. 지금은 영적인 잠을 자고 있을 때가 아닙니다. 사단 마귀에게 끌려 다니며 마귀의 종노릇을 할 때가 아닙니다.

예수 그리스도를 믿노라 하였으나 거짓으로 믿고 위선적인 신앙생활을 하던 자들, 입술로는 주여 주여 부르짖으나 불법을 행하던 거짓 그리스도인들과 거짓 목자들, 그리고 거짓 선지자와 삯꾼들은 하나님께서 무섭게 심판하실 것입니다. 우리의 신앙을 체크해 가며 믿음을 가지고 등과 기름을 준비하는 삶을 살아야 할 것입니다. 신랑을 맞이할 준비가 되었던 슬기로운 다섯 처녀들처럼 우리들도 우리의 삶 속에서 하나님의 말씀에 순종하며 성령으로 거듭나서 하나님의 뜻대로 살아야 할 것입니다. 모두 물과 성령으로 거듭나야 합니다. 모두 우리의 죄로 인하여 성령님을 떠나 있는 현재 자기의 처지를 알아야 합니다. 스스로 생각하기에는 자신이 올바르게 살아가고 있는 듯하지만, 실상은 그렇지 않다는 것을 알고 즉시 의를 위하여 살아가는 삶으로 거듭나야 합니다. 하나님의 말씀에 비추어 볼 때, 우리는 모두가 온통 허물투성이이고 하나님의 뜻과는 거리가 먼 잘못된 길로 가고 있었음을 깨달아야 합니다. 그리고 우리가 얼마나 추하고 악한 삶을 살아왔는지를 깨달아야 합니다. 음란을 일삼으며 긍휼과 사랑을 베풀 줄 모르는 악한 자였음을 돌아보아야 할 것입니다. 그리고 회칠한 무덤과 같은 마음을 가진 자임을 깨닫고 즉시 성령님께로 돌이키어 회개하는 삶을 살아가야 합니다.

어떠한 일에 있어서든지 환경이 문제가 아니고, 답답하고 풀리지 않는 어려움이 문제가 아니라, 그 상황을 대처해 나가는 자신의 믿음의 태도가 문제인 것입니다. 어떠한 환란과 고난이 닥쳐온다고 하여도 성령님을 바라고 구하며 찾아야 할 것입니다. 우리는 늘 깨어 있기를 소원해야 합니다. 영적 잠을 자지 말고 말씀과 기도로 늘 깨어 있기를 소원해야 합니다. 그래서 어떠한 사단 마귀의 유혹에도 넘어가지 않으며 성령님의 말씀을 붙잡고 준행하는 삶이되어지기를 간절히 축복 드립니다.

말씀은 하나님이십니다.

기도는 회개입니다.

6

악을 끊어야 합니다

악인을 의롭다 하고 의인을 악하다 하는 이 두 사람은
다 여호와께 미움을 받느니라

(잠언 17:15)

여러분은 자기의 수단과 방법으로 육적 욕망을 채우기 위해 하나님을 이용하고 있으면서도 겉으로는 하나님을 섬기는 척하고 있지는 않으십니까? 하나님께서는 우리의 중심을 보십니다. 하나님께서는 우리의 외모를 보시지 않으시며 우리의 중심을 보시고 근본적으로 하나님을 향한 선한 양심을 보십니다. 자기의 근본은 그 어떤 것으로도 감추거나 꾸밀 수가 없습니다. 하나님 편에 속해 있는 자는 하나님의 영과 함께 있으므로 자신을 꾸미지 않아도 어느 곳에 가든지 그 선한 마음과 착한 행실이 나타나게 되어 있습니다. 하지만 하나님을 떠난 악인은 아무리 배우고 꾸민다고 하여도 악한 행실에서 벗어날 수가 없는 것입니다.

여러분, 인간은 어떤 일을 하더라도 자기에게 이익이 되지 않으면 배반하는 속성을 가지고 마음과 변질의 마음을 가지고 있습니다. 또 조금이라도 이익이 된다면 그 이익을 가지기 위하여 최선을 다하는 모습을 볼 수가 있습니다. 악한 인간의 모습 속에서는 선함을 찾아볼 수가 없는 것입니다. 말씀을 들을 때 입으로는 아멘이라고 말하며 주님을 믿겠다고 다짐하는 듯하나 그 마음으로는 오로지 자신을 믿으며 자기의 악이 드러남을 싫어하고 분해하며 부끄러워 도망가기를 좋아할 뿐입니다. 모든 인간의 근본성은 똑같습니다. 이 세상에 죄가 들어옴으로써 하나님 말씀에 불순종하게 된 심령으로 말미암아 더욱 악해지는 것입니다. 하나님의 신이 우리를 붙잡지 않으면 그 누구도 선하게 살아갈 수가 없습니다. 그렇기 때문에 우리는 하나님을 의지하고 의뢰하는 마음을 항상 가져야 합니다. 한 번 가지고 마는 것이 아니라 항상 하나님을 붙잡고 의지하는 마음으로 살아가야 하는 것입니다. 그래서 우리는 반드시 성령님의 통치를 받아야 하는 것입니다. 그렇지 않으면 한 치 앞도 예측할 수가 없습니다.

여러분들은 과연 얼마나 성령님의 통치를 받고 있습니까? 얼마나 하나님을 의지하며 살고 계십니까? 여러분들의 심령은 하나님께 인정받기를 원하면서도 진정 자기 자신은 하나님을 멀리하고 하나님을 떠난 삶으로 살아가고 있지 않으십니까? 하물며 하나님을 속이고 하나님을 이용하며 자기의 편리대로 하나님을 욕보이는 파렴치한 짐승의 짓을 하고 있지는 않은지를 체크해 보아야 할 것입니다. 얼마나 더럽고 추악한 우리인지 우리의 속 사람을 점검해 보아야 할 것입니다. 내 영혼이 얼마나 교만하고 가증한지 나의 영혼을 점검해 보아야 할 것입니다. 하나님께서는 분명히 우리의 행위를 심판하실 것입니다. 그 심판 날에는 "주여 우리를 용서하소서"라고 소리 질러 외쳐도 냉정히 불못 속으로 던져짐을 받게 될 것입니다. 돌이키십시요. 돌이키십시오. 지금 즉각 돌이키지 않으면 기회는 사라져 버리게 됩니다. 나중에 이 모든 악행들을 깨닫고 돌이키려고 애써도 그때는 돌이킬 기회마저도 없어져 버리게 될 것입니다. 지금 현재 확실히 돌이키십시오. 확실히 돌이켜서 지금 현재 하나님의 도구로 사용되어지기를 원하는 삶으로 사십시오. 이 세상이 아무리 좋다하여도 이 세상이 아무리 우리의 인생을 만족시켜준다고 하여도 다 썩어질 것뿐입니다. 썩어질 것에 마음을 다하고 뜻을 다하여 결국에는 하나님께 버림받는 일이 없도록 더럽고 악한 심령에 속한 것들을 버리십시오. 모든 악한 행실을 단번에 끊으십시오. 악을 끊지 않으면 선은 영원히 우리의 것이 되지 않습니다. 악은 우리 자신의 영혼을 파멸 시킵니다. 우리 영혼을 파멸 시킬 악에게 자기 마음과 생각과 육을 내어 주지 마시기를 간절히 소원합니다. 악은 하나님과 대적입니다. 하나님께서는 선이십니다. 선이신 하나님의 영으로 인치심을 받는 우리의 심령이 되어야 합니다. 반드시 하나님의 인치심을 받아야 천국을 소유할 수가 있는 것입니다. 천국은 물과 성령으로 거듭난 자들의 것입니다. 그 어떤 다른 것으로 거듭나서도 안 되며 오직 하나님(물은 말씀의 비유이며 말씀은 하나님이시고 성령은 하나님이심으로 곧 하나님)으로 거듭나야 합니다.

여러분, 단번에 모든 악을 끊어 버리십시오. 그래서 선하신 하나님의 백성이 되기 위하여 그리스도를 본받아 그리스도를 닮아 가는 삶이 되려고 애쓰고 힘쓰는 몸부림을 치십시오. 여러분, 그리스도의 사랑을 본받으십시오. 세상이 말하는 사랑이 아니라 하나님의 사랑을 서로 나누기 위해 말씀을 따라 살아가는 우리가 되어야 하는 것입니다. 오직 예수 그리스도만이 사랑이시며 선이시라는 사실을 인정하고 자기를 부인하고 십자가를 지고 하나님의 뜻을 향해 성령님의 인도를 받으며 살아가는 우리가 되어야 하는 것입니다. 반드시 성령님의 통치를 받으며 범사에 감사하고 기뻐하며 사는 우리가 되어야 하는 것입니다. 여러분, 성령님의 통치를 받지 않으면 악한 영, 거짓의 영으로 통치를 받게 되는 것입니다. 사람은 누구나 그 어떤 영들의 지배를 받게 되는데 우리는 성령님의 통치를 받으며 하늘의 것을 위해 달려 나가야 할 것입니다. 수없이 하나님의 말씀을 듣고 많은 표적과 기사를 체험하면서도 되돌이키지 못하고 구경꾼으로 머물러 있는 우리가 되지 않기를 원합니다. 입으로는 성령님을 사모한 듯하나 그 심령은 거짓의 아비인 사단을 좇아 살아가며 하나님의 말씀을 거역하는 일이 없도록 더욱 자기의 심령을 낮추고 깨뜨리는 훈련을 스스로 하여야 할 것입니다.

교만은 패망의 선봉이라고 성경은 말씀하고 있습니다. 자기를 높이고 하나님의 뜻을 거스르는 것은 곧 패망으로 이어질 것입니다. 교만한 자들의 결국은 비참한 최후를 맞이하게 될 것입니다. 여러분, 즉각 하나님께로 돌이키십시오. 낮아지고 겸손한 마음으로 성령님을 구하고 성령님을 바라고 성령님을 찾기 위해 두드리는 믿음이 되기를 소원하십시오. 오직 성령님이십니다. 우리와 함께 동행하실 분은 오직 성령님이시라는 것을 잊지 마시고 더욱더 신실한 마음으로 하나님께로 돌이키는 삶이되시기를 간절히 소원합니다.

여러분, 오고가는 길에 여러 가지 눈에 보이는 것을 하나님의 말씀의 잣대로 바라본 적이 있습니까? 자신의 영적 상태로 자신의 가치관으로 바라보는 것이 아니라 성경을 잣대로 세상을 바라보며 지금 순간순간 일어나는 모든 일들을 바라본 적이 있습니까? 눈에 보이는 세상의 사건 사고들을 볼 때에 과연 여러분들은 어떠한 생각을 하게 됩니까? 마지막 때가 임박하였다는 것을 진정으로 실감을 하고 있습니까? 아니면 그냥 구경꾼으로서 하나님 나라와는 상관이 없는 자로 여전히 일상생활을 하면서 살아가고 있습니까? 뉴스를 통해서 세상을 볼 수가 있고 드라마를 통해서도 하나님의 경고가 뚜렷이 나타나는데도 불구하고 아직도 자기 혈기와 분냄으로 자기 육을 위해 살아가는 일에만 급급하고 있음은 어찌된 일입니까? 자기 스스로 분냄과 혈기로 인하여 영원히 죽어 가는 길을 선택하며 살아가고 있는지도 망각한 채 불사름 당하기를 원하는 모습은 정말 안타까운 일입니다. 진정으로 지옥불못에 가기를 원하며 그리고 천국을 불신하는 삶으로 저주 받기를 원하는 삶을 사는 인생이라면 영원히 구원과는 상관없는 자로 전락해 버리게 될 것입니다. 스스로 그리스도를 믿는다고 자부하지만 악함을 끊지 못한 심령은 불구덩이 속으로 들어가고 있다는 사실을 알아야 할 것입니다. 스스로 멸망의 길을 택하여 걸어가고 있으면서도 입으로만 성령님과 함께하기를 소원하고 있는 심령의 모순된 양면을 돌아보아야 할 것입니다. 스스로 범죄하고 스스로의 마음을 속이면서도 성령님과 함께하기를 소원하는 우리의 영적 상태를 진단해 보아야 할 것입니다. 우리의 악함이 얼마나 위험하고 얼마나 성령님과 상관없는 자인지를 깨달아야 할 것입니다. 바알신을 사랑하고 바알신을 섬기면서 성령님을 찾는 자는 하나님을 모르는 자이며 성경도 모르는 자입니다. 성령님과 함께할 자라면 먼저 자기의 악함을 끊어 버리고 우상을 숭배하는 자가 되지 말아야 하는 것입니다.

어릴 적부터 지금까지 우리는 그리스도를 믿어 천국 백성이 되려는 소망으로 신앙생활을 하여 왔습니다. 그러나 지금 돌이켜보니 남은 것이 무엇이 있습니까? 우리의 믿음은 처음부터 그리스도를 믿지 않았고 자기 정욕을 위해 하나님을 자기 삶의 수단으로 삼아왔음을 깊이 깨닫고 회개하는 삶으로 나아가야 할 것입니다. 입술로는 하나님을 아버지라 부르면서 그 심령으로는 회칠한 무덤과 같이 더러운 악을 가득 가지고 살아왔던 것을 깊이 회개하여야 할 것입니다. 영화로운 것을 탐하고 좋은 것을 가지기 원하는 가치관의 틀 속에서 성경을 말하고 자기 육을 위한 이기적인 신앙생활을 해 왔음을 회개하여야 할 것입니다. 자신의 악함을 알지 못하고 하나님과 대적하는 삶으로는 저주에서 벗어날 수가 없음을 알아야 할 것입니다.

인생은 안개와 같은 것이며 곧, 금방 사라지게 되는 것입니다. 사라질 것에, 썩어질 것에 자기 목숨을 내어놓고 하나님과 대적 관계를 이루는 자는 하나님의 심판을 피할 길이 없을 것입니다. 눈앞에 보이는 것들을 좇아 살아가면서 그리고 자기의 생각과 뜻에 따라 자기 계산적으로 살아간다면 결국은 하나님께 버림을 받는 신세가 될 것입니다. 그러한 자는 타락한 자가 되어 영원히 하나님 나라에 들어갈 수가 없는 자로 전락해 버릴 것입니다. 자기중심적인 신앙의 사람들은 하나님 나라의 비밀을 알고 성경을 많이 알고 성령님의 말씀을 들었다고 하여도 결국에는 하나님 나라에는 들어갈 수가 없게 될 것입니다. 온종일 열심히 육으로 건물적인 교회에서나 세상에서 봉사를 많이 하였다 하여도 영의 일을 알지 못하고 영의 일을 위해 전심을 다하지 못한다면 결국에는 비참함뿐일 것입니다.

여러분, 그리스도 안에 있는 자는 결코 정죄함이 없습니다. 예수 그리스도 안에 있는 성령의 생명의 법이 죄와 사망의 법에서 해방시켰기 때문입니다. 그러나 거듭나지 않으면 생명의 법에 들어갈 수가 없습니다. 거듭나지 않으면 하나님 나라에 들어갈 수가 없습니다. 반드시 물과 성령으로 거듭나야만 하나님 나라에 들어갈 수가 있는 것입니다. 물로 씻음은 예수 그리스도의 죄사함과 부활에 동참함을 의미하며 곧 구원하는 표인 것입니다. 세례로서 우리는 육체의 더러운 것을 제하여 버림이 아니라 오직 선한 양심을 찾는 것입니다. 선한 양심은 하나님을 찾아가는 것이 되기 때문입니다. 하나님의 말씀과 예수 그리스도의 증거를 인하여 목 베임을 받은 자가 몸은 죽어 흙으로 돌아가고 영혼이 첫째 부활이 있을 때까지 낙원에 들어가 머물러 있게 될 것입니다. 그러나 여러분, 지금의 우리의 영적 위치는 첫째 부활에 동참할 수가 없을 뿐만 아니라 도리어 심판을 받게 됨을 알아야 할 것입니다. 주님이 재림하실 때에는 산들도 진동하여 열방이 주님 앞에서 떨게 될 것이라고 성경은 기록하고 있습니다. 악인들은 그동안의 악함으로 인하여 순간적으로 쳐 버림을 당하여 음부로 가게 될 것입니다. 불과 칼로 심판하시는 하나님의 경고하심을 뉴스를 통하여 깨닫지도 못하고 있는 우리가 성령님을 당하리라 여기고 계십니까? 악인은 그리스도의 진노하심을 어떠한 교묘한 술수와 아부로도 피할 길이 없을 것입니다. 지금 즉시 모든 악을 멈추고 선이신 그리스도께로 돌이키지 않는다면 영원히 문을 닫게 될 것입니다. 우리의 악함으로 인해서 말입니다.

모든 예언은 성취될 것입니다. 신랑 되신 그리스도를 맞이하려면 신부의 자격을 갖추어야만 합니다. 분냄과 혈기, 당 지음과 술수로 인하여 자기 스스로를 자해하는 행위로 인해 성령님과 멀어지는 일이 없기를 간절히 소원합니다. 그리고 십자가의 군병이 되어야 할 것입니다. 그냥 아멘이라 말하며 이곳에 함께 있다고 구원을 받게 되는 것은 아닙니다. 자기 악함을 버리고 선한 양심으로 착한 일을 하시는 성령님을 믿어야만 될 것입니다. 용의 일을 말하고 용을 따르는 자가 아니라 성령님을 믿음으로 그리스도의 본을 받아 자기를 부인하고 십자가를 지고 영원한 생명을 얻기를 소원하며 거듭남의 길을 선택해야 할 것입니다. 성령님을 찾고 바라고 구하고 두드리는 것은 자기 악을 끊음으로부터 시작되어야 할 것입니다. 자기 악은 그대로 살아 있는데 성령님을 바란다고 해서 성령님께서 거하지 않으신다는 것을 기본적인 상식으로 알고 있어야 합니다.

여러분, 먼저 그의 나라와 의를 위하여 목숨을 버려야 합니다. 그리하면 그의 나라를 위하여 목숨을 버린 자들을 위해 하나님께서도 우리의 영혼을 돌아보아 주실 것입니다. 우리의 완악하고 교만한 심령을 이 시간 모두 내려놓고 성령님께 돌이키는 시간이 되시기 바랍니다. 오직 그리스도를 믿음으로써 영원한 생명을 얻는 축복으로 향하는 심령으로 변화받기를 원합니다. 입으로는 그리고 생각으로는 아멘이라고 반드시 그렇게 할 것이라고 자신과의 약속을 수없이 하였지만 우리 속 사람의 영적 모습은 어떻습니까? 자신과의 약속을 얼마나 잘 지키며 살아가고 있습니까? 자기 자신과의 약속도 지키지 못하면서 하나님 앞에 거짓 맹세는 버려야 할 것입니다. 성령님께서는 우리가 타락하지 않도록 그리고 사단에게 끌려가지 않게 하기 위하여 악을 끊으라고 부르짖고 계신다는 사실을 알아야 할 것입니다.

악을 버려야만 짐승들이 들어갈 수가 없고 짐승인을 받을 수가 없는 완전한 선함으로 가기 때문에 악을 끊으라고 부르짖고 계십니다. 그런데 지금 현재 우리의 심령은 어느 곳에 머물러 있습니까? 그리고 이제는 그악의 잔이 차고 넘치는 단계를 넘어 어찌할 바를 모르고 있지 않습니까? 어찌할 바를 알지 못하는 것이 아니라 이제는 무감각하여 악인으로 전락해 버린 상태가 되어 버렸습니다. 그러면서 습관처럼 돌이키면 될 줄로 알고 또다시 똑같은 말로 반복하며 성령님으로 거듭남으로 가는 길이 아니라 그 반대로 성령님과 대적하는 길로 가고 있다는 사실을 두려워해야 할 것입니다.

하나님께서 악을 끊으라고 말씀하셨고 그 말씀에 따라 순종하여 악을 끊어야 하는 것이 우리의 몫인데 악은 끊지 아니하고 그대로 보존하면서 입으로만 도와 달라고 외치며 행함이 없다는 것이 문제인 것을 알아야 할 것입니다. 그리스도를 믿는다고 자신의 신앙을 자부하면서도 그동안에 누구를 향하여 악을 부리며 누구를 향하여 대적을 하였는지 자기의 심령을 돌아보아야 할 것입니다. 성령님께서 우리를 버리신 것이 아니라 우리가 성령님을 멀리했고 하나님을 떠난 삶으로 타락한 자들이 되어 버린 것입니다. 악을 끊으라면 악을 끊고 순종하는 삶을 살아가야 한다는 것을 잊지 마십시오. 그런데 악을 끊을 생각조차도 않으며 도리어 악을 행하면서 입으로는 "성령님 도와주소서"라고 중언부언 즐비하게 늘어놓는 우리의 모습을 돌아보아야 할 것입니다. 참으로 가증한 모습인 것입니다. 우리는 지금 완악하게 굳어져 버린 심령으로 성령님께 대적하는 삶을 살아가고 있음을 회개하여야 할 것입니다.

성령님을 경외하는 두려움조차도 찾아볼 수 없는 완악한 심령으로 고개를 빳빳이 들고 살아가고 있다면, 하나님께서 완악함을 집어넣었기 때문은 아닌지 분별해 보아야 할 것입니다. 바로를 심판하시기 위하여 먼저 완악함을 넣으시고 모세를 보내셨음을 우리는 깨달아야 할 것입니다. 현재 일부분들의 목회자들과 교인들은 하나님을 사람의 뜻에 편리하도록 맞추어 하나님을 자기 삶의 수단으로 이용하고 있습니다. 우리는 하나님이 공의로운 분이심을 알아야 할 것입니다. 즉, 하나님을 자기 삶의 수단으로 이용하며 사는 무리들은 반드시 멸망의 때를 맞이하게 될 것이라는 것입니다.

여러분, 성령님의 통치 안에 사는 하나님의 백성들은 하나님을 사랑의 하나님 구원의 하나님이라 부를 수 있지만, 하나님을 대적하는 악인들은 공의로써 심판하시고 진노하시어 진멸하시며 보응하시는 거룩의 하나님이라는 사실을 명심하여야 할 것입니다. 모든 것을 주관하시는 거룩의 하나님 앞에 우리는 마음을 꿇고 몸을 낮추어 하나님 말씀에 순종하기를, 그리고 성령님을 사모하고 나의 영혼에 모시어 들이기를 원하는 가장 기본적인 영적 훈련을 받아야 할 것입니다. 그러려면 지금까지 간직했던 악의 모습과 악의 모양까지도 쏟아 내어 버리고 선한 마음으로만 성령님을 내 영혼에 모시어 들이는 준비를 시작해야 할 것입니다. 악이란 하나님을 대적하는 모든 행위인 것입니다. 악이란 하나님을 믿지 못하는 모든 것입니다.

7

복이란? 축복이란?

하나님이 세상을 이처럼 사랑하사 독생자를 주셨으니 이는 그를 믿는 자마다
멸망하지 않고 영생을 얻게 하려 하심이라.
하나님이 그 아들을 세상에 보내신 것은 세상을 심판하려 하심이 아니요
그로 말미암아 세상이 구원을 받게 하려 하심이라. 그를 믿는 자는 심판을 받지
아니하는 것이요 믿지 아니하는 자는 하나님의 독생자의 이름을
믿지 아니하므로 벌써 심판을 받은 것이니라.

(요한 3:16~18)

사람들은 늘 "복"을 기원하고 있습니다. 그리고 복을 받기
위하여 온갖 미신을 섬기거나 혹은 종교를 가지고 있습니다.

그러나 오늘날 사람들이 진정으로 말하는 "복"이란 의미는 무엇일까
요? 그리고 성경적으로 보는 "복"의 의미는 과연 무엇일까요? 다시 한 번
짚고 넘어가지 않을 수가 없습니다.

세상 사람들이 흔히 축복이라는 단어를 사용하고 있는데, "축복"은 기
독교적인 어휘로서 성경 말씀에 나오는 단어입니다. 그런데 사람들이 말
하는 축복이라는 단어는 두 가지의 다른 의미를 가지고 있습니다. 세상

사람들이 말하는 복이란 육적인 삶과 관련된 것으로써 여유로움과 누림, 즉 인생을 살아가면서 누리는 여러 가지 부귀영화를 의미합니다. 그리고 또 한 가지는 예수 그리스도를 믿는 자들의 구원의 복을 의미합니다. 즉, 성경이 말하는 영적인 축복을 의미하는 것입니다. 성경이 말하는 축복은 그리스도를 믿게 하시는 성령님의 임재하심의 복, 구원과 영생의 복, 하나님 나라를 위해 영원히 쓰임 받는 복, 영적 삶을 위한 하나님의 은혜 등을 의미합니다.

그러나 우리는, 자칭 믿는 자나 믿지 않는 자들이나 할 것 없이 모두가, 복과 축복의 원래적인 의미를 망각해 버리고 세상이 말하는 복을 추구하고 있습니다. 세상 사람들이나 그리스도를 믿는 자들이나 모두 복이란 동일한 단어를 사용하고 있지만 서로가 의미하는 뜻이 다르다는 것을 알아야 합니다. 복은 땅의 것을 의미하고 축복은 하늘의 것을 의미하므로 잘 분별하여 사용해야합니다.

그리스도인들이라면 성경이 우리에게 말하는 축복의 의미를 깨달아야 할 것입니다. 성경이 우리에게 말하는 축복이라는 것은 그리스도를 믿기 위한 고난을 뜻합니다. 그리스도를 믿기 위한 온갖 환란과 고난이 바로 축복으로 이어지게 되기 때문에 고난은 가장 큰 축복이라고 표현할 수가 있습니다. 그리고 악에서 건짐을 받는 구원함이 바로 축복인 것이며 하나님의 자녀로 입적되는 것이 바로 축복인 것입니다. 그리스도를 믿기 위하여 온갖 고통과 괴로움을 견디면서까지 감사함으로 하늘의 것을 사모하며 하나님을 알고, 믿고, 섬기는 것이 바로 가장 아름답고, 가장 크고, 가장 귀한 축복인 것입니다. 즉, 진정한 축복은 구원의 복을 말하며 그리스도를 믿어 영생을 얻을 수 있다는 것, 그리고 참고, 인내하며, 기다리며, 견딜 수 있는 믿음이 가장 큰 축복인 것입니다.

그러나 사람들은 세상의 욕심이 채워지고 편안하고 순탄한 삶을 살게 되면 축복을 받았다고 말하고들 있습니다. 육의 것이 아무리 풍성하다고 할지라도 영혼의 축복이 없다면 무엇이 유익하겠습니까? 육의 복이 아무리 많다고 할지라도 영의 축복이 없다면 그것은 성경이 말하는 "축복"이 아니라 세상이 말하는 "복"인 것입니다. "축복"은 하나님으로부터 오는 것이고, "복"은 공중 권세를 잡은 자들로부터 오는 것임을 우리는 알아야 할 것입니다.

세상에 속한 사람들은 자기의 삶이 조금이라도 어려워지게 되면 하나님께 매달려 잘 될 수 있게 해 달라고 애걸합니다. 그리고 입으로 축복이라는 단어를 함부로 들먹이면서 하늘의 것을 달라고 기도하지만 실상은 세상을 살아갈 때에 자기 유익을 위하여 사용하려고 하는 것입니다. 그것은 하나님을 자기 삶의 수단으로만 이용하는 모습입니다. 입술의 말은 그럴듯하게 거룩하게 보이지만 그 심령은 자기의 욕심을 채우기 위한 탐심으로 가득 차 있는 도적과 같은 모습을 하고 있습니다.

세상에 속한 사람들은 축복이 육적 삶을 더 윤택하게 하기 위해 주시는 하나님의 선물인 줄로 착각하고 자기의 악은 끊지 않은 채 계속 주님의 이름을 부르며 구하고 있습니다. 자기 악을 끊지 않고 목소리를 높여 주여라고 부른다고 해서 하나님께서는 응답하실 리가 없습니다. 자기 악을 버리지 않고 여호와 하나님의 이름을 망령되이 일컬으며 주님을 찾는 자에게는 도리어 화가 있을 것입니다. 자기 악을 버리지 않고 어찌 하나님께서 축복 하실 것이라고 여기고 있습니까?

성경에도 기록되었듯이, 항상 기도하며 성령님을 구하고 바라며 찾으라고 말씀하셨습니다. 그런데 우리는 지금까지 무엇을 구하고 바라고 찾고 있었는지를 돌아보아야 할 것입니다. 성경은 우리에게 성령님을 구하고 바라고 찾으라고 하였건만, 우리는 말씀을 저버리고, 자기 육신의 평안만을 위해 기도하며 이를 위해 하나님을 이용하고 있는 것입니다.

한 치 앞도 모르는 우리가 자기의 머리 굴림으로 하나님을 좌지우지할 수 있다고 생각을 하다니 참으로 어리석은 일입니다. 어찌 사망을 향하여 달려가고 있으면서도 하나님께서는 자기를 붙잡아 주시며 버리지 않을 것이라고 생각하다니 얼마나 교만하고 어리석은가요! 정말 대단합니다.

하나님을 모르며 지내고 있는 것도 대단한데, 곧 죽어 음부로 내려갈 자들이(그리스도를 믿지 아니한 자) 아직까지도 성령을 훼방하는 일에 앞장을 서고 있다는 것이 정말 대단한 일입니다. 어찌 하나님을 두려워하며 경외함이 없고 자기중심적인 신앙으로 아무 일이 없다는 듯이 다시 시작할 수 있는 용기가 있는지 정말 대단합니다.

자기 속 사람이 악신에 사로잡혀 있으면서 그것을 감출 수 있다고 생각하십니까? 하나님께서는 그 중심을 모르시는 줄로 아십니까? 악신의 훈련을 받고 악의 도구로 살아가면서도 성령으로 거듭날 수가 있다고 생각하는 것도 정말 대단한 일입니다. 자기 심령의 악을 하나님 앞에 내려놓지 않고 하나님을 속일 수가 있다고 여기는 것도 대단한 일입니다.

우리는 현재 하나님의 뜻과는 아무 상관없이 자기의 가치관에 근거하여 하나님을 자기중심적인 잣대로 놓고 저울질하며 성령님에 대해 말하고 있습니다. 우리는 아직 성령님을 모르고 있는 자들입니다. 진정으로 성령님을 아는 자는 악을 끊고 성령님의 인도를 받으며 하나님께로 돌이

당신의 영혼은 안녕하십니까?

키게 되어 있습니다. 성령님을 아는 자들이라면 하나님 말씀에 순종하며 하나님을 알고, 믿고, 섬기는 일을 게을리하지 않을 것입니다. 아직 진노의 자녀로 머물러 있는 자들은 성령님이 하나님이시라는 것을 전혀 알지 못하고 있습니다. 그래서 아직도 악을 행하는 것이며 성령님을 향하여 도전하고 있는 것입니다.

예를 들면, 자기 자신은 하나님과 상관없이 더러운 악을 행하면서도 건물적인 교회에 출석하고 성경을 좀 안다는 것을 핑계로 하여 자기의 악을 무시하고 진노의 하나님을 자기를 사랑하시는 하나님이라고, 그들의 악행을 참고 회개하기를 기다리시는 좋으신 하나님이라고 말하면서 하나님께서 자기와 함께하시고 있다고 착각하고 있으니 참으로 위험한 일입니다.

여러분, 하나님께서는 그리스도를 믿는 자들의 하나님이 되십니다. 그리스도를 믿지 않는 자들과는 아무 상관없으신 하나님이십니다. 하나님께서 독생자이신 예수님을 이 땅에 보내신 것도 자기 백성을 구원하시기 위한 목적이었습니다. 여기에서 자기 백성은 그 아들 예수 그리스도를 믿는 모든 자들을 가리켜 말합니다. 누구든지 그리스도를 믿는 자는, 즉 오늘날 성령님을 믿는 자는 하나님의 백성이 되는 것입니다. 그들의 하나님이시라는 것입니다. 그런데 많은 신비주의자들이 그리스도를 믿고 성령님을 믿는다고 위장하고 있다는 것을 알아야 합니다. 그동안 성령님을 믿고 있었던 것이 아니라 도리어 성령님이 하시는 사역을 방해하는 일을 해 오고 있었다는 것을 생각해 보지 않았습니까? 그리고 지금도 하나님 나라를 위해 살아야 한다고 입으로는 말을 하면서도 실상은 하나님 나라가 확장되는 것을 막고 있는 역할을 하고 있습니다. 자기 육이 살기 위하여 주여 주여라고 외쳐 부르는 것이지 주의 나라와 주의 의는 망가지든 말든 상관이 없는 삶을 살아가고 있다는 것입니다.

여러분, 우리는 주의 나라와 의를 위하여 자기 목숨을 내어놓고 전심으로 몸부림을 쳐 보지 않았음을 회개하여야 할 것입니다. 그의 나라와 의를 위하여 살아간다면, 그의 나라를 위해 쓰임을 받고 있는 모든 도구들에게 상처를 주어 망가뜨리지 않게 하고 잘 관리하여 잘 사용할 수 있도록 협력하여 선을 이뤄 나가는 데 일조를 하여야 할 것입니다. 그러나 그의 나라를 위해 쓰일 도구를 망가뜨리고 부수고 파괴할 목적으로 앉아 있는 자들의 정체는 사단의 앞잡이임을 알아야 합니다. 그러한 타락한 자들은 성경을 인용하여 사단의 종으로 살아가고 있으면서도 마치 정말 대단히 옳은 일이라도 하는 냥, 의를 좇는 냥, 합리화합니다. 우리 자신이 바로 그러한 자들이 아니었나를 돌아보고 회개해야 합니다.

우리가 잘못된 신앙관과 믿음을 가지고 성령님을 믿으려고 하지만 잘못된 성경 지식으로는 절대로 성령님을 알 수가 없을 것입니다. 우리는 성령님께서 우리의 악함을 미리 아시고 그리스도를 믿게 하시지 않으실 것이라는 것을 생각해 보아야 합니다. 악한 마음을 버리지 않고는 아무리 몸부림을 쳐 보아도 성령님과의 관계는 더 멀어질 뿐입니다. 악인들은 그 어떤 방법을 총동원 하여도 절대로 하나님 나라에 들어갈 수가 없습니다. 그리스도를 믿게 하는 것도, 믿지 못하게 하는 것도, 성령님을 믿게 하는 것도, 성령님의 말씀에 순종하게 하는 것도, 모두 하나님의 주권에 달려 있습니다. 하나님 나라를 파괴하기 위해 존귀하신 하나님이 사용하는 도구들을 파괴하는 패역한 자는 절대로 성령님과 동행하는 삶을 살 수 없을 것입니다.

하나님 나라는 우리가 믿고 들어가고 싶다고 하여 자유로이 들락날락 하는 곳이 아니며 악인들은 절대로 들어갈 수가 없는 곳입니다. 하나님 나라는 성령으로 거듭나야만 갈 수가 있습니다. 더러운 영들과 악한 영들 그리고 공중 권세의 영을 받은 자는 성령님과 함께할 수가 없을 것입니다.

성령을 받으려면 먼저 회개하며 자기 영혼 관리를 철저히 하여야 할 것입니다. 누가 시켜서가 아니라 스스로 하늘의 축복인 구원을 받기를 원한다면 자기 심령 밭을 옥토로 만들어 가는 몸부림이 있어야 할 것입니다. 성령으로 거듭나기를 원하는 삶으로 자기 심령 밭을 깨끗이 하여야 할 것입니다. 하나님께서 기뻐하시는 경건의 삶으로 구별 되어져야 할 것입니다. 그러나 회칠한 무덤과 같이 겉으로는 경건의 모양을 갖추고 있는 듯하나 그 속은 썩어 냄새가 풀풀 나는 악인은 영원히 성령님과 함께할 수가 없을 것입니다.

언제까지 "소망합니다. 애씁니다"하며 말만 하고, 늘 기회가 주어질 것이라 여기십니까? 아직까지 자기의 영적 신분을 모르고 이러한 말을 쓰고 있는 그 자체를 성령님께서는 가증스럽게 여기신다는 사실을 알아야 합니다. 돌이키지 못하고 있는 시간 시간마다 더 악한 귀신 떼들이 자기 영혼을 삼키고 있다는 사실을 알아야 합니다.

오늘날 교인들은 성경이 말하는 진정한 축복의 의미를 모르고 있습니다. 우리의 축복은 "구원의 복"뿐이어야 하고 구원의 복을 받기 위하여서는 그리스도를 믿음으로써 자신이 복음의 증거가 되어야 하는 것입니다. 즉, 육신이 성전이 되어야 한다는 의미입니다. 자신이 성령으로 거듭나서 그리스도를 증거하고 성령님을 증거하는 복음이 되어야 한다는 말입니다. 구원의 복을 받은 사람이 복음으로 나서지 않는다는 것은 구원을 받지 않은 결과일 뿐입니다. 자기 자신은 자칭 구원을 받았다고 하지만 복음으로 되어 있지 않은 자는 구원을 받지 않았다는 뜻입니다. 자칭 구원을 받은 자라고 교만을 떨고 있는 것일 뿐 하나님은 인정하시지 않는다는 것입니다. 자기 스스로 구원을 받았다고 인정하는 것은 자기가 하나님보다 더 높은 결정권을 가진 존재라는 교만함을 보여 주는 것입니다. 구원은 하나님만이 하시는 하나님의 주권인 것입니다. 거듭나지 않으면, 복음이 되지 않으면, 아무리 육신이 건물적인 교회에서 설교를 듣고 성경을 읽는다고 하여도 구원하고는 상관없는 자임을 알아야 할 것입니다. 때가 되면 언젠가는 자기 갈 길을 가야 하는 것입니다.

다시 한 번 되짚어 말씀드립니다. 세상이 말하는 복은 문자 그대로 풀이한 육신의 복이며, 육의 정욕을 채우며, 죄로 물든 욕심을 말합니다. 이러한 것은 축복이라 할 수가 없고 그냥 복이라고 칭하면 되는데, 사람들은 하나님이 주신 축복이라고 합리화를 시키며 살고 있습니다. 하나님께서만이 허락하신 것이 축복이 될 수 있는 것이지 땅의 것은 누구나 노력하면 얻게 되는 수고의 산물일 뿐입니다. 하늘의 축복은 그리스도를 믿기 위한 고난을 말한다는 것을 우리는 알아야 할 것입니다. 그리고 하늘의 축복은 죄를 멀리하게 되고 깨끗하고 신실한 심령으로 악의 마음 밭을 돌이키어 선한 마음 밭으로 변하며 그리스도의 발자취를 따르는 삶으로 변화되는 것입니다.

우리는 이제까지 하늘의 축복을 받기를 소망하였지만 축복은커녕 불순종의 자녀로 진노의 자녀에 해당되어 그 속에 머물러 있었음을 알아야 할 것입니다. 하늘의 축복의 비밀한 것을 모르기 때문에 하늘의 축복

당신의 영혼은 안녕하십니까?

을 세상의 잣대로 재며 욕심을 부리고 있었던 것입니다. 그러나 하늘의 것이라는 것은 그리스도를 믿어 영생을 얻는 것을 말합니다.

우리는 아직까지도 자녀가 잘되고 환경과 상황이 좋아지면 축복이라 말하며 예수 예수하며 노래합니다. 물질이라도 갑자기 생긴다면 하나님께서 자기를 사랑하시어 축복을 주셨다고 자기의 잣대로 하나님을 말합니다. 우리는 그리스도를 믿는 믿음과는 상관이 없는 땅의 것을 바라면서 살고 있는 자신의 심령을 한 번 들여다보아야 할 것입니다. 썩어질 것에는 목숨을 걸고 두려워하면서 자기 영혼을 지옥에 던질 하나님을 두려워하지 않는 우리의 악한 심령을 돌아보아야 할 것입니다. 우리는 우리가 깊은 심령에는 회개와 변화된 삶이 없이 땅의 것을 탐하고 누리며 살기를 원하면서 동시에 하늘의 것에 욕심을 부리며 탐하는 자들임을 깨달아야 합니다. 신령과 진정으로 하나님을 원하는 것이 아니라 자기 욕심으로 말입니다.

욕심이란 가질 수 없는 것을 탐내는 것을 말하는 것입니다. 다른 말로 표현한다면 악인은 하늘의 축복을 받을 수 없다는 뜻이기도 합니다. 악인의 입은 하늘의 말을 모르며 땅의 말을 합니다. 악인의 입은 영이신 하나님을 위하여 하는 듯 그 모양은 갖추었지만은 그 실상은 그저 자기 기분에 도취하여 노래하며 울며 애곡하고 있는 것입니다. 그러나 진정으로 하늘의 것을 아는 자는 그리스도를 높이며 찬양을 드리며 오직 하나님께 영광을 드리는 삶으로 살아가게 될 것입니다. 오직 하나님을 영화롭게 하기 위한 삶으로만 흘러가게 될 것입니다. 자기를 부인하며 자기 십자가를 지고 주를 따르는 삶으로 살아가게 될 것입니다.

그러나 그리스도를 모르는 자들의 그 오만함과 교만함의 모든 것은 헛된 것으로 멸하게 될 뿐입니다. 성령님을 모르는 자는 자기를 높이며 자기 영광을 위하여 살아가게 될 것입니다. 언젠가는 썩어질 것에 대한 욕심으로만 가득 채우며 자기 육을 위하여 살아가게 될 것입니다. 영원히 썩지 않을 하늘의 축복을 받으려면 이 세상에서 살아가는 동안 성령 하나님을 믿어 섬기며 성령님의 사역을 도우는 동역자로서 헌신하는 마음으로 자기 목숨을 내어 주는 십자가의 사랑을 하여야 합니다. 자기를 부인해야 하고 성령님을 인정하며 자기 십자가를 지고 주님 앞에 꿇어 엎드려야 합니다. 성령님을 인정하라 함은 성령님 앞에 거짓됨을 말하지 말고 성령님의 일을 그대로 사실로 고백하라는 말입니다. 우리의 생각과 의견으로 옳다 그르다하지 말라는 말입니다. 즉, 성령님 앞에 거짓을 아뢰지 말라는 뜻입니다.

성령님을 인정하라고 말을 하니 세상의 인정이란 단어를 가지고 성령님을 인정하려고들 합니다. 여기에서 인정이란 거짓을 아뢰지 말라는 것이며 성령님의 말씀이 일점일획도 틀림이 없다는 것입니다. 그리고 꿇어 엎드리라는 말은 겸손하고 깨지고 낮아지는 삶을 뜻합니다. 여기에서 또 우리는 육신의 모습으로 꿇어 엎드리라는 줄로 알고 몸을 낮추는 자세를 취하고들 있습니다. 자기의 심령은 회칠한 무덤이 되어 썩어 풀풀 냄새나는 시체와 같으면서도 말입니다. 꿇어 엎드리라는 말은 성령님께 마음을 꿇고 겸손히 낮아지고 깨지고 자기를 부인하고 십자가를 지라는 뜻입니다. 또 자기를 부인하라는 말은 말로만 하는 것이 아니라 항상 그리스도만 높이는 삶이 되어야 한다는 것입니다.

자기를 부인하는 자는 자기가 살려고 몸부림을 치지 않습니다. 자기를 부인하는 자는 그리스도의 십자가 앞에서 자기는 죽은 자이고, 자기라는 존재가 없기 때문에 자기의 일보다 성령님의 하시는 일을 먼저 염려할 것입니다. 자기를 부인하는 자는 무서운 칼로 죽임을 당한다고 할지라도 성령님을 위해 자기의 몸과 마음을 던질 것입니다. 자기를 부인하는 자는 자기의 생각과 뜻은 버리고, 오직 하나님의 뜻을 거스르지 않는 하나님 중심적인 삶으로 주의 나라와 주의 의를 위해서만 살게 될 것입니다. 하나님께 외면당하는 것을 참고 인내하라는 것이 아니라 그리스도의 뜻을 따르기 위해 자기 자존심을 버려야 한다는 것입니다.

하나님으로부터 외면당하지 않으려면 신실한 모습으로 하나님께 더 가까이 다가가며 자기의 죄과가 소멸되기를 원해야 합니다. 하나님께 진노의 자녀였던 우리의 모습을 회개하고 용서를 바라는 신실한 마음으로 바꿔가기 위해 끊임없이 힘써야 한다는 것입니다.

진정한 축복은 그리스도를 믿기 위한 고난을 말합니다. 우리는 고난 받기를 싫어하고 힘든 일은 하기 싫어하지만 그것이 가장 큰 축복이고 반드시 받아야 할 축복임을 잊지 마시기 바랍니다.

성경이 우리에게 말하는 축복은 구원의 복을 말하며 우리의 심령에 하나님 나라가 임하는 것을 말합니다. 하늘의 축복은 하늘의 평안과 기쁨을 말하고 천국을 소유할 수 있는 자격이 된다는 것입니다. 그런데 우리는 어떠한 복을 복이라고 말하며 하나님께서 주신 축복이라고 여기고 있습니까? 자기중심적인 잣대로 자기 육신의 삶을 지내면서 인생의 편안함을 말하며 세상의 부귀영화를 말하고 있지는 않으십니까? 언제까지 축복 타령이나 하면서 성령님을 외면하는 마음으로 자기 멋대로 말하며 죄를 범하려고 하십니까? 말씀을 지식적으로는 잘 알고 온갖 수고와 봉사를 하면서도 성령님의 역사는 없는 것입니까?

그리고 왜 모두가 죄에서 자유하지 못하고 죄로 물들어 허우적거리고 있습니까? 성령님을 믿지 않는 자들은 가라지로 분리됨을 알아야 할 것입니다. 가라지로 가려져서 때가 되면 불 속으로 던져 버리게 될 지경에 이르게 된다는 말입니다. 지금은 가라지가 되어 잘 타도록 말려지고 있는 과정임을 왜 아직 모르십니까? 현재 자기 자신이 가라지에 속해 있지나 않는지 자기의 심령을 분별해 보아야 할 것입니다. 심판의 때에 알곡의 곡간에 거두어 주시기를 바라는 간절함이 있어야 합니다.

믿음은 바라는 것들의 실상입니다. 즉, 생각만 하고 있는 것이 아니라 실질적으로 자기 마음 밭을 고쳐 가는 현상을 의미하는 것입니다. 그런데 악을 돌이킬 생각은 하지 않고 그 악으로 인하여 잘 타는 가라지로 변해 가면서 빨리 불 속에 던져 주기를 바라는 모습은 영원히 성령님과 함께할 수 없는 악인의 모습입니다.

악인들의 심령은 더 강퍅하여져서, 말씀을 더 악랄하게 듣기만 하고, 성경 속에서 하늘의 무서운 비밀만을 캐고 있는 사단의 첩자의 역할을 하고 있다는 것을 알아야 합니다. 사단은 하나님의 말씀을 듣고 인용합니다. 사단은 자신이 거룩한 하나님의 흉내를 내며 믿음 있는 척, 신실한 척을 하며 사람들에게 보이기를 좋아합니다.

사단은 사람들에게 경배 받기를 좋아하며 자기가 우월하다는 교만한 착각 속에 빠져 살게 됩니다. 사단은 성령 충만함을 위장합니다. 사단은 성령님보다 더 높이 서려합니다. 하나님의 말씀을 많이 듣고 그 비밀을 많이 안다고 해서 성령님과 함께할 수 없다는 것을 알아야 합니다. 성령님께서는 그리스도를 믿는 구원 받을 자에게만 임하시며 심령이 깨끗한 자에게 함께하실 것입니다.

성령님께서는 절대로 사단을 하나님 나라에 들어올 수 없게 만드실 것입니다. 그러니 즉시 회개해야 합니다. 마음에 음흉함을 품고 이곳에 있다면 그는 정말로 성령님을 모르는 자입니다. 성령님을 모르는 것이 가장 큰 악이라는 것을 알아야 할 것입니다. 그들은 천국과 지옥을 모르는 자이기도 합니다. 왜 유일신이신 하나님께서 직접 인간으로 오시고 십자가에 달려 물과 피를 쏟으시며 고난을 당하셨겠습니까? 이러한 예수님의 희생적인 사랑을 우리는 더럽히고 있습니다. 자기 악으로 말입니다.

⑧

그리스도만 높여야 됩니다

무릇 지킬만한 것보다 더욱 네 마음을 지키라
생명의 근원이 이에서 남이니라
(잠언 4:23)

천하를 가지면 무엇합니까? 생명 되시는 예수 그리스도가
없이는 그 천하는 아무 쓸모가 없습니다. 예수 그리스도가 있는 자라면
그 천하를 소유할 수 있지만 그리스도가 없는 곳에는 천하도 없는 것입
니다. 내 배만 채우려는 탐심 많은 심령은 그리스도와 함께할 수 없음을
알아야 합니다. 사람들은 자기의 의를 나타내며 자기 배를 채우면서 입
으로는 "주여 주여"라고 외치고 있습니다. 그런 사람들을 향하여 주님은
"독사의 자식들"이라 말씀하십니다. 즉, 사단의 자녀를 가리키는 것입니
다. 우리는 이런 독사의 자식들에 속하지 않았는지 자기의 심령을 돌아
보아야 할 것입니다. 건물적인 예배당에 나가 형식적인 예배에 참여한다
고 해서 그것이 주 예수 그리스도를 믿는 것과 동일한 것이라고 착각하
고 있는 것은 아닌지 돌아보아야 할 것입니다.

사랑의 주님, 용서의 주님은 내가 주 안에 거할 때 함께하실 주님인 것입니다. 주 안에 있지 아니하고 자기의 고집과 아집으로 똘똘 뭉쳐져 주 밖에 있는 목이 곧은 이스라엘 백성처럼 주의 백성들이 하나님을 배반하고 주 밖에서 주님을 부를 때는 진노의 하나님, 심판의 하나님이심을 기억하며 그 악한 심령을 단번에 하나님께로 돌이켜야 할 것입니다. 약간의 악의 모양만 바뀌어도 그 덫에 걸리는 것이 약한 존재인 우리입니다. 왜 자꾸 덫에 걸리는지 자기의 심령을 체크해 보았습니까? 상대가 나를 넘어뜨리는 것이 아닙니다. 내 자신의 심령이 더럽기 때문에, 내가 죄인이기에, 그 악함을 내 스스로 받아들이고 있는 것은 아닌지 분별해 보아야 할 것입니다.

사단은 말씀을 인용합니다. 그와 마찬가지로 우리도 하나님의 말씀을 듣고 말씀을 인용하고 있는 죄를 짓고 있지는 않습니까? 만약 그런 자들이라면 자신이 하나님의 주권을 자신의 의도대로 쥐락펴락하는 아주 악한 대적의 대상이 되어가고 있다는 것을 깨달아야 합니다. 자기 자신도 정확히 알지 못하면서 어찌 감히 하나님을 안다고 생각하고 하나님의 말씀을 자신의 뜻으로 마구 이용하는 겁니까?

여호와 하나님은 유일신이십니다. 우리는 사람입니다. 유일신이신 하나님께서 우리를 창조하셨습니다. 하나님께서 창조하심으로 우리가 있게 된 것입니다. 즉, 우리는 하나님께서 만드신 피조물일 뿐입니다. 피조물인 내가 어찌 하나님 말씀을 거역할 수가 있고 주님의 주권에 도전할 수가 있겠습니까? 하나님은 우리를 살릴 권세(천국)있고 죽일 권세(지옥) 있다는 것을 알아야 할 것입니다. 우리는 하나님 은혜 안에서만 거할 수 있는 존재이지 하나님의 긍휼하심이 없으면 존재할 수도 없는 존재임을 알아야 합니다. 우리는 우리를 만드신 이를 배반하게 만드는 자가 누구인지를 분명히 알아야 합니다. 바로 미혹의 영입니다. 미혹의 영은 하나님 나라의 일이 확장되는 것을 싫어하며 우리가 하나님 백성이 되는 것을 싫어하는 존재로, 우리로 하여금 하나님과의 관계를 멀리하기를 원하고 있습니다. 우리는 이미 미혹의 영에게 장악 당한 죄의 몸이 되었습니다. 우리의 심령이 죄로 가득하기에 사단의 집을 만들어 미혹의 영의 출입을 통제 시킬 수도 없고 사단의 종노릇을 하며 살아왔습니다. 그런 자들이 바로 우리인 것입니다. 하나님을 배반하고 불순종만 일삼는 것이 바로 그 증거의 모습들입니다. 하나님께 범죄함으로 인해 죄의 굴레에서 벗어날 수 없는 악독한 불순종의 자녀의 모습이 우리의 모습입니다. 그러나 하나님은 이러한 우리를 긍휼히 여기시어 예수님을 보내셨는데 또 우리는 우리를 구원할 분이신 예수님을 팔아넘기고 찢고, 조롱하며 핍박한 죄를 또 지어 왔습니다. 하지만 하나님은 예수님을 주와 그리스도로 높여 영광스럽게 만드셨습니다.

지금은 성령시대라는 것을 분명히 알아야 합니다. 예수 그리스도께서는 승천하시면서 우리에게 보혜사 성령님을 보내 주셨습니다. "누구든지 예수 그리스도께서 보내신 성령님을 믿는 자는 곧 예수 그리스도를 믿는 것이다"라고 성경은 기록하고 있고 그를 믿음으로 영생을 얻는 것임을 알게 해 줍니다. 이러한 것을 볼 때 지금 우리가 그리스도께서 보내신 성령 하나님을 믿으면 예수 그리스도를 믿는 것이 되며 예수 그리스도를 믿음으로 영생을 얻게 되는 것입니다. 성령님을 믿고 말씀에 순종하는 것이 우리의 믿음이 되어야 하는 것입니다. 유대인들이 예수님이 메시야인 것을 알아보지 못하고 그를 핍박하고 조롱하며 여전히 오실 메시야를 기다리고 있는 것처럼 우리도 오늘날 오신 성령님을 알아보지 못하고, 즉 성령님의 하시는 사역을 알아보지 못하고 성령님의 사역을 훼방하면서 여전히 오실 성령님을 기다리고 있지는 않습니까? 조심스럽게 돌아보아야 할 것입니다.

여러분, 우리는 성결하고 정직한 영으로 거듭나야 합니다. 성결하고 정직한 영은 오로지 성령님뿐이십니다. 즉, 우리의 심령은 물과 성령으로 거듭나야만 성령님으로 인하여 우리의 영이 성결하고 정직해진다는 것입니다. 여기에서 물은 말씀입니다. 즉, 말씀은 하나님이시니 하나님 나라가 내 안에 이루어져야 한다는 것입니다. 물과 성령은 하나님이시라는 것을 우리는 알아야 할 것입니다. 건물적인 예배당에 나가 봉사하고, 전도하고, 찬송하고, 기도를 많이 하고, 성경을 아무리 많이 본다고 하여도, 거듭나지 않으면 하나님과 아무 상관이 없는 자임을 알아야 할 것입니다. 자신이 스스로 예수 그리스도를 믿는 자라고 인정하는 착각 속에 빠져 살아가는 것이 아니라, 하나님께서 말씀에 순종하여 사는 우리의 믿음을 인정해 주셔야 하는 것입니다. 하나님께 인정받는 믿음이 될 때에 우리는 주 안에 있는 하나님의 자녀가 되는 것입니다. 천국은 침노하는 자의 것이라 했습니다. 사단과의 전쟁에서 반드시 이겨야 합니다. 사단에게 빼앗긴 모든 하늘의 것을 되찾아야 합니다. 우리는 할 수가 없습니다. 그러나 하나님은 할 수 있습니다. 성령님의 도우심으로는 할 수가 있습니다. 그러나 성령님의 인도하심을 받기 위해서는 내가 없어지고 그리스도만 높이는 삶이 되어야 합니다.

많은 사람이 성전의 휘장이 위에서부터 아래로 찢어지고 바위들이 깨어지고 무덤들이 열리는 것을 보고 예수님께서 참으로 그리스도이심을 알았습니다. 그들은 예수님께서 돌아가신 후에야 그들이 하나님의 아들이심을 알았습니다. 자신들 눈에 확인이 되고 나서야 그들은 예수님께서 그리스도이심을 알았습니다. 그리스도만이 모든 생명의 구원자이심을 모든 자들이 알게 된 것입니다. 이와 같이 지금도 그리스도를 믿지 않는 강팍한 자들도 때가 되면 그리스도께서 구원자이심을 알게 될 것입니다. 때가 차면 자신들이 들은 복음이 진리였음을 깨닫게 될 것입니다.

그러나 진리를 아는 것만으로는 부족합니다. 마음으로 믿고 행동으로 실천할 수 있어야 합니다. 세상에서 호의호식을 하며 살았던 부자에게 아마도 천국은 머나먼 얘기였을 것입니다. 거지 나사로가 천국을 사모하며 살아갈 때 아쉬울 것이 없는 부자는 그저 자신의 삶에 만족하기만 하고 살았을 것입니다. 그랬던 부자가 천국을 알았습니다. 진정 천국은 있고 세상에서의 삶과는 비교할 수도 없는 곳인 천국은 꼭 가야 하는 곳이라는 것을 알았습니다. 음부에 가서 말입니다. 음부에서 고통을 당하며 목이 말라하는 자들과 하늘나라 잔치하는 곳에 아브라함과 함께 앉아 있는 나사로를 보며 그는 반드시 천국에 가야한다는 것을 알았습니다. 어찌나 고통스러웠든지 아브라함에게 세상에 있는 자신의 형제들에게 나사로를 보내 달라고 합니다. 부자는 결국에는 천국을 알았고 진실로 생명이 사는 길을 알았지만 천국에 갈 수 없게 되었습니다. 이 부자처럼 단지 천국을 알기 위해 이 길을 가서는 안 됩니다. 천국에 대한 지식이 아니라 천국을 소유하기 위해, 영생을 얻기 위해 성령님을 믿어야 하는 것입니다. 모든 기회가 지나가 버리기 전에 우리는 성령님을 믿어야 합니다. "천국가고 싶다"가 아니라 우리의 영혼이 성령님을 믿음으로 천국을 소유하기 위해 준비해야 합니다. 말이 아니고 생각이 아니고 우리의 감정이 아니라 우리의 영혼이 믿어서 의에 이르러야 합니다. 마음으로 믿고 입으로 시인하여 구원에 이르러야 합니다. 우리를 돌보아 주시는 성령님의 은혜를 생각하며 성령님의 은혜를 받을 수 있는 그릇이 되기 위해 겸손히 힘써야 합니다.

사람들은 거지근성이 있어 받으려고만 합니다. "주시옵소서" 하면서 내 삶에 무엇인가 바라던 일이 이루어지면 "아, 하나님께서 채워 주시는구나"하고 감격해 합니다. 그것이 진짜 하나님께서 채워 주시는 것인지 그렇지 않은 것인지 알지 못하고 자신의 기분에 따라 생각해 버립니다. 자신이 결정을 해 버립니다. 여러분, 우리는 헛된 것에 얽매여 살지 말아야 합니다. 세상의 것은 썩어질 것에 지나지 않습니다. 성령님과 함께할 때는 세상에서 결코 체험할 수 없는 구별된 천국을 체험하게 됩니다. 성령님과 함께한 그곳과 같이 그보다 더한 아름다운 하나님의 나라를 성령님을 믿으면 누리게 됩니다. 자기를 부인하고 세상을 돌아보지 말고 성령님을 구하고, 바라며, 나아가는 삶이 우리의 삶이 되어야 합니다. 뉴스를 통하여 세상을 바라보십시오. 이 나라만 보아서는 안 됩니다. 세상을 보아야 하고 세상 중에 역사하시는 성령님의 사역을 보며 우리는 마지막 때가 임박한 이때를 다시 준비해 나가야 할 것입니다.

남아공에서 흑인들이 집권하게 되면서 백인들을 겨냥한 범죄가 끊이지 않는다고 합니다. 목숨까지 위협 받아서 대부분의 백인들이 자기의 나라로 떠났고 또 떠나지 않고 남은 사람들은 자신을 방어하기 위해 사격을 배우는 것을 뉴스를 통해 보았습니다. 11살짜리 여자 아이도 있었습니다. 어떤 아저씨는 발목에 늘 총을 들고 다닌다고 합니다. 아프리카 콩고에는 내전으로 인해서 생명의 위협을 느끼는 아이들이 총을 가지면 안전하다고 생각해 소년병으로 지원하는 것도 보았습니다. 평화스러워 보이지만, 아니 사람들이 평화스럽게 보이려고 하지만 이 땅은 더더욱 악해져 가고 있다는 증거를 보여 주고 있는 것을 우리는 알아야 합니다. 하나님이 없이 스스로 살길을 찾아 헤매지만 세상과 똑같이 악을 위해 살아갑니다. 이 땅의 무너짐은 하나님의 계획하심 안에 있습니다. 하나님의 심판입니다. 알곡이 되지 않으면 불 가운데로 던져질 수밖에 없습니다. 성령님께 꼭 붙어서 떨어지지 않도록 우리의 영혼이 날마다 깨어서 성령님께 인정받는 구별된 삶을 살아야 합니다. 성령님과 함께하여 누리게 될 천국을 사모하며 살아야 합니다.

무엇을 받을까하는 염려는 모두 버리십시오. 성령님께서는 죄인을 부르러 오셨고 값없이 은혜를 베풀어 주시려 하십니다. 우리는 그 부르심에 겸손히 나의 죄인됨을 시인하며 나아가야 합니다. 성령님께서 우리와 같은 죄인들을 기억해 주심을 잊지 아니하며 날마다 그 은혜를 기억해야 합니다. 성령님의 은혜를 받은 우리가 어떤 심령이 되어야 하는지 늘 기억하며 모든 악을 끊어야 합니다. 악에 물든 심령 때문에 천국을 소유하지 못하면 음부로 끌려가게 되는 것입니다. 감당할 수 없는 은혜로 목숨을 연장하여 기회를 얻고 있는데 성령 하나님께로 돌이키지 못하면 그 죄로 인하여 무서운 형벌을 받게 되는 것입니다. 오직 하나님께만 생명이 있습니다. 성령님과 함께할 때에 이 세상이 알지 못하는 빛과 함께 거하게 됩니다. 참으로 우리의 영혼이 좇아야 할 것은 성령님의 기뻐하시는 뜻입니다. 그 뜻을 구하며 나아갈 때 육을 거스르게 되고 참 생명의 길을 걷게 될 것입니다. 우리의 생각을 버리고 오직 성령님께 인정받는 자가 되기 위해 악과 싸우며 나아가야 합니다. 어지러운 이 세상에서 내 영혼을

당신의 영혼은 안녕하십니까?

부르시는 성령님의 음성에 귀 기울이며 감사함으로 악한 심령을 돌이키며 나아가야 합니다. 우리가 모든 것을 다 내려놓고 전심으로 돌이킬 때 겸손히 성령님만 믿고 섬길 때에 성령님께서도 우리를 붙잡아 주실 것입니다. 그런데 우리는 그동안의 기회를 어떻게 사용하였습니까? 성령님의 통치를 받지 않았다면 우리는 어떻게 되었겠습니까? 성령님께서 돌보아 주시지 않는다면 우리의 영혼은 거할 곳이 없었을 것입니다. 설령 이 땅에 집이 없다 하여도 성령님께서 내 영혼을 기억하여 주시고 내 영혼을 붙잡아 주시는 성령님과 영원히 함께할 수 있다면 아무 두려움이 없을 것입니다. 거지 나사로는 집도 없고 먹을 것도 없어 부자의 대문에서 지내며 부자의 상에서 떨어진 부스러기를 먹었습니다. 하지만 나사로의 영혼은 아브라함과 함께하였습니다. 이와 같이 우리는 우리의 심령을 지켜야 합니다. 어떤 모양의 악도 나의 영혼에 침범하지 못하도록 우리의 영혼을 지켜야 합니다. 그래서 오직 성령님만 바라고 구하는 심령으로 애쓰고 힘써야 하고 늘 깨어 있어야 합니다.

하나님께서는 우리 같은 죄인에게 아직까지도 기회를 주심을 잊지 말아야 합니다. 성령님께서 악을 버리라고 말씀하실 때에 우리는 그러한 성령님의 말씀에 얼마나 순종을 하였습니까? 성령님과 함께할 수 없는 믿음을 이제는 성령님과 함께할 수 있는 믿음으로 바꿔 나가야 합니다. 여러분, 내 고집, 내 자아를 버리십시오. 우리가 성령님을 믿을 수 없게 만드는 가장 나쁜 악입니다. 자기 안의 악을 버리십시오. 자기를 부인하며 그리스도만 높이십시오. 진실한 마음으로 말입니다. 자기 안에 있는 자기는 죽고 그리스도께서만 살아야 합니다. 그래야만 우리의 영혼은 영원히 살 수가 있는 것입니다. 그래야만이 천국을 소유하게 될 수가 있고 영원히 하나님과 함께할 수가 있는 것입니다. 물과 성령으로 거듭난 길로 갈 수 있는 것입니다. 마음을 숨기고 거짓된 술수와 계략을 쓰지 않고 오직 진실한 믿음으로 하나님께 인정받는 모두가 되시기를 간절히 소원합니다.

⑨

불순종은 진노의 자녀의 모습입니다

몸은 죽어도 영혼은 능히 죽이지 못하는 자들을 두려워하지 말고 오직
몸과 영혼을 능히 지옥에 멸하실 수 있는 이를 두려워하라

(마태복음 10:28)

우리는 보이지 않는 하나님을 믿는 것이 믿음이라고 말을
합니다. 그러나 실제로는 보이지 않는 하나님의 말씀에 귀기울이지도 않
거니와 보이지 않는 하나님의 말씀에 순종하지 않고 지내고 있는 모습임
을 돌아볼 줄 알아야 할 것입니다. 그리고 자기 영혼을 위하여 하나님에
대한 간절한 애씀도 힘씀도 없는 자들입니다. 결론은 입으로는 하나님을
간절히 부르는 것 같으나 실제로는 하나님이 누구신지도 모르는 믿음이
없는 자의 모습임을 돌아보아야 할 것입니다. 이와 같이 믿음이 없는 자
기 영혼으로는 영원히 하나님을 만날 수가 없고 물과 성령으로 거듭날
수도 없는 것입니다. 그러나 하나님의 하시는 일을 알고 성령님의 통치
안에서 성령님의 사역과 함께 동행 하는 자는 행복한 자가 될 수 있습니
다. 그러나 자기 욕심과 고집과 아집 때문에 영원히 성령님의 통치 안에

들어올 수가 없고 성령님의 사역에 동참할 수 없는 인생은 무지한 인생이고 부끄러운 인생이 될 것입니다. 무지하다는 말은 영원히 하나님의 말씀을 깨닫지 못하게 될 것이라는 의미입니다. 하늘의 것(천국)을 부르짖고 부르짖어 온몸이 만신창이가 되어 부르짖어도 우리의 영적 눈과 귀로는 하나님 나라의 것을 알지도, 깨닫지도 못하고 타락된 모습의 제자리에서 맴돌기만 한다는 것이 큰 문제입니다. 아니 그냥 그 제자리에 맴도는 것이 아니라, 돌이키지 아니하면 더 악한 웅덩이 속으로 들어가게 될 뿐입니다. 자기 꾀가 파 놓은 덫에 스스로 끌려 들어가고 있다는 의미입니다. 이는 영원히 영적 귀머거리와 영적 소경이 되어서 영원한 지옥불못에 던져지게 될 과정으로 가고 있는 모습을 의미합니다. 자기의 악으로 말미암아 성령님을 떠난 그 심령으로는 위에 것을 체험하고도 알지 못하며 들어도 깨닫지를 못할 것입니다. 아직까지도 악으로 말미암아 변화가 없음은 성령님께서 악한 자들의 귀와 눈을 멀게 하여 말씀의 비유를 알지도 깨닫지도 못하시게 허락하시지 않으신 것인가? 하는 의심을 해 보아야 할 것입니다. 아직까지도 악에 물든 그 모습은 영원히 악의 올무 속에서 벗어날 수 없는 영혼이 아닌가 하는 의문을 가지고 성경을 잣대로 해서 분별해 보아야 할 것입니다.

악을 행하는 자들은 성령님의 하시는 일을 의심하지 말고 자기의 심령을 살피고 자기가 성령님께 속하였는지 속하지 않았는지를 살펴보아야 하며 자신의 영을 의심해 보아야 할 것입니다. 성령님께 속해야만 자신이 살 수 있음을 알고 성령님께 대적하는 행위들을 즉시 멈추고 회개해야 할 것입니다. 자기가 심은 악에 대한 보응으로 지옥으로 던져 버리실 하나님을 경외하고 두려워하며 변화된 삶을 살아야겠다는 결단을 하고 실천해야 합니다. 타락한 자는 영원히 하나님 나라에 들어갈 수가 없도록 하나님의 표적을 보고도 알지 못하게 하시며 들어도 깨닫지 못하게 하신다는 것을 우리는 명심해야 할 것입니다. 하나님의 계획이 악인들을 구원하는 것이 아니라 악인들을 음부 속에 가두어 놓는 것은 아닌지 두려워하며 자신의 태도를 바꾸어야 합니다. 영원한 지옥불못에서 던져 버리실 자들 중에 내 자신도 포함되어 있지는 않은지 깊이 생각해 보아야 합니다. 그리고 악에 속하지 않은 삶을 살기 위해 몸부림쳐야 합니다. 성령님을 대적하고 성령님을 의심하고 판단하던 잘못된 태도를 회개하고 성령님을 사랑하고 성령님의 역사를 증거하는 증인의 삶을 살아가야 합니다. 말씀(하나님)을 분명히 알고 하나님을 높이는 심령이 되어 살아야 할 것입니다. 그리고 혈기를 부리는 일과 거짓을 말하는 것과 자기를 높이는 일들도 죽기까지 회개하여야 합니다.

회개치 않는 악인들에게는 하나님께서 회개치 않으실 거라는 것을 미리 아시고 먼저 악을 넣으셨음을 두려워 할 줄 알고 즉시 성령님을 대적하는 모든 언행들을 단번에 끊어 버려야 할 것입니다. 그래서 하나님에 대한 모든 불손한 삶을 단번에 끊고 하나님을 경외하며 성령님의 인도하심에 따라 하나님을 사랑하는 심령으로 바뀌어야 할 것입니다. 하나님 말씀에 불순종하는 자들은 자기의 악으로 말미암아 영원히 어둠에서 벗어날 수 없는 존재가 될 뿐입니다.

여러분, 우리의 영혼이 아직도 악의 자리에서 머물러 있지나 않은가를 의심해 보아야 할 것입니다. 만약 악의 자리에 머물러 있는 자들이라면 우리는 성령님이 하시는 사역을 의심할 것이 아니라, 우리가 성령님을 대적함으로 말미암아 하나님의 쳐죽임의 형벌을 받게 되는 것은 아닌지 두려워해야 합니다. 자기의 영혼을 향하여 말씀(하나님)에 순복하는 삶을 살아가며 하나님을 경외하는 마음인지를 분별해 보아야 할 것인데, 우리는 아직까지도 교만함으로 인하여 자기의 더러운 영혼을 돌아볼 줄을 모르고 보이지 않는 성령님을 향하여 아직까지도 두 눈을 부라리며 성령님의 사역하심과 말씀을 판단하며 범죄하는 자리에 있다는 것을 알아야 합니다. 그리고 즉시 그런 모든 악함을 끊고 선함(말씀에 순종하는)으로 돌이켜야 할 것입니다. 진노의 자녀들에게는 성령님의 진노의 형벌이 아직 그대로 기다리고 있습니다. 그럼에도 불구하고 여전히 악의 잔을 더 채우기 위하여 죄를 거듭하며 성령님을 진노케 하고 있는 우리의 행동을 멈추고 회개해야 합니다. 악은 성령님과의 얽매인 모든 문제를 풀기 위해 노력하는 것이 아니라 더욱더 꽁꽁 묶어 버립니다.

여러분, 우리가 왜 아직까지 하나님 말씀을 듣도록 하셨는지 하나님의 계획을 한 번 생각해 보셨습니까? 그리고 성령님의 사역하심에 협력하여 선을 이루는 삶으로 살았는지, 자기의 육을 위하여 성령님을 삶의 수단으로 이용하며 살아왔는지에 대해서도 깊이 생각해 보고 잘못되었다면 회개해야 합니다. 여러분, 아직도 성령님을 대적하고 있다면 악의 잔을 더 채워 나가고 있을 뿐입니다. 믿음이 없으면 하늘의 것(천국)을 받지 못할 뿐만 아니라 주신 것도, 우리들에게 있는 것까지도 빼앗기게 될 것입니다.

여러분, 우리의 영혼이 쉼을 얻지 못하는 것은 우리의 심령에 욕심이 가득하기 때문입니다. 우리의 육체가 무거운 짐을 메고 있는 것은 아니지만 심령의 무거운 짐을 내려놓지 않았으므로 쉼을 얻지 못하고 있는 것입니다. 무거운 짐은 바로 우리의 심령 안에 채워 두고 있는 것입니다. 내

당신의 영혼은 안녕하십니까?

생각, 내 고집, 내 악심들 등, 이러한 나의 심령의 "내"라는 생각들이 우리를 얽매고 있는 것입니다. "내"가 "나"를 버리지 않으면 스스로 심령 속에 무거운 짐을 끌어안게 되는 것입니다. 그러면서도 우리는 그러한 것을 무겁다고 계속 불평을 하고 있는 자들입니다. 스스로 지은 죄의 보응으로 말미암아 짊어지게 된 짐인데 하나님께 불평을 하다니 적반하장도 이런 적반하장이 어디 있습니까?

벌써 죽어야 할 자들을 아직도 죽이지 않고 기회를 허락하시며 붙잡아 주셨는데, 그 기회의 때에 회개하며 하나님께로 돌이키려고 하지 않고 악한 심령을 그대로 간직한 채 계속 악을 쌓고 있습니다. 회개하고 돌이키지 않으면서 자기의 악을 성령님께로 돌려 버린다면 그 사람은 반드시 쳐 죽임을 당할 것입니다. 악은 끊지 않으면서 자신의 짐이 무겁다고 눈물을 흘리면 성령님으로부터 불쌍히 여김을 받을 것이라 여기고 있습니다. 교만한 자들은 자기의 생각에 얽매어서 성령님의 말씀은 멀찍이 밀어 놓습니다. 우리는 성령님의 말씀을 깨달을 수가 없고 성령님의 하시는 일들을 알 수가 없고 성령님의 역사하심을 알지 못하는 강퍅한 마음을 가지고 있습니다. 이 강퍅한 마음이 바로 우리에게 무거운 짐이 되는 것입니다. 곧 "내" 안에 "내"가 무거운 짐이 되어 자신을 괴롭히고 수고롭게 하는 것입니다. 내게로 오라 하시면 가면 되고 네 멍에를 메고 내게 배우라 하시면 그 멍에를 메고 배우면 되는데 우리는 하나님의 말씀은 버리고 여전히 자기가 원하는 길을 가고 방황하는 어리석은 삶을 살고 있습니다. 성령님께서 말씀하시는 그 순간 바로 성령님께로 나아가야 됩니다. 우리가 성령님의 말씀을 받는 순간에 성령님께서는 우리의 멍에를 대신 짊어지시며 우리의 메인 것을 풀어 주실 것입니다.

모세는 시내산에서 하나님을 만났지만 하나님께서는 강퍅한 이스라엘 백성들 때문에 함께하지 않으시겠다고 하시게 되어 백성들은 모세에게 한 말씀도 전해 듣지 못했습니다. 하나님께서 거룩한 백성이 되게 하시고 함께하여 주시려고 하셨던 말씀을 전혀 듣지 못했습니다. 모세는 40일 동안 하나님께 말씀을 받았지만 백성들이 전해 들을 수 있는 말씀은 하나도 없습니다. 그들의 강퍅함 때문에 모세를 통한 하나님의 말씀을 하나도 들을 수가 없었습니다. 하나님께서 함께하지 않으시겠다고 하신 말씀과 모세가 하나님께 받은 말씀은 이스라엘 백성들에게는 아무 의미가 없었기 때문입니다. 강퍅한 마음으로 하나님을 거역한 백성들에게는 하나님의 백성 삼아 주시려고 하신 그 뜻이 아무 소용이 없게 되어 버렸습니다. 백성들은 거룩한 백성으로 행할 말씀 대신에 하나님께서 함께하지 않으시겠다는 말씀을 받게 되었고 하나님께서 행하시려 하시던 일도 멈춰져 버렸습니다. 그리고 모세의 기도로 인해 하나님께서 뜻을 돌이켰을 때 하나님께서 다시 말씀을 주심으로써 이스라엘 백성들은 다시 거룩한 백성으로써 행할 일을 받게 됩니다.

모세는 백성들에게 여호와의 말씀을 전합니다. "마음에 원하는 자는 여호와께서 명하신 예물을 가져오라 마음의 지혜로운 자는 여호와의 명하신 것을 만들라"하고 명하십니다. 백성들은 모세의 말을 듣고 마음에 감동을 받아서 예물을 가져옵니다. 자원하는 마음으로 성소를 만드는 데 필요한 것을 준비합니다. 이와 같이 우리들도 성령님의 말씀을 들을 준비가 되어 있습니까? 우리들도 하나님의 성소를 만드는 준비를 하고 있습니까? 그저 자기의 혈기와 고집으로 자기 육을 위하여 성령님을 자기 삶의 수단으로 이용하고 있습니까? 그래서 성령님의 말씀을 들을 수

당신의 영혼은 안녕하십니까?

가 없는 자들이 되어 멸망의 길을 가는 자가 되시렵니까? 우리는 너무 쉬워서 너무 가벼워서 성령님의 사역을 간과하고 있지는 않으십니까? 이제까지 우리가 적은 것으로 알고 소홀히 여긴, 당연하다고 여긴 그 모든 일들이 하나님의 말씀이었음을 알아야 할 것입니다. 우리는 지금도 하나님의 하시는 말씀을 알아듣지 못하고 있습니다. 자신들은 "아니 알아들었어"라고 말을 하는데 그것은 소리와 문자의 뜻을 알고 있을 뿐이지 말씀의 비유를 알지 못하고 있는 것입니다. 말씀의 비밀을 모르고 있다는 것입니다. 하나님의 뜻을 알지 못하고 자기의 잣대로 알아듣는 것은 하나님과는 아무 상관이 없음을 알아야 합니다. 자기의 신앙관으로 자기의 가치관으로 자기가 알고 있는 성경 지식으로는 하나님을 알 수가 없는 것입니다. 하나님을 조금이라도 알고 있는 자들이라면 결코 멸망당하지 않을 것입니다.

여러분, 지금의 자기의 영적 상태를 돌아보십시오. 말씀에 불순종하며 자기중심적인 신앙생활이라면 아직 하나님에 대해 전혀 모르고 있는 것입니다. 하나님을 떠난 삶을 살고 있는 모습입니다. 자기의 영적 모습을 보고도 하나님께서 자기를 돌아보아 주신다고 여기는 마음은 착각이며 하나님과는 전혀 상관없는 모습인 것입니다. 하나님과는 상관이 없는데 자신이 상관이 있다고 하면 상관있게 되고 자기가 상관이 없다고 하면 상관이 없는 하나님이 되는 것이 아니라는 것입니다.

하나님은 영이십니다. 올바르고 정직한 영혼으로 하나님을 만나려고 해야지 비뚤어진 악한 미신적인 마음으로나 육의 힘으로는 아무리 주여라고 부르짖어도 하나님을 만날 수 없습니다. 하나님을 영원히 못 만난다는 것은 구원이 없다는 말과 같습니다. 하나님께서는 아직도 한 영혼이라도 악에서 건지시기를 원하시며 외쳐 부르시나 우리는 성령님을 외면하고 성령님의 인도를 받지 아니하는 모습으로 하나님을 멀리하고 독립적으로 악을 좇아 행하고 있음을 알고 깊이 회개하여야 할 것입니다. 우리의 영적 불행들은 하나님을 떠난 삶으로 죄를 거듭하며 스스로가 자기의 무덤을 파서 그 파진 웅덩이로 자기 스스로의 꾀에 빠져 들어간 때문이지 결코 성령님의 뜻이 아니었음을 알아야 할 것입니다. 성령님의 말씀은 인간의 말이나 육의 일이 아니라 우리의 영혼을 위하여 하신 말씀입니다. 성령님께서 말씀을 하실 때에는 육체를 따라 말씀을 하시는 것이 아니십니다. 우리는 알지 못하지만 보이지 않는 영의 일은 지금도 계속 전개 되어 가고 있습니다. 성령님께서는 죽어 마땅한 우리에게 아주 듣기 쉽고 이해가 쉽도록 생명을 살리기 위한 말씀을 주시는데 우리는 성령님의 말씀을 던져 버립니다. 우리는 오직 회개함으로써 성령님께 나아가야 합니다.

오직 예수 그리스도의 이름으로 섬기는 모습으로 변화되어져야 할 것입니다. 누구든지 그리스도를 믿기만 하면 영생을 얻게 될 것입니다. 누구든지 그 말씀을 듣고 지키는 자들은 영생을 얻게 될 것입니다. 여러분, 우리는 언제까지 우리의 불순종을 성령 하나님께서 용서 하시리라고 여기고 계십니까? 성령님께서는 오래 참으셨고 우리의 짐을 가벼이 하시며 영생의 길로 가기를 소원 하셨습니다. 그러나 우리는 성령을 부인하며 자기의 욕심을 감춘 채 성령님 앞에 거짓된 마음으로 있습니다. 성령님의 말씀을 깨닫지 못하고 순종하지 못하면 하나님 나라의 일에 참예할 수가 없습니다. 성령님을 믿지 않고는 하나님을 알 수가 없고 하나님의 일을 할 수가 없는 것입니다. 성령님을 믿는 것이 그리스도를 믿는 것이기 때문

당신의 영혼은 안녕하십니까?

입니다. 우리가 해야 하는 일은 먼저 성령님을 믿는 것입니다. 믿는다 하는 것은 입으로만 말하는 그러한 말을 듣는 것이 아닙니다. 진정으로 믿는다면 어느 곳에서든지 성령님의 사역하심에 동참하고 소중히 여기며 악과의 영적 전쟁을 하며 살아야합니다. 성령님을 바라지 못하고 강퍅한 삶으로 끝까지 자기의 아집과 고집으로 살아간다면 영원히 성령님과 상관없는 자로 하나님 나라에서 제외될 것입니다. 성령님의 통치 안에 들어가려면 나의 생각과 뜻은 없어져야 하며 오직 성령님의 뜻에만 합하는 심령이 되어야 합니다. 성령님을 부인하는 자는 성령님의 통치 안에 속할 수가 없습니다. 성령님의 말씀을 거역하고 자기중심적인 삶으로 자기 아집과 고집으로 똘똘 뭉쳐져 있는 자는 성령님을 부인하는 자들입니다.

여러분, 자기 자신의 심령을 분별하여 보십시오. 성령님으로 거듭나기 위해 몸부림을 치는 것이 아니라 자기의 죄악을 끊으려고 하는 애씀도 없이 성령님께서 자기 자신과 함께하실 것이라는 기대 속에서 그저 안일하게 지내고 있는 영적 게으름을 부리고 있지는 않은지 스스로를 살펴보아야 합니다. 성령님을 거룩히 여기지 못하고 강퍅한 심령으로 성령님이 하시는 일을 부인하는 악한 자신과의 싸움을 해야 합니다. 그리고 먼저 그의 나라와 의를 위해 살아야 할 것입니다. 그리하면 하나님께서도 우리들을 붙들어 주실 것입니다. 하지만 먼저 우리는 그 나라의 의를 위해 살기보다는 먼저 성령님을 자기의 삶의 그리고 육체의 고통을 덜기 위한 수단으로 이용하며 지내 왔다는 사실을 회개하여야 할 것입니다.

많은 체험을 통하여 성령님에 대해 알았다면, 이제는 믿고 섬기며 하나님의 일들을 위해 서로 협력하여 하나님 나라의 일을 위해 하나가 되어야 합니다. 그래서 하나님의 성소를 짓기 위하여 서로 협력해야 할 때라는 사실을 알아야 합니다. 자기의 육의 일과 개인의 일을 위하여 자기 목숨을 바치는 것이 아니라 하나님의 성소를 짓기 위하여 자기의 목숨을 버려야 하는 때입니다. 우리가 아니더라도 하나님께서 계획하신 일들은 반드시 계속 진행될 것입니다. 우리가 하나님의 계획하심 속에 포함이 되어 하나님의 살아 계심을 증거하는 증인으로서 한몫을 한다면, 하나님께서도 우리의 삶까지도 열어 주실 것입니다. 그러나 성령님의 사역에 동참하는 삶이 아니라 성령님의 사역을 방해한다면 하나님께서는 몇 배로 보응하시게 될 것입니다. 하나님께서는 분명히 말씀을 하십니다. 여기에서 주여 저기에서 주여라고 부르면서, 하나님께서 이곳에 계신다 저곳에 계신다고 말하여도 자기의 심령에 하나님 나라가 임하지 않으면 헛것이라고. 성령으로 거듭나지 않는다면 결코 하나님 나라에는 들어갈 수가 없습니다.

10

좋은 그릇

길가에 떨어진 것은 하나님의 말씀을 들었으나 마귀가 와서
그 마음에서 말씀을 빼앗아 가는 바람에 믿지 못하고 구원 받지 못하는 사람들이다.
바위 위에 떨어진 것은 하나님의 말씀을 듣고 기쁘게 받아들이지만 뿌리가 없어
잠시 동안 믿다가 시련이 닥치면 곧 넘어지는 사람들이다. 가시밭에
떨어진 것은 하나님의 말씀을 들었으나 이 세상의 걱정과 부와 쾌락에
사로잡혀서 자라지 못하고 온전한 열매를 맺지 못하는 사람들이다.
그러나 좋은 땅에 떨어진 것은 착하고 좋은 마음으로 하나님의 말씀을 들은 뒤
그 말씀을 굳게 간직하고 인내해 좋은 열매를 맺는 사람들이다.

(누가 8:12~15)

그릇이 만들어지려면 토기장이의 손길을 거쳐야만 합니다. 토기장이의 손을 통하여 흙이 빚어지고 뜨거운 가마에 들어가서 몇 번 구워져서 그릇이 만들어집니다. 흙이 스스로 그릇이 될 수는 없습니다. 토기장이의 뜻대로 만들어져 사용이 됩니다. 권한은 모두 토기장이에게 있습니다. 그릇이 왜 자신을 그렇게 만들었느냐고 토기장이에게 물을 수는 없습니다. 우리도 이와 같습니다. 창조주 하나님께서 우리를 만드셨고 하나님께 지음 받은 우리는 하나님의 뜻대로 살아가야 하는 것이 당연

합니다. 사람이 모든 생물을 다스릴 수 있는 것도 하나님께서 허락하셨기 때문입니다. 하나님께서는 사람에게 "생육하고, 번성하고, 땅에 충만하라, 땅을 정복하라, 바다와 고기와 공중의 새와 땅에 있는 모든 생물을 다스리라"고 하셨습니다. 저절로 이루어진 질서가 아니라 하나님께서 모든 것을 말씀으로 하셨습니다. 하지만 사람은 사단의 미혹에 따라 하나님의 말씀에 불순종하게 되어 하나님과의 관계를 깨 버렸습니다. 에덴 동산에서 쫓겨나 남자는 척박한 땅에서 땀을 흘리며 육체의 노동을 해야 먹을 수 있게 되었고, 여자는 해산의 고통을 겪게 되었습니다. "선악과를 먹으면 정녕 죽으리라" 하신 하나님의 말씀대로 죽음(1사망)을 당하게 되었습니다. 조상들의 불순종으로 말미암아 죄인이 되어 버린 우리는 지금도 여전히 하나님의 말씀을 거역하고 성령님을 멸시하며 조롱하는 죄를 반복하여 흑암과 사망의 권세 아래 앉아 있습니다.

하나님이 우리를 창조하신 목적은 하나님을 알고, 믿고, 섬기게 하기 위함입니다. 즉, 하나님을 영화롭게 하기 위함입니다. 죄로 인해 하나님과의 관계가 깨어진 인생이 생명이 있겠습니까? 사망에 드리운 자는 생명이 없습니다. 그 영혼은 죽은 영혼이기 때문에 하나님을 영화롭게 할 수는 없습니다. 성령님은 이런 우리를 내버려 두시지 않으시고 그리스도께 인도하시며, 하나님께로 인도하시기 위하여 계속 우리의 심령이 선함(그리스도를 믿음)으로 돌이키기를 원하고 계십니다. 세상 속에서 고통으로 신음하는 우리의 입술에 하나님을 찬양할 수 있는 향기를 채워 주시기 위하여 지금도 하나님을 증거하고 계십니다. 우리는 성령님을 반드시 믿어야 합니다. 성령님께서는 죄인이 악인으로 변하는 것을 기뻐하지 않으시며, 악인들이 가는 길에서 돌이키어 모든 죄악을 버리고 여호와 하나님께로 돌이키고 의와 하늘의 법을 지키며 살아가기를 간구하고 계십니다.

여러분, 유대교 지도자들을 두려워하던 바리새인에게 예수님께서는 회칠한 무덤이라고 하셨습니다. 육은 살아 있는듯하나 그 영은 죽었다는 것입니다. 경건의 모양을 갖추고는 있으나 그 심령에는 고집과 욕심이 가득하여 자기 배를 채우는 썩은 마음이 가득한 것을 예수님께서는 아신 것입니다. 오늘날에도 마찬가지입니다. 하나님께서는 우리의 중심을 꿰뚫어 보시며 회칠한 바리새인과 사두개인의 믿음을 본받지 말라고 하셨습니다. 그 말씀에 우리의 영혼을 비추어 보고 즉시 회개해야 합니다. 성경을 지식 차원으로만 읽을 것이 아니라 그 깊은 뜻을 깨달아 알아야 하고 그 말씀을 잣대로 나의 영혼을 회복해야 하며, 회칠한 무덤이 되는 것이 아니라 신령과 진정으로 하나님께 나아가는 그리스도의 향기를 품는 그리스도인이 되어야 합니다. 여러분, 입으로만 아멘이라 하며 그리스도를 믿는 모양을 갖춘다고 하여도 하나님께서는 우리의 중심을 보시며 우리의 전부를 알고 계신다는 사실을 명심해야 할 것입니다. 우리의 더러운 심령을 아무리 감추고 덮어 버리려 해도 빛 되신 하나님 앞에는 한 점 오차도 없이 드러나지 않는 것이 없을 것입니다.

여러분, 분명히 예수 그리스도를 믿는 자는 영원한 생명을 얻게 될 것입니다. 누구든지 죄의 길에서 돌이키면 의(그리스도)의 길로 갈 것이며 의(그리스도)의 길로 갈 때에 성령님이 함께 동행해 주실 것입니다. 성령님과 함께한다면 그리스도를 믿게 되는 것이며 그리스도를 믿음으로 영원한 생명을 얻게 될 것이기 때문입니다. 이러한 모습은 좋은 그릇의 모습입니다.

여러분, 하나님의 도구로 아름답게 사용되어지려면 하나님의 법에 합당해야만 됩니다. 다윗은 하나님의 마음에 합한 자(좋은 그릇)입니다. 욥은 하나님이 보시기에 순전한 자(좋은 그릇)였습니다. 이와 같이 우리는 다윗과 같은, 욥과 같은 믿음을 본받아야 할 것입니다. 다윗과 같이 욥과 같이 그 믿음을 본받는 자가 되어야 하는데 우리는 그 믿음을 본받으려는 자세는 취하지 아니하고 가당치 않게 다윗과 욥의 축복만을 탐내고 있는 자였다는 사실을 깨달아야 합니다. 그들은 하나님을 향한 믿음으로 말미암아 하나님께 합한 자, 순전한 자라고 칭함을 받았는데, 오늘날 우리의 심령은 성경 속의 하나님의 사람들의 믿음을 바라볼 줄 모르고 그 믿음을 본받으려 하지 않고 그들이 받은 축복만을 탐하며, 하나님께 그 축복을 달라고 헛된 간구를 하고 있습니다. 우리는 이런 잘못된 신앙관을 즉시 버리고 탐욕으로 가득 찬 심령을 회개하며 성령님을 진정으로 내 안에 모시어 들이기 위해 몸부림쳐야 합니다.

여러분, 하나님의 말씀 중 어느 것도 가벼이 넘기지 마십시오. 하나님의 말씀은 살아 있고 운동력이 있습니다. 좌우의 날선 어느 검보다 예리하며 혼과 영과 골수와 관절을 쪼개기까지 하십니다. 하나님께서 말씀하실 때에 마른 뼈들이 서로 연락하고 생기가 불어와 큰 군대를 이룰 것입니다. 여러분, 성경은 역사책이 아닙니다. 살아 계신 하나님의 일을 증거해 놓은 책입니다. 복음의 옷은 변하지만 복음은 시대가 바뀌어도 변하면 안 됩니다. 여러분, 말씀 전파자들이 외치는 말씀을 듣는 것만으로, 그리고 자기 머리에 그 말씀을 인식하는 것만으로 만족한다면 그들은 온전히 그리스도를 믿는 사람이라고 볼 수 없습니다. 말씀을 듣고 준행하는 것이 진정한 그리스도인의 모습이라고 할 수가 있는 것입니다. 행함이

당신의 영혼은 안녕하십니까?

없는 믿음은 죽은 믿음이기 때문입니다. 행함이 없으면서 자기 머리에 인식만 하고 있다면 진정한 그리스도인이 아니라는 의미입니다.

돌밭에 떨어진 씨앗은 처음에는 싹이 나지만 뿌리가 깊지 못하여 해가 뜨면 뿌리가 타서 죽어 버립니다. 좋은 그릇이 아니기 때문입니다. 말씀을 받을 때는 기쁨으로 받지만 말씀으로 인한 환란이나 핍박이 올 때에는 배반하는 자를 말하는 것입니다. 그것 역시 좋은 그릇이 아니기 때문입니다. 열매 없는 가지는 쳐 버림을 당할 것입니다. 성령님의 통치하심 안에 속하지 않는 가지는 쳐 버림을 당할 것입니다. 그러나 그리스도를 믿기만 하면 많은 열매를 맺을 수 있게 되기 때문에 쳐 버림을 면하게 될 것입니다. 예를 들면, 수학 공식을 알고 있다고 문제를 풀 수 있는 것은 아닙니다. 공식을 알고 문제에 대입을 잘해서 풀어야 합니다.

천국 간다는 말씀, 용서해 주신다는 말씀, 하나님께서 사랑해 주신다는 말씀을 들을 때는 좋아하면서 천국 가기 위해, 용서함 받기 위해, 사랑받기 위해서는 얼마나 애쓰고 힘써 보았습니까? 여러분, 하나님께서는 우리에게 생명의 율례를 주셨습니다. 듣고 준행하면 생명이 사는 율례를 이미 주셨습니다. 영원한 생명을 주시려고 우리에게 악을 끊기를 바라시는 하나님이십니다. 오늘날 많은 목회자들은 교인들에게 하나님의 말씀을 좋은 말씀이라고 전하고들 있는데 좋은 말씀이 아니라 생명의 말씀입니다. 막연히 하나님께서 계시는 것이 아니라 천지만물을 다스리시고 주관하시며 우리의 머리카락까지도 세밀하게 헤아리시는 하나님이십니다.

모든 이름 위에 뛰어난 예수 그리스도만이 우리의 생명이 되십니다. 하나님의 영이 떠난 사울왕은 악신 때문에 고통하며 괴로워했습니다. 하나님께서 함께하시는 다윗이 수금 탈 때에 사울은 상쾌하여 낫고 악신은 그에게서 떠났습니다. 하나님은 우리의 몸과 영혼을 살리시기(부활의 삶)도 하시고 죽이시기(음부의 삶)도 하십니다. 하나님께서 우리의 죄를 모두 기억하시고 그 행한 대로 보응하신다면 어느 누가 살아갈 수가 있겠습니까? 죽어야 할 내가 생명을 얻고, 지옥 백성으로 고통 받아야 할 내가 천국 백성 되었는데, 내 생명이 어찌 나의 것이라 할 수 있습니까? 오직 영으로써 몸의 행실을 죽이고 육신의 생각을 버리고 성령님의 말씀대로 사는 삶이 되어서 예수 그리스도를 믿고 예수 그리스도의 이름으로 영원한 생명 얻는 삶이 부럽지 않습니까?

우물가에 선 여인이 예수님을 알아보지 못하고 있을 때, 예수님께서는 "네게 물을 달라한 이가 누구인 줄 알았더면 네가 그에게 구했을 것이요 그가 생수를 네게 주었을 것이라"고 하셨습니다. 여러분, 예수 그리스도께서 나의 구원자 되기를 소망해야 합니다. 더러워서 버림받아 마땅한 그릇이 회개는 하지 않으면서 건물적인 교회에 나가 봉사를 한다고 해서 그리스도께서 구원해 주시고 일꾼으로 선택하여 쓰실 줄로 착각해서는 안 됩니다. 먼저, 예수 그리스도께서 사용하실 수 있는 좋은 그릇으로 변화되기를 소원하며, 예수 그리스도를 영접하여 들이고, 자기 영혼을 깨끗이 관리하는 참된 신앙인이 되어야합니다. 그리되기 위해 정말 몸부림을 쳐야 합니다. 이렇게 해야만 그리스도께서 선택하여 사용할 수 있는 좋은 그릇이 될 것입니다.

우리는 하나님의 말씀의 의미를 잘 알아들을 수 있어야 합니다. 하나님의 말씀의 의미를 알고 그 뜻을 알기 위해서는 반드시 좋은 그릇(그리스도를 믿음)이 되어야만 합니다. 좋은 그릇은 하나님께 속한 것이므로 하나님 나라의 비밀을 알 수 있게 되고, 말씀의 의미도 깨닫게 되며, 하나

당신의 영혼은 안녕하십니까?

님의 뜻을 실천할 수 있게 될 것입니다. 좋은 그릇이 되면 성령님이 함께 하시고 다시는 목마르지 않을 그리스도의 생명 샘물이 넘쳐흐르게 되며 그리스도께서 기뻐하시는 믿음의 열매들을 맺게 될 것입니다.

여러분, 하나님의 생명의 말씀에 순종하려 할 때에 나의 힘을 의지해서는 절대로 안 됩니다. 구원자를 만나러 가려면 성령님의 인도를 받아야 합니다. 내가 아무리 노력을 해도, 스스로를 죄에서 벗어나게 할 수가 없고, 깨끗해지게 할 수가 없으며, 생수의 강이 넘쳐흐르도록 할 수는 없습니다. 모든 악독과 노함과 분냄과 떠드는 것과 훼방하는 것과 악행을 함께 버리지 않으면 영원히 그리스도를 믿지 못하게 될 것입니다. 악한 심령과 악행을 점검하고 즉시 회개하며 그 모든 악행들을 단번에 끊어 버리기 위해 몸부림쳐야 합니다. 하나님의 인을 맞은 자는 어떻게 하나님의 보호를 받으며, 짐승의 인을 맞은 자는 어떻게 고통을 당하는지가 요한계시록에 분명히 기록 되어져 있습니다.

여러분, 하나님의 품에서 떠나고 그 손에서 벗어나게 되면 엄청난 고통을 당하게 되는데 어떻게 하나님을 떠날 수 있습니까? 하나님의 말씀에 불순종하는 삶이 얼마나 위태롭고 불행한 것인지 상상이나 해 보았습니까? 나는 용서 받지 못할 죄인이지만, 예수 그리스도를 믿고 악한 길을 떠나 죄를 행치 않으며 하나님의 의와 법을 행하면 구원해 주신다고 하나님은 말씀하셨습니다. 그러므로 우리는 모두 다 실족하지 않고 하나님을 알고 믿고 섬기기 위하여 선한 마음으로 좋은 그릇이 되기를 소원하여야 합니다. 좋은 그릇이 되기 위하여 우리는 신령과 진정으로 하나님께 예배하는 영혼들이 되어야 합니다. 토기장이이신 하나님께서 우리의 영혼을 만져 주시기를 소원하며, 하나님의 뜻에 합당한 그릇이 되기를 소원하며, 하나님께 우리의 영혼을 맡기는 삶을 살아가야 합니다. 모든 악의를 버리고 선한 맘으로 하나님께 모든 것을 맡길 때, 하나님께서는 연단과 훈련을 통하여, 고난을 통하여, 인내를 통하여, 환란을 통하여, 나의 영혼을 더욱 성숙시켜 주시며 그 가는 길을 인도하여 주실 것입니다.

우리의 눈에 보암직도 하고 먹음직도 해 보이는 길이라고 해서 무조건 따라가는 것은 매우 위험할 수가 있습니다. 하지만 고난의 길은 나의 영혼이 더 깊은 인내와 사랑으로 나아가는 길이므로 하나님의 선하신 뜻을 믿는 굳건한 믿음을 가지고 감사하며 이겨 내야 합니다.

여러분, 하나님의 나라는 영원합니다. 하지만 이세상은 안개와 같이 다 사라지게 될 것입니다. 이런 사라지게 될 것에 전심을 다하며 결국에는 헛된 시간만 낭비하는 사람이 되어서는 안 됩니다. 날마다 자신을 스스로 훈련시키고 자기의 영혼이 겸손함으로 성령님께 순종하며 말씀에 복종하는 삶을 살아가도록 훈련시켜야 할 것입니다. 죄의 법이 나의 영혼을 사로잡으려 하고 유혹들이 있어도 오직 성령님을 사모하며 참고 인내하며 견뎌내고 모든 미혹들을 물리친다면 하나님 나라에 들어가는 하나님의 백성이 될 수가 있습니다. 하지만 죄인된 모습 그대로 하나님의 말씀에 불순종하는 모습 그대로 있다면, 결국은 끔찍한 타락의 모습대로 머물게 될 것입니다.

여러분, 성령님의 통치를 받지 아니하고 마음대로 살아간다면 그 결국은 멸망뿐입니다. 말씀대로 살아가지 아니하고 자기의 뜻대로 성령님의 통치 밖에서 살아가는 삶은 멸망으로 가는 삶이며 나중에 땅을 치고 후회해도 아무 소용이 없을 것입니다. 이제 여러분들은 어떤 길을 택하시렵니까? 머리로 아는 것으로 그쳐서는 안 됩니다. 말씀을 듣는 순간에는 뜨거운 마음으로 받았지만 순간 식어 버리는 심령이 되지는 말아야 합니다. 진정 성령님을 바라고 구하는 마음으로 살고 싶다면, 목숨을 걸고 몸부림쳐야 합니다. 성령님을 구하며 날마다 내 안의 악과 싸워 나가야 합니다. 나의 나 된 것은 오로지 성령님의 은혜입니다. 사망으로 끌려가는 나를 건져(그리스도를 믿을 수 있게) 주시고, 내가 깊은 골짜기에 허덕일 때에 도와(성령님께서 인도해 주시며) 주셨습니다. 지금도 성령님의 인도를 받는다면 성령님은 우리로 하여금 그리스도를 믿을 수 있도록 그리고 하나님을 믿을 수 있도록 도우실 것입니다.

여러분, 빚진 자가 많은 빚을 탕감 받고 돌아가서 자기에게 적은 빚진 자를 데리고 옥에 가두었습니다. 그자의 결국은 어찌 되었습니까? 이제 우리가 자랑할 것은 오직 성령님이어야 합니다. 그리스도만을 자랑해야 합니다. 우리의 소망이 예수 그리스도가 되어야 합니다. 우리의 소망이 내 안에 성령님을 모시어 들이는 것이 되어야 하는 것입니다. 내 안에 임재하신 성령님의 인도하심으로, 예수 그리스도의 능력으로 승리하며 나아가는 삶이 되도록 힘쓰며 애쓰는 몸부림이 있어야 할 것입니다. 이렇게 하는 것이야말로 하나님이 원하시는 질 좋은 그릇이 되는 것이 아닐까요?

11

참기도란?

자기의 죄를 숨기는 자는 형통하지 못하나 죄를 자복하고 버리는 자는
불쌍히 여김을 받으리라 항상 경외하는 자는 복되거니와 마음을
완악하게 하는 자는 재앙에 빠지리라

(잠언 28:13~14)

기도란 자기 심령의 간절한 고백을 하나님께로 아뢰는 마
음입니다. 그런데 오늘날 사람들은 여러 가지 모습과 모양으로 하늘을
향하여 기도를 하고 있습니다. 종교는 각각 달라도 그 하는 기도의 행위
는 모두 같은 방법으로 하늘을 향해 기도를 하고 있습니다. 그러나 우
리는 기도에 대한 잘못된 오해와 인식을 가지고 자기 영혼이 누구를 섬
기며 누구를 향하여 기도하고 있는지도 모르는 채 자기중심적인 신앙관
에 따라서 자기의 속사정을 쏟아 내고 있습니다. 그러한 기도를 참된 기
도인 냥 착각하고 습관적으로 행해 왔으며 지금도 그러한 일들을 반복
하고 있습니다.

우리 기독교인들도 마찬가지입니다. 입으로는 "주여, 주여"라고 부르지

당신의 영혼은 안녕하십니까?

만 절대자이신 하나님의 의도에 맞는 기도를 하는지, 하나님과는 전혀 상관이 없는 기도를 하는지도 모르는 채, 무조건 눈을 감고 중언부언하면, 그 기도가 하나님께 당연히 상달이 될 것이라는 착각에 빠져 있음을 깨달아야 합니다. 자기 스스로 자신의 기도가 하나님께 상달되는 기도라고 인정하며 중언부언하고 있다는 것을 깨달아야 합니다. 그 기도가 하나님께 열납되는 것인지 열납되지 않는 것인지 깊이 생각해 보지 않고 그냥 그동안의 습관적이고 관습적인 규례대로 입술로만 달싹거리는 기도의 생활을 해 왔고 지금도 그렇게 하고 있음을 알아야 합니다. 하나님중심적인, 하나님의 시각과 뜻에 맞는 기도를 하지 아니하고 무작정 무릎을 꿇고 아무 생각도 않은 채 자기중심적인, 자신의 시각에 맞춰진 그냥 일방적인 자기의 필요한 부분만을 하나님께 달라고 구하는 기도를 하며 자기가 만족하게 느껴지면 끝을 맺는 기도를 하고 있습니다.

하지만 올바른 참기도는 그러한 것이 아니라는 것을 이제는 알아야 합니다. 하나님께 상달되는 진정한 기도는 성령님을 통해서만 허락되는 기도라는 사실을 알아야 합니다. 진정한 기도는, 성령님의 통치함 밖에서 눈을 감고 입의 말로 중언부언하는 것이 아니라, 자기의 악한 마음을 버리는 회개의 몸부림이요 성령님의 통치 안으로 들어가기 위한 몸부림의 시간이며, 하나님께로 돌이킴입니다. 다른 어떤 것에게로가 아니라 전적으로 하나님께로 돌이키는 것입니다. 참된 기도는 하나님을 멀리 떠난 죄악된 존재가 하나님을 가까이하기 위한 회복된 모습들로 변화 받기를 원하고 말씀에 준행하는 삶이되기를 간절히 소원하는 마음을 담아 아뢰는 고백으로, 성령님의 인도를 받기를 소원하며 성령님을 통하여 하나님께 돌아가기 원해서 몸부림치는 회개를 말합니다.

회개는 세상을 사랑하는 마음에서 하나님을 사랑하는 마음으로 돌이키는 것을 말합니다. 회개란 악(불순종)을 사랑하는 마음에서 선(순종)을 사랑하는 마음으로 돌이키는 것입니다. 회개란 육의 모든 것들을 영의 모든 것들로 돌이키는 것을 말합니다. 회개란 하나님을 모르는 그 모든 행위들을 하나님이 기뻐하시는 모든 믿음 있는 행위들로 돌이키는 것을 말합니다. 회개란 지금 현재 부리는 모든 악을 단번에 끊어 버리는 것입니다. 악이란 하나님을 모르는 그 모든 것을 말합니다. 모든 회개는 바로 참된 기도입니다. 그래서 어떠한 어려움을 당하더라도 가장 중요한 것은 내 영혼이 성령님을 진실로 알고 믿고 섬기는 일입니다. 성령님을 믿는 자는 그리스도를 믿는 자이므로, 영의 사람으로 변화 받아 성령님을 알고 믿고 섬기는 일들을 하게 될 것입니다. 이것이 바로 참기도에 속한 것입니다.

아직도 누구에게나 회개할 기회는 있습니다. 지금도 하나님의 구원하심은 계속 진행 중이십니다. 때로는 강하게 우리를 치시고 때로는 놀라운 방법으로 우리를 구원하십니다. 우리는 하나님을 두려워하며 경외(敬畏)하는 삶이 되어야 합니다. 여기에서 "두려워하며"라는 말의 의미는 "구별되다"라는 뜻입니다. 앞에 어떠한 일들이 일어난다고 하여도 우리에게는 육의 목숨이 있으므로 하나님께로 돌이킬 수(회개) 있는 기회가 누구에게나 있는 것입니다. 성령님을 향한 간절한 마음의 기도는 내일의 소망을 이룰 수 있는 오늘의 돌이킬 수(회개) 있는 기회가 있다는 것입니다. 하나님께서는 성령님을 간절히 구하고 두드리고 찾는 자들을 하나님의 백성들이라 여기시며 기뻐하시며 노하심 속에서 건져 주실 것입니다. 하나님의 백성들은 하나님 나라를 위하여 목숨을 내놓는 믿음이 있어야 합니다. 그러나 우리는 하나님의 뜻을 다 알지 못합니다. 하나님을 알지 못하는 영적 소경들이고 말씀을 깨달을 수가 없는 영적 귀머거리가 되어 버렸습니다. 그런 상태에서 회개(기도)하지 아니하고 악의 길에서 돌이키지 않은 채 악의 굴레에 얽매어서 죄악된 행위를 반복하고 있습니다.

여러분, 강퍅한 마음으로 인해 성령님을 믿지 않는 것도 하나님의 계획이시라는 것을 왜 모르는지 정말 안타까울 뿐입니다. 여러분, 무엇을 그리 아는 것이 많아서 고개를 빳빳이 들고 당당하게 성령님을 조롱하는 도구의 역할을 하고 있습니까? 무엇이 그리 자랑할 것이 많다고 하나님께 굴복하는 삶을 살지 못하고 자기 자랑과 이름을 높이고 있습니까? 얼마나 공포스러운 형벌과 죽임을 당하려고 아직도 주님을 두려워하며 경외하지 않으십니까? 성령님의 구원의 말씀에 대해서 왜 생각지 못하고, 믿지 못하며, 마귀의 세력과 함께 성령님을 미워하십니까? 우리 각 사람을 이곳까지 불러 주시고 성령님을 알게 하고, 믿게 하고, 회개하게 하기 위하여 애쓰시는 여호와 하나님의 은혜를 알지 못한 채, 이 귀한 시간을 허비하고 있습니까? 이 시간이 우리에게는 회개를 할 수 있는 기회이고, 악에서 건짐을 받을 수 있는 기회라는 사실을 분명히 알아야 할 것입니다.

여러분, 하나님의 구원의 역사가 끝나지 않았다는 것을 알고 즉시 회개하고 구별된 삶을 살아서 하늘의 소망을 가지는 사람이 되어야 합니다. 성령님의 임재하심을 간절히 바라는 마음으로 자신의 믿음을 체크하면서 성령님께만 소망을 두고 나아가야 합니다. 여러분, 우리가 고통하고 있는 이유는 성령님께 순복하지 못했기 때문입니다. 하나님의 말씀의 비유를 알지도 깨닫지도 못하고 끝까지 자기의 고집과 아집으로 살아가기 때문에 더 강퍅한 심령으로 스스로 고통을 자처하며 음부에 들어가는 삶을 살고 있는 것입니다.

여러분, 성령님의 통치 안에 있는 우리가 되어야 우리의 삶도 평안할 것입니다. 성령님의 통치 안에 들어간다는 것은 오래된 소망이고 익숙한 간구일 것입니다. 그러나 우리는 성령님의 통치 안에 있기를 원한다고 하면서도 성령님의 통치 안에 들어가는 것을 싫어하는 우리의 심령을 돌아보고 즉각 회개해야 합니다. 비뚤어진 우리의 마음을 먼저 회개함으로써 선한 마음이 된다면 성령님께서는 우리와 동행하실 것이며 우리는 성령님의 통치 안에 있게 될 것입니다. 우리는 성령님을 선한 마음으로 사모하며 성령님을 알고 믿고 그 뜻에 따라 순복하는 삶을 살기 위해 애써야 할 것입니다. 성령님께서 함께해 주시지 않는 것이 아니라 우리의 심령이 성령님의 통치 안에 들어가기를 피하고 있는 것입니다. 우리는 성령님을 진심으로 변함없이 사랑하지 못하고 자신의 욕심만 채우고 있기 때문에, 성령님의 통치 안에 있기를 바라면서도 성령님의 통치 밖으로 비켜나가고 있는 것입니다. 우리의 악한 심령을 따라가면 절대로 안 됩니다. 성령님을 사랑하지 못하고 성령님을 미워하는 마음이 악한 심령입니다.

우리의 심령에는 언제나 선과 악이 존재하고 있습니다. 성령님을 향하고 있는 선이 아니면 성령님을 피하고 있는 악인 것입니다. 성령님 밖에서 내가 품은 생각은 바로 악인 것입니다. 성령님을 믿지 않는 그곳은 바로 악의 자리입니다. 악심을 버리고 성령님과 동행하는 삶을 살아가는 이들은 바로 천국을 소유하게 되는 것입니다. 여러분, 우리의 육체가 죽어가는 것 때문에 두려워하지 마시고 성령님을 진심으로 믿고 섬기게 되기를 간절히 부탁드립니다. 우리의 육이 죽는 것을 두려워하는 것이 아

당신의 영혼은 안녕하십니까?

니라 우리의 영이 사망에 이르게 되는 것을 두려워해야 합니다. 자신들의 영적 눈이 멀고 영적 귀가 먼 상태에서 자기의 잣대로 한 치 앞도 모르는 내일을 추구하며 그 길을 가고 있다면 즉각 돌이키십시오. 그 길은 우리의 생각으로 보기에는 옳은 길처럼 보일지 모르나 하나님의 시각과는 반대됨을 알아야 합니다. 때로 우리는 하나님과 우리의 시각이 다르다는 것을 알면서도 우리의 생각이 옳다고 고집하면서 하나님의 말씀을 무시하고 불순종하는 행동을 반복합니다. 성령님의 인도하심을 깨닫지 못하고 하나님의 말씀을 불순종하는 사람은 사망으로 가는 막다른 길을 가고 있다는 것을 알아야 합니다. 성령님을 외면하는 그러한 자들은 무당(신비주의적)들의 일로 하나님께 쳐 죽임을 당할 것입니다. 진정으로 하나님을 모르는 자들은 성령님의 통치를 받기 싫어할 것이며 성령님의 하시는 말씀에 분을 내고 혈기를 내며 대적을 하게 될 것입니다. 이러한 자는 사람이 상상할 수도 없고 하나님만이 그 심판의 결국을 아시는 깊고 깊은 음부에 갇히어 영원히 고통당하게 될 것입니다.

우리는 아직 자기를 부인하고 자기 십자가를 지는 것이 아니고 자기 안의 자기가 살아서 성령님의 말씀에 고개를 빳빳이 들고 뱀의 혀로 성령님께 대적하고 있지나 않은지 자신의 모습을 살펴보아야 합니다. 성령님을 거부하는 자들은 이미 죽은 자(영적 죽음)이고 지금의 또 다른 악신(불순종의 결과)에게 장악되어 있음을 알아야 합니다. 그리고 그 심령을 장악한 악이 고개를 빳빳이 들고 성령님을 믿지 않고 성령님을 대적하고 성령님의 하시는 일을 방해하고 있다는 것을 깨달아야 할 것입니다. 그러한 자는 자신이 사단의 종노릇을 하고 있다는 것을 명심하여야 할 것입니다. 우리는 자신이 악신으로 거듭나서 사단의 종으로 살아가고 있지는 않은지 먼저 자기의 영을 분별해 보아야 할 것입니다. 사람의 모양을 하고 있으나 자신이 어떠한 본질을 가지고 있는지도 모르고 성령님의 하시는 일을 방해하는 사단의 종이 되지는 말아야 할 것입니다. 입으로는 거룩한 하나님이라고 전능의 하나님이라고 말을 하면서 과연 거룩의 하나님을 얼마나 거룩하게 모시며 섬겨 왔습니까? 전능의 하나님이라 하면서 얼마나 전능자로 높이며 섬겨 왔습니까? 여러분, 거룩의 하나님을 섬길 수 있는 심령이 되려고 마음밭을 깨끗이 순결하고 성결하게 지키려고 목숨을 다하여 애쓰고 힘써 보셨습니까? 그저 시간이 가는대로 시간만 때우는 모임에만 참석해 왔습니까? 만일 이처럼 살아왔다면 자기 영혼을 위해 물과 성령으로 거듭나는 사람이 되도록 하십시오. 성령님께로 돌이키지 않는 한 영원한 사망에 이르게 될 것입니다.

이 세상을 살펴보십시오. 자연의 징조를 보며 성령님의 예언하심을 믿으십시오. 그리고 이제는 준비 되어져야 합니다. 사람들은 시집가고 장가가고 하면서 성령님을 외면하고 세상적으로 편안한 삶을 누리고 있지만 그 결국은 머지않았습니다. 하지만 우리는 육적인 부귀영화와 행복을 찾아가는 것이 아니라 영생을 위해 성령으로 거듭나기를 소원하며 새 하늘과 새 땅을 맞이할 준비를 하여야 할 것입니다. 가장 어리석은 자는 성령님의 말씀을 모르는 자이고 가장 지혜로운 자는 성령님의 말씀 따라 순종하는 삶을 살아가는 자들입니다. 세상 습관에 너무 뿌리가 박혀 세상의 법대로 살아가지 않으면 뭔가 손해 보는 것 같고 불이익을 당하는 것 같으나 사실은 그러한 것이 아니라는 것을 알아야 합니다. 지금은 거듭남으로 가는 과정이며 죄를 깎아가는 하나님의 계획인 줄을 알아야 합니다. 성령님의 하시는 말씀이 의심이 간다면 성경을 통해 깊은 묵상을 하면 알 수 있을 것입니다. 성경은 천국에 대해서 많은 경우에 비유들로 표현하고 있습니다. 영적 눈이 뜨이고 영적 귀가 열리지 않으면 성경을 절대 제대로 알 수가 없습니다. 우리는 아직까지 악의 시간 속에서 헤어 나지 못하고 있으며, 아니 더 큰 악으로 성령님의 하시는 일을 방해하고 있지는 않았는지 자신의 심령을 살펴보아야 할 것입니다.

자기의 목숨이 영원한 음부로 달려가고 있는지도 모르고, 아직까지 무엇을 위하여 살아가야 하는지도 깨닫지 못하고, 그저 안일한 모습으로 성령님께서 기름을 부어 주시겠지 하는 태만함으로 성령님의 진노를 더 사고 있지는 않습니까? 혹시 무당(신비주의)의 기도로 성령님을 찾고 두드리고 바라고 있지는 않은지 자기의 심령을 의심해 보아야 합니다. 어찌 사단의 회를 빼내지 않고 성령님께서 함께하실 것이라는 소망을 가지고 있으며 어찌 천국을 말할 수 있는지 정말 이해할 수가 없습니다. 성령님을 통하지 아니하면, 그리스도를 통과하지 아니하면 그 어떤 답도 그 어떤 생명도 얻을 수가 없는 것인데, 어찌 다른 신을 섬기면서 그 신을 속히 놓아 버리지 못하고 성령님의 통치를 기대하십니까? 어찌 하나님과는 전혀 관계없는 자로 아니 그보다 더한 저주 받을 행동을 하면서 살고 있는 자가 그리 쉽게 하나님께서 우리를 불쌍히 여기실 것이라 생각하십니까? 우리가 아무리 착각을 하여도 성령님은 관계치 않으신다는 것을 알아야 합니다.

성령님께서는 우리에게 회개할 기회를 주시기 위해 기다리시고 계십니다. 빨리 회개해야 합니다. 악의 도구가 되어 멸망의 위기 속에 처해 있으면서 어찌 성령님의 통치 안에 들어갈 수 있을 거라 여기는지 정말 대단합니다. 건물적인 교회에 나가서 형식적인 예배에 참예한다고 하여서 성령님과 관계된 자일 것이라고 여기십니까? 교만도 교만도 이러한 교만은 어디에도 찾아 볼 수가 없을 것입니다. 지금은 우리가 생명이 연장되는 것이 아니라 목숨이 연장되고 있는 것입니다. 생명과 목숨은 엄연한 차이가 있습니다. 생명은 하나님께 속한 것이고(영의 것), 목숨은 땅에(육의 것) 속한 것입니다. 생명은 영의 것이고 목숨은 육의 것입니다. 생명은 그리스도를 믿을 때에 얻는 것이고, 그리스도를 믿지 아니한 자에게는 아직 믿지 않는 자이므로 생명은 없는 것입니다. 생명은 하나님이시기 때문입니다. 아담과 하와의 범죄로 인한 1사망은 육의 목숨을 의미하는 것이고, 예수 그리스도를 믿지 않는 자들의 2사망은 생명(그리스도)이 없으므로 불사름(지옥)에 던져지게 됨을 의미합니다. 1사망은 육의 죽음(목숨)을 뜻하며 2사망은 영의 죽음을 의미합니다. 영원한 생명을 얻기 위하여 그리스도와 성령님을 믿어야 하는 것입니다.

성령님을 믿기 위하여 악을 버리고 경건한 삶으로 성령님을 경외하며 그 말씀에 순복하는 삶이 바로 진정한 참기도입니다. 이러한 진정한 기도를 하지 않고 자신의 육적 욕망 충족을 위해 입으로 중언부언하는 자는 다른 신을 섬기는 자밖에는 되지 않음을 깨달아야 할 것입니다. 진실로 진실로 다시 부르짖습니다. 누구든지 그리스도를 믿으면 영생(생명)을 얻을 것입니다. 그리스도를 믿기 위해서는 먼저 과거의 습관을 과감히 잘라 버리고 더러운 생각들을 지워 버리는 훈련을 해야 할 것입니다. 그러한 모습이 참기도이며 그러한 몸부림으로 애쓰고 힘쓸 때 성령님께서는 우리의 영혼을 그리스도를 믿을 수 있도록 인도해 주실 것입니다. 그리스도를 믿기 위해 경건하고 구별된 삶을 살아가는 것이 진정한 기도입니다. 진정한 기도는 하늘에 상달될 것입니다. 진정한 기도는 하나님께서 열납하

당신의 영혼은 안녕하십니까?

여 주실 것입니다. 진정한 기도는 성령님으로부터 시작이 되어져야 하고 성령님으로부터 시작된 기도는 하나님께 열납되는 기도가 될 것입니다.

12

우리의 작은 믿음이
자라나기를 소원해야 합니다

하나님께서 각 사람에게 그 행한 대로 보응하시되 참고 선을 행하여
영광과 존귀와 썩지 아니함을 구하는 자에게는 영생으로 하시고 오직
당을 지어 진리를 좇지 아니하고
불의를 좇는 자에게는 노와 분으로 하시리라

(로마서 2:6~8)

하나님(말씀)께서는 어제나 오늘이나 동일하심으로 변함
이 없으시고, 앞으로도 동일하심을 멈추지 않으시고, 끝 날까지 변함이
없으시며, 처음이요 나중 되시며, 세세 무궁토록 영원하실 것입니다. 하
나님께서는 예수 그리스도를 통하여 우리에게 사랑을 나타내셨습니다.
그리고 예수 그리스도께서는 승천하신 후 우리에게 보혜사 성령님을 보
내셨습니다. 현시대는 성령의 시대입니다. 그러므로 그리스도께서 보내
신 성령님을 믿는 것이 곧 예수 그리스도를 믿는 것입니다. 그러므로 우
리는 반드시 성령님을 믿어야 합니다. 하나님께서는 성령님을 믿는 하나
님의 백성들을 언제나 돌보아 주실 것입니다. 성령님께서는 우리의 영혼

당신의 영혼은 안녕하십니까?

이 그리스도를 믿게 하시기 위하여 잃어버린 선한 양심들을 회복하시기를 원하시며, 구원 받은 백성이 되도록 그리스도께로 인도하여 주십니다. 성령님께서는 잃어버린 주의 백성들이 상처를 받고 억눌려 있는 심령들을 회복시켜 주시기를 원하시며, 위로하여 주시며, 평강을 얻기까지 인도해 주시는 진리의 영이십니다. 성령님께서는 지금도 이곳에 임재 하시어 우리의 심령의 모든 것을 관심 있게 지켜보시며, 우리의 심령의 악을 즉각 끊고 우리의 영혼에 성령님을 모시어 들이기를 소원하시며, 인내하시며, 기다리고 계신다는 것을 알아야 합니다.

성령님께서는 언제나 성결하시고 변함이 없으시지만 문제는 우리에게 있다는 것을 알아야 합니다. 우리의 영혼이 하나님을 떠난 심령이 되어 불순종으로 인한 죄를 반복하며 그리스도께서 보내신 성령님을 무시하고 조롱하며 성령님을 외면하고 있습니다. 그래서 우리의 영혼은 낙심하고 실망하며 절망하고 쓰러지는 것입니다. 우리의 영혼은 어떠한 상황과 환경에 처하여 고통과 환란에 처한다고 할지라도 절망이라는 신을 마음에 받아들이면 안 됩니다. 절망의 신은 성령님을 믿지 못하게 하는 불신앙의 마음에서 나오는 사단에 속한 마음입니다. 아무리 힘이 들고, 어렵고, 지친 마음이라 할지라도 성결하신 성령님께서는 우리의 영혼이 힘을 얻어 일어나기를 간구하시며, 우리의 영혼이 성령님을 모시어 들이기를 기다리시고 계신다는 것을 기억해야 합니다. 그리고 성령님께서 우리들 각자에게 원하시는 바대로 열심히 준행하는 삶이 되어야 합니다. 우리는 하늘의 소망을 가지고 끊임없이 회개하며 살아야 합니다. 그리할 때에 우리의 영혼에 믿음이 더욱 크게 자라나게 될 것입니다.

작은 겨자씨가 땅 속에서 다 썩고 생명이 다할 때까지 애쓰고 힘쓸 때

큰 나무가 되는 것입니다. 이와 같이 우리의 작은 믿음이 자라나기를 소원하며, 믿음을 방해하는 모든 악을 물리치기 위해 노력하고, 끝까지 믿음을 부여잡고 선함으로 인내하는 마음으로 성령님의 인도에 따라 말씀에 순종하는 삶을 살아간다면, 확실한 믿음을 가진 예수 그리스도의 제자가 될 것입니다. 여러분, 지금 우리의 심령이 악에 물들어 있다면 그 악을 반드시 씻어 버려야 합니다. 처음부터 영혼을 사랑하는 자는 없습니다. 여호와 하나님은 자기 백성을 사랑하시며 잃어버린 영혼을 긍휼하신 맘으로 찾고 계십니다. 사랑을 알지 못하는 우리는 말씀(하나님)을 따라 영혼을 사랑할 줄로 아는 자로 다시 태어나야 하는 것입니다. 사랑 없는 내가 그리스도를 믿음으로 그리스도의 의로 말미암아 사랑하게 될 수 있는 모습으로 다시 태어나야만 하는 것입니다. 성령님이 우리에게 하시는 말씀을 붙잡고, 그리고 믿음으로 훈련과 연단을 통하여 진심으로 영혼을 사랑하는 마음으로 다시 태어나야 합니다. 미워하는 마음(악)에서 서로 사랑하는 마음(선)으로 말입니다.

우리의 입술로는 그리스도를 사랑하노라 말을 많이 합니다. 그러나 형제와 이웃을 싫어하고, 미워하고, 시기 질투로 가득한 악을 품는 것은 그리스도를 사랑하지 않는 까닭이므로 하나님께서 보시기에 가증한 일로 여기실 것입니다. 그리스도를 사랑하는 것은 할 수 없는 대단하고 먼 곳의 이야기가 아닙니다. 바로 우리들 가까이에 있는 그리스도를 믿는 형제를 사랑하라는 말인 것입니다. 악을 버리고자 하는 마음을 가지는 것은 바로 그리스도를 사랑하기 때문입니다. 반면에 악을 버리지 않을 뿐만 아니라 악을 계속 부리는 자는 그리스도를 미워하며 하나님 나라가 확장 되는 것을 싫어하는 사단의 마음을 가졌기 때문입니다. 사단은 뽈

당신의 영혼은 안녕하십니까?

이 달리고 얼굴이 흉악한 자를 말하는 것이 아닙니다. 사단은 사랑을 위장하고 말씀을 인용하여 더욱 광명하게 나타난다는 것을 알아야 할 것입니다. 사단은 자기 안에 악을 가진 자들을 말합니다. 사단은 성령님을 미워하며 성령님보다 더 높아지려는 교만함을 가지고 말씀을 인용하며 성령님을 믿지 못하게 방해하는 자들이라는 것입니다. 그리고 성령님을 훼방하고 근심케 하며 조롱하는 일들을 합니다. 그러한 자들은 성령훼방죄를 범하는 자들로서 그러한 죄는 사함을 받을 수가 없다고 성경은 선언합니다.

성경에도 사랑은 무례히 행치 않는다고 기록이 있습니다. 불의를 기뻐하지 않는다고 하시며 악을 품지 않으며 진리와 함께 기뻐한다고 기록되어져 있습니다. 우리는 상대방의 인격을 존중하며 진리이신 성령님과 함께 기뻐하는 삶을 살아야 합니다. 우리는 영혼을 사랑하기를 힘쓰며 삶의 매 순간순간마다 성령님께서 기뻐하시는 삶으로 살아가려고 몸부림쳐야 합니다. 이러한 마음은 사단이 주는 것이 아니라 하나님이 주시는 마음입니다. 악한 생각과 악한 마음이 우리의 심령에 들어가 사단의 계략에 따라 악의 종으로 살아가면 안 됩니다. 바로 돌이키어 자기를 부인하고 성령님의 기뻐하시는 일로 성령님을 높이며 십자가를 지는 삶을 살아야 합니다. 사단 마귀는 현재도 그리스도를 믿는 자들을 삼키기 위하여 생각을 통하여, 환경과 사건들을 통하여, 때로는 사람들의 친분 관계를 통하여 미혹하고 있습니다. 우리로 하여금 성령님의 말씀을 어기고 불순종하여 범죄하고 죄의 종이 되어 멸망 받도록 하기 위해 사단은 의심과 절망과 악한 유혹들을 통하여 지금도 끊임없이 우리의 심령을 공격하고 있습니다. 이러한 사단의 궤계를 막기 위하여 우리는 늘 깨어 있어야 합니다. 늘 영적으로 깨어 있어야 하고 말씀으로, 기도로 깨어 있어야 합니다. 그래서 사단의 유혹에 걸려 넘어지는 일이 없도록 성령님의 통치 안에 거하기를 간구해야 합니다. 사단의 유혹에 넘어가 밥 먹듯이 범죄를 하는 것이 아니라 성령님의 말씀대로 모든 것을 분별하여 성령님의 기뻐하시는 삶을 살아가는 참된 그릇이 되어야 합니다.

때가 되면 어느 누구나 자신이 행한 대로 심판을 받게 될 것입니다. 사단의 꾀임에 넘어가 자기 꾀에 스스로 빠진 자들은 성령님의 말씀에 불순종하며 죄의 종으로 살았던 자들은 죄의 값으로 결국 무서운 형벌을 받게 될 것입니다. 이 땅에서도 마찬가지입니다. 성령님과 단절이 된다면 죗값으로 인한 고통스런 삶을 살다가 결국은 영원한 파멸에 이르게 되며 고통으로 끝나 버릴 것입니다. 그러나 아무리 힘든 고난이 있다고 할지라도, 성령님을 선함으로 바라며, 선함으로 구하고, 선함으로 찾으면서, 선함으로 참고, 선함으로 인내하며, 선함으로 순종의 삶을 살아간다면, 그리스도의 자녀로 확실하게 인치심을 받게 될 것입니다. 말씀을 잣대로 자기의 심령 분별을 하고 자기의 영적 처지와 영적 분수를 분별해야 합니다. 그래서 성령님의 뜻대로 행하는 자로 살아간다면 그 남은 여정은 행복할 것이며, 하늘의 평안을 누리고, 자유를 누리게 될 것입니다. 그렇게 될 때 그리스도께서는 우리의 심령에 보혜사 성령님을 보내 주실 것입니다. 즉, 성령으로 거듭난다는 말입니다. 성령으로 거듭나야만 그리스도를 믿는 확증이 되기 때문입니다. 즉, 하나님께서 우리가 그리스도를 믿는다는 것을 인정하신다는 증표인 것입니다. 우리가 아무리 예수 그리스도를 믿는다고 입을 크게 벌려 떠든다고 해도 우리의 심령에 성령님의 임재하심을 받지 못한다면 우리는 진정한 그리스도인이 될 수 없습니다. 사람들이 보기에는 거룩하고 진실하게 헌신하는 모습이라 할지라도 하나님이 보시기에 우리의 믿음이 합격이 되지 않는다면 우리는 그리스도인이 아닌 것입니다. 반면에 사람들이 보기에 부족하고 연약하고 보잘 것 없이 보인다 할지라도 하나님께서 우리의 믿음을 인정해 주시면 우리는 천국을 소유한 자가 되는 것입니다.

여러분, 우리의 생각과 뜻은 그리 중요하지 않습니다. 우리의 생각과 뜻을 말씀(하나님)과 함께 섞어 해석하여 하나님의 뜻을 변질시키지 마십시오. 오직 성령님의 인도하심에 따라 하나님의 뜻에 초점을 맞추어 순종하는 믿음을 가진 자야말로 그리스도인이라 불릴 수 있게 될 것입니다. 그래서 우리의 지난날 죄악에 물든 심령들을 정결하게 씻기시며 물(말씀, 하나님)과 성령(하나님, 말씀)으로 거듭나서 선한 양심으로 가득하고 거룩한 심령으로 새롭게 태어나게 하여 주실 것입니다. 성령님께서 우리의 심령에 역사하시고 우리와 함께해 주심으로 날마다 성화를 이루어가며 하나님의 자녀로서 완전한 자로 변화되어 가는 삶이 될 것입니다. 그리스도를 믿음으로써 구원의 반열에 이르는 삶을 살아가게 될 것입니다. 지난날 온통 불순종과 죄악으로 물들어 있던 진노의 자녀였던 우리가 하늘의 소망을 바라보며 거룩한 삶을 살아가는 영적인 존재가 되며 하나님의 자녀로 인정을 받게 된다는 말입니다. 이러한 구원의 축복은, 많은 사람들이 잘못 알고 있듯이, 건물적인 교회에 출석만 잘한다고 받는 것이 아니라, 끊임없이 말씀(하나님)에 순종하고 하나님(말씀)의 뜻대로 살아가려고 애를 쓸 때 그리고 성령님을 믿어야만 받게 되는 것입니다. 마지막 때가 임박한 이때에 성령님을 믿는 자가 되는 것이 먼저입니다. 언제까지 제자리를 맴돌며 악을 끊지 못하고 잘못했다고 되뇌이기만 하는 삶을 살아가며 성령님을 속이며, 거짓을 말하는 삶으로 살아가렵니까? 기회는 그리 많지 않음을 알아야 합니다. 악의 잔이 넘치면 그 기회는 소멸될 것입니다. 회개하지 않고 성령님을 영접하지 않으면서 여전히 기회를 주실 것이라는 착각을 해서는 안 됩니다. 살아 계신 하나님을 믿고 건짐 받기를 간절히 원하는 삶으로 살아가지 않는다면 더 이상의 기회도 없을 것입니다.

여러분, 그동안 뉴스를 통하여 많이 일어나는 자연계의 현상들을 접하였을 것입니다. 지구의 환경을 연구하는 세계적인 과학자들도 지구를 구할 수 있는 시간이 10년밖에 남지 않았다고 말들을 하고 있습니다. 그동안 온난화 현상을 막지 못하고 환경오염을 해결하지 못한다면 지구의 멸망을 초래할 수밖에 없으며 현재 온난화 현상으로 인하여 앞으로 예측할 수 없는 엄청난 자연 재앙들이 닥쳐올 것이라는 연구 결과도 나왔지 않습니까? 사람의 생각으로도 이렇듯 종말론을 말하고 있는데, 왜, 어찌, 성경에 기록된 하나님의 말씀까지도 외면하며 믿지를 않고 있는 것입니까? 사람들이 연구해 놓은 이러한 자료들만 보아도 마지막 때가 임박하였음을 알 수가 있는 것입니다. 눈에 보이는 일도 이러한데 영적인 현상들과 징조들은 더 엄청날 것입니다. 우리의 악에 대한 보응들로 인하여 모든 일들이 일어나고 나서 후회하며 통곡하며 슬피 울 것이 아니라, 지금 당장 단번에 악을 끊지 않는다면 엄청난 파멸은 우리가 책임을 져야 할 것입니다.

여러분, 마지막 때가 임박할수록 세상은 더 악하게 변하게 될 것입니다. 사람들의 마음은 더 강퍅하여지고, 경제는 무너지고, 참된 믿음을 지키기가 더 어려워지게 될 것입니다. 우리는 각박해진 세상을 보며 하나님을 경외하는 마음을 더욱 높여야 할 것입니다. 그리고 성령 하나님의 운행하심에 따라 우리의 영혼도 함께 운행되어져야 할 것입니다. "각박한 세상, 사랑 없는 세상이 정말 그렇구나"하고 판단하는 것이 아니라 그러한 세상보다 더 악한 심령이 되어 버린 자기 자신을 돌아보고, 분별하며, 회개하는 삶을 살아야 할 것입니다. 영적으로 심히 병이 들어 이제는 수술을 할 수 없을 지경에 이르렀다는 것을 깨달아야 할 것입니다. 우리가 교만하게 고개를 빳빳이 들고 우리의 생각이 옳다고 우기며 성령님을 대적한다고 하더라도 성령님을 능가할 수는 없습니다. 성령님은 우리의 대적의 대상이 될 수가 없고 성령님을 능가할 수는 없습니다. 결국 우리 자신이 성령님께 굴복해야 합니다. 다른 방법과 다른 길은 어느 곳에도 없습니다. 여러분, 성령님의 통치하심이 아니시면 누구든지 악한 세상과 타협을 할 수밖에 없을 것입니다. 그리스도를 믿는 믿음을 지키며 성령님의 인도하심을 받으며 성령님의 은혜 안에 있어야 합니다.

여러분, 하나님은 살아 계십니다. 살아 계신 하나님을 믿음으로 구원의 축복을 받는 우리가 되어야 합니다. 성령님의 인도 없이는 세상을 향하여 진노하시는 하나님의 재앙을 피할 수가 없을 것입니다. 경제가 어려워지고 많은 사건 사고가 난무하게 되면, 사람들은 "사람 사는 것이 이런 일도 있고, 저런 일도 있지 뭐"라고 하지만, 그렇지 않습니다. 이 세상의 악함이 소돔과 고모라 성보다 더한 추악함으로 인하여 하나님께서 진노하셨고 이 땅을 쓸어버릴 수도 있다는 것을 깨달아야 할 것입니다. 그래서 자기 영혼이 늘 깨어 성령님의 통치 안에 거하기를 소망하는 믿음으로 나아가야 되는 것입니다. 그리스도를 믿는 믿음이 없이는 이 재앙들을 벗어날 수가 없습니다. 아무리 자기가 꿈꾸는 자라고 할지라도 성령님께서 낮이 가리시면 그들 역시 비참한 재앙으로 멸하게 될 뿐입니다. 지금 당장 자기 악을 단번에 끊지 못하여 성령님의 통치함 속에 들어가지 못한다면 그러한 자들은 이곳에 육체는 와 있지만 무서운 재앙과 멸함에서 벗어날 수가 없다는 것입니다. 즉시 악을 끊지 아니하고 입으로만 "악을 끊기 위해 애를 쓰겠습니다"라는 말조차도, 그런 마음조차도 하나님이 보시기에 가증한 일이며 쳐 죽임을 당할 일인 것입니다. 우리의 악의 잔이 차고 넘쳐 있음을 알고 이제는 그러한 애쓰는 시간까지도 기회가 소멸되어지고 있다는 것을 알아야 할 것입니다. 성령님을 믿지 않는 그 시간 시간, 그리고 믿으려는 순간까지도 악은 우리의 영혼을 갉아먹을 것입니다. 자기 생각과 고집을 버리지 못하고 자기 영혼을 팔아먹는 행위는 당장에 멈추어야 할 것입니다. 자기중심적인 삶으로 인하여 악에게 자기 영혼을 내어 주는 어리석음에서 깨어나야 합니다.

여러분, 그리스도를 영접하지 않는 자는 영원히 사망(2사망)에 이르게 될 것입니다. 자기의 영적 처지와 분수와 자기의 정체를 알고 있는 이때에도 아직 성령님을 지적하고 판단하고 있는 행위는 더 큰 웅덩이를 파서 영원히 분리되는 무저갱 속으로 스스로 들어가는 것임을 알아야 합니다. 하지만 지금이라도 단번에 악을 끊으라고 하신 하나님의 말씀에 순종하는 삶으로 살아간다면 하나님께서는 기뻐하시며 다시 손을 내밀어 잡아 주실 것입니다. 성령님을 믿고 성령님의 통치 안에 거하게 하실 것이며, 하나님의 자녀로 살아갈 수 있는 특권을 허락하실 것입니다. 눌리고 얽매인 삶을 완전히 전환시켜 새 영을 부으셔서 새것으로 가득 채우시며 육신이 성전이 되도록, 진정한 교회가 되도록 하실 것입니다. 진정한 교회는 그리스도께서 함께하셔야 하는 것입니다. 건물적인 세상 교회가 아무리 호화롭고 여러 모인 사람들과 찬양을 하고 뭉친다고 하여도 그리스도께서 안 계시면 진정한 교회가 될 수가 없는 것입니다. 성령님의 통치 안에 거하는 하나님의 자녀들은 사망에서 생명으로 건짐을 받게 될 것입니다.

여러분, 이 세상의 하늘과 땅은 불에 타서 없어질 것이라고 성경은 말하고 있습니다. 성령님을 믿지 아니하는 자들은 영원히 지옥불못으로 떨어지게 될 것입니다. 악을 행하며 자기 고집과 자기중심적인 삶으로 살아가는 사람들은 성령님을 믿지 않기 때문에 성령님의 통치를 받을 수가 없습니다. 반면에 어떠한 고난 속에서도 성령님을 믿고, 의지하는 하나님의 자녀들은 주님을 맞을 준비를 하고 있는 성도들입니다. 그리고 주님 오시면 천사와 같은 동급으로, 영화로운 모습으로 하나님 나라에 들어갈 수가 있는 것입니다. 그래서 천국을 소유하여 이 땅의 더러운 것을 씻김 받아서 기쁨과 평안을 누리며 영원히 살게(영생) 될 것입니다. 우리 모두 천국을 바라며, 구하며, 찾으며, 두드리며, 나가는 삶이 되어야 합니다. 그 어떤 다른 것에 목적을 두어서는 안 됩니다. 장차 받을 영광을 받기 위해서는 지금의 우리의 모습이 변화되고 거듭나기 위해 몸부림을 쳐야 할 것입니다. 지금 이 시간은 참으로 귀중한 시간임을 잊지 마십시오. 사람들의 시각과 하나님의 시각은 다릅니다. 사람들을 좇고 그 어떠한 다른 것을 좇아 살아가는 인생은 결국은 모든 것을 잃어버리고 자기 영혼도 파괴시킬 뿐입니다. 하지만 성령님을 좇아 살아가는 인생들은 지금은 곤고하고 힘이 든다 하여도 결국은 영화로운 하나님 나라에 입성하게 될 것이며, 하늘의 평강을 누리게 될 것입니다. 영원히 살아 있는 샘물(그리스도)을 마실 것입니다. 여러분, 자기의 악을 단번에 돌이키고 이제는 선한 마음으로 착한 일을 하시는 성령님을 높이는 삶이 되시기를 진실로 간구드립니다. 우리의 영혼을 위하여 낮아짐의 은혜 속에 머무르며 하나님을 사랑하고 이웃을 사랑하는 심령으로 나아가야 할 것입니다. 사람들의 말에 귀를 기울일 것이 아니라 성령님의 인도를 따라 하나님을 의지하고 의뢰하는 믿음으로 살아가야 할 것입니다. 그래서 여기 모인 모든 자들이 한 사람이라도 버림을 받지 아니하고 성령님의 필요에 따라 사용되는 도구로서의 삶을 살아가는 성도들이 되어야 합니다.

당신의 영혼은 안녕하십니까?

13

하나님을 믿을 수 있는
자격이 되어야 합니다

이르시되 하나님 나라의 비밀을 너희에게는 주었으나 외인에게는
모든 것을 비유로 하나니 이는 그들로 보기는 보아도 알지 못하며
듣기는 들어도 깨닫지 못하게 하여 돌이켜 죄 사함을
얻지 못하게 하려 함이라 하시고

(마가복음 4:11~12)

성경은 보이지 않는 하나님 말씀을 준행하는 삶을 가리켜 순종이라는 표현을 합니다. 그러나 우리는 실제로는 보이지 않는 하나님의 말씀에 귀를 기울이지도 순종하지도 않고 지내고 있습니다. 그리고 자기 영혼을 위해 간절하게 애를 쓰지도 힘을 쓰지도 않는 스스로의 모습을 돌아보아야 합니다. 오늘날 기독교인들이 입으로는 하나님을 간절히 부르는 것 같으나 실제로는 하나님이 누구신지도 모르는 자들이 수두룩합니다. 이와 같이 믿음이 없는 신앙생활로는 영원히 하나님을 만날 수가 없고 물과 성령으로 거듭날 수도 없는 것입니다.

여러분, 성령님의 하시는 일을 알고 성령님의 통치 안에서 그 사역을 준

행하는 자는 행복한 자입니다. 그러나 자기 욕심과 고집대로만 살아가는 사람은 영원히 성령님의 통치 안에 들어갈 수가 없을 것입니다. 그리고 성령님의 사역에 동참할 수 없는 인생은 무지한 인생이고 부끄러운 인생이 될 것입니다. 무지하다는 말은 하나님의 말씀의 비밀을 깨닫지 못하게 될 것이라는 의미입니다. 성경을 통하여, 목사를 통하여, 교사를 통하여 하나님의 말씀을 부르짖고 부르짖어도 말씀을 따라 준행하지 못하는 삶을 살아가는 자들의 영적 눈과 귀로는 하나님 나라의 비밀을 알지도, 깨닫지도 못하고, 그냥 제자리에서 맴돌기만 할 것입니다. 아니 그냥 제자리에서 맴도는 것이 아니라 더 악한 웅덩이 속으로 빠져 들어가게 될 뿐입니다. 자기 꾀가 파 놓은 덫에 스스로 끌려 들어간다는 것입니다. 이는 영원히 영적 귀머거리와 영적 소경이 되어서 말씀의 비유의 비밀한 것들을 깨닫지 못한다는 것을 의미합니다. 자기의 악으로 말미암아 성령님을 떠난 심령으로는 하나님 나라의 비밀한 것들을 보고도 알지 못하며 들어도 깨닫지 못하게 될 것입니다.

여러분, 아직까지도 악에 빠져서 변화가 없는 모습이라면 성령님께서 자신들의 영적 귀와 눈을 멀게 하고 계신다는 의심을 해 보지는 않았습니까? 성령님께서 하시는 사역들을 자기 가치관이나 철학으로 판단하고 의심하는 것이 아니라 자기의 심령을 살피고 자기가 성령님께 속하였는지 아닌지를 분별해 보아야 할 것입니다. 성령님의 통치하심을 받아야지만 믿음을 가질 수 있게 될 것임을 알고 우리자신의 영적 상태를 체크해 가며 살아야 합니다.

여러분, 악을 심으면 악을 거두게 되고, 선을 심으면 선을 거두게 되는 것이 진리입니다. 악한 행동에 대한 보응으로 지옥불못으로 던져 버리실 하나님을 경외하며 두려워해야 합니다. 여러분, 성령님께서 악인들은 하나님 나라에 들어갈 수 없도록 하신다는 것을 알고도 계속 악을 행하는 어리석은 자가 되어서는 안 될 것입니다. 하나님의 계획하심이 악에 속한 자들을 구원하시는 것이 아니라, 성령님을 모르고 성령님을 근심케 하고 조롱하며 훼방하는 자들을 무저갱 속에 가두어 놓는 것이라는 의심을 해 보시지 않았습니까? 영원히 지옥불못에 던져 버리실 계획 속에 우리가 속해 있지나 않은지 자기의 영혼을 의심해 보아야 합니다. 그래서 성령님을 대적하고 의심하는 마음을 가지도록 하였다는 생각은 해 보지 않으셨습니까? 그리고 혈기를 부리는 일과 거짓을 말하게 하는 일과 자기를 높이는 일들과, 믿음이 있는 척 위장하고, 하나님을 속이는 범죄를 행하도록, 하나님께서 자신의 심령 속에 악을 집어넣으셨다는 의심을 해 보시지 않으셨습니까? 아직도 하나님을 알지 못하는 어리석은 영적 악의 자리에서 머물러 있는 것이 하나님의 계획은 아닌지 생각해 보지 않았습니까?

성령님의 진노로 무서운 형벌이 기다리고 있음에도 불구하고 우리는 여전히 악의 잔을 더 채우기 위하여 죄를 거듭하며 성령님을 진노케 하고 있습니다. 성령님과의 얽매인 문제를 풀기 위해 애쓰는 것이 아니라 더욱더 꽁꽁 묶이게 만들고 있다는 것입니다. 우리를 아직까지 이곳에 왜 있게 하셨는지 성령님의 계획을 한 번은 생각해 보셨습니까? 성령님의 사역에 협력하며 선을 이루는 삶을 살았는지, 자기의 육을 위하여 성령님을 수단으로 이용하며 살아왔는지도 알지 못하고, 무감각하게 지내온 나날들을 또다시 반복하며 지내고 있지는 않습니까? 그러한 모습을 애통하고 회개함으로써 다시 선한 심령으로 돌아가야 합니다. 아직까지도 성령님을 대적하고 있다면 이는 죽음을 향한 죄의 잔을 채워 나가고 있는 것입니다. 믿음이 없으면 하늘의 것을 받지 못할 뿐만 아니라 주신 것도, 우리에게 있는 것도 모두 잃어버리게 될 것입니다.

여러분, 우리의 영혼이 쉼을 얻지 못하는 것은 우리 심령에 욕심이 가득하기 때문입니다. 우리의 육체가 무거운 짐을 메고 있는 것은 아니지만 우리 심령의 무거운 짐을 내려놓지 않았으므로 쉼을 얻지 못하고 있는 것입니다. 무거운 짐을 바로 우리의 심령 안에 채워 두고 있는 것입니다. 내 생각, 내 고집, 내 욕심, 내 악심, 등, 나의 심령에 있는 "내"라는 생각들이 우리를 얽매고 있는 것입니다. "내"가 "나"를 버리지 않으면서 우리는 무거운 짐을 끌어안고 있는 것입니다. 그러면서 우리는 그러한 것을 무겁다고 다시 불평을 하고 있습니다. 자기가 지은 죄의 보응으로 말미암아 짊어지게 된 무거운 짐임에도 불구하고 오히려 하나님께 불평을 쏟아 내며 원망합니다. 적반하장도 이런 적반하장의 있을 수 없습니다. 벌써 심판 받아 죽었어야 할 자들에게 회개하고 돌아올 기회를 허락하시며 기다려 주셨는데도 우리는 악한 심령을 돌이키려고 하지 않고 오히려 하나님을 원망하고 성령님을 대적하고 있습니다. 이런 자들은 결국에는 심판받고 죽임을 당하게 될 것입니다. 이렇게 어리석고 악한 자들이 도리어 자신의 짐이 무겁다고 눈물을 흘리며 하나님으로부터 불쌍히 여김을 받을 것이라 생각합니다.

여러분, 우리는 늘 자기의 생각들을 거쳐 그 다음에 하나님의 말씀을 받으려고 합니다. 하나님이 제일이 아니고 내가 제일이 되는 자기중심적인 잣대로 말씀을 해석하고 있는 것입니다. 그러한 자들은 성령님의 인도를 받을 수가 없고 그래서 하나님 말씀의 비밀한 것을 깨달을 수가 없고, 성령님의 하시는 사역들을 알 수가 없고 성령님의 역사를 알지 못할 것입니다. 스스로의 강퍅한 마음이 자신에게 무거운 짐이 되는 것입니다. 곧 "내" 안의 "내"가 무거운 짐이 되어 자신을 수고롭게 하는 것입니다. "내게로 오라" 하시면 가면 되고 "네 멍에를 메고 내게 배우라" 하시면 그 멍에를 메고 배우면 되는데 하나님의 말씀은 버리고 여전히 자기 생각대로 자기 고집대로 자기가 원하는 길로 가고 있습니다. 한없이 영적 방황을 지속하고 있습니다. 하나님께서 말씀하시는 그 순간 하나님께 순종하고 하나님께서 원하시는 길로 걸어가야 합니다. 우리가 하나님의 말씀에 순종하기로 하는 순간에 성령님을 통하여 우리의 멍에를 짊어지시며 우리의 메인 것을 풀어 주실 것입니다.

여러분, 말씀을 읽을 때나 들을 때에 하나님의 뜻을 알지 못하고 자기 신앙의 잣대로 해석하여 알아듣는 자들은 하나님의 일과 아무 상관이 없다는 것을 알아야 합니다. 자기의 신앙관으로 자기의 가치관과 철학으로 자기가 알고 있는 성경 지식으로는 하나님을 알 수가 없습니다. 자기의 영적 상태를 돌아보아야 할 때입니다. 자기의 영적 상태를 테스트 하려 하지 않고 그저 문자적인 성경만을 아는 자들이라면 아직 하나님에 대해 전혀 모르고 있는 것입니다. 하나님을 떠난 삶을 살고 있는 것입니다. 자기의 뜻대로 살고 있으면서도 하나님께서 자기를 돌아보아 주신다고 여기는 마음은 교만한 마음입니다. 하나님과는 전혀 상관이 없는데도 자신이 상관있다고 하면 상관있게 되고 자기가 상관이 없다고 하면 상관이 없게 만들 수 있는 하나님이 아닙니다. 하나님은 영이십니다. 영적으로 하나님을 만나려고 해야지 육의 힘으로 아무리 "주여"라고 부르짖어도 하나님을 만날 수 없습니다. 하나님을 영원히 못 만난다는 것은 구원이 없다는 말과 같습니다. 하나님께서는 아직도 한 영혼이라도 악에서 건지시기를 간구하시며 외쳐 부르짖으나 우리가 하나님을 멀리하고 악을 좇는 일에 몰두하고 있음을 깊이 회개 하여야 할 것입니다. 하나님의 은혜로우신 뜻과는 정반대로 범죄하며 하나님을 떠난 삶을 살면서 자기 무덤을 파고 그 속으로 걸어 들어가는 발걸음을 속히 돌이켜야 합니다.

성령께서는 오직 하나님 나라의 일을 말씀 하시며 우리의 영혼을 위하여 말씀하십니다. 성령님께서 말씀 하실 때에 육체를 따라 말씀 하시는 것이 아닙니다. 우리는 알지 못하지만 보이지 않는 영의 일은 지금도 계속 전개되어 가고 있습니다. 하나님께서는 죽어 마땅한 우리에게 생명 살 길을 말씀으로 하여 주시는데 우리는 믿음이 없음으로 인하여 하나님의 말씀을 던져 버리고 헛된 것을 구하고 찾고 바라고 있습니다. 악을 행하는 우리가 받아야 할 것은 심판의 무서운 보응뿐입니다. 악을 행하는 자들은 하나님께 기대하는 그 무엇도 받을 수가 없을 것입니다. 그러나 누구든지 그리스도를 믿기만 하면 영생을 얻게 될 것이라는 약속의 말씀을 듣고 지키는 자들은 영원한 생명을 얻게 될 것입니다. 말씀을 지켜 믿음으로 행하는 삶이 없으면서도 하나님께서 자신을 돌아보아 주기를 기다리면 자신의 불순종을 덮어 주시리라 여기십니까?

하나님께서는 오래 참으시고 우리의 짐을 가벼이 하시며 우리가 영생을 얻기를 간절히 원하십니다. 그리고 성령님을 통하여 우리가 그것을 알게 해 주십니다. 그러나 우리는 성령을 부인하며 자기의 욕심을 감춘 채 성령님께 술수를 부리고 있습니다. 하나님의 말씀의 뜻을 깨닫지도 못하고 순종하지 못하면 하나님 나라의 일에 참예할 수가 없습니다. 여러분, 지난날 교만하여 성령님을 부인하였으나 성령님을 믿지 않고는 하나님

당신의 영혼은 안녕하십니까?

을 알 수가 없고 하나님의 일을 할 수가 없습니다. 성령님을 믿는 것이 하나님을 믿는 것입니다. 우리가 해야 하는 것은 먼저 성령님을 믿는 것입니다. 믿는다고 하는 것은 입으로만 말하는 것이 아닙니다. 진정으로 믿는다면 어느 곳에서든지 성령님의 사역을 챙기고 관리하며 예수 그리스도를 믿는 형제들을 사랑하고 소중히 여기며 악과의 전쟁을 해야 합니다. 우리가 성령님을 순종하지 못하고 강퍅한 삶으로 끝까지 자기의 아집과 고집으로 살아간다면 영원히 하나님과 상관없는 자로 제외될지 모릅니다. 성령님의 통치 안에 들어가려면 나의 생각과 뜻은 없어져야 하고 오직 하나님의 뜻에만 합하는 심령이 되어야 합니다. 성령님을 부인하는 자는 성령님의 통치 안에 속할 수가 없는 것입니다. 성령님의 말씀을 거역하고 자기중심적인 삶으로 자기 아집과 고집으로 똘똘 뭉쳐져 있는 자는 성령님을 부인하는 자입니다. 우리는 자기 자신의 심령을 분별할 줄 알아야 합니다.

여러분, 현재 우리의 영적 상태가 성령님으로 거듭나기 위해 몸부림을 치는 것이 아니라, 그저 안일하게 자기의 죄와 신비주의에 빠진 모습으로 살아가고 있지는 않은지 점검하고 깊이 회개해야 합니다. 성령님을 거룩히 여기지 못하고 강퍅한 심령으로 성령님의 하시는 사역을 부인하는 신앙의 모습을 돌이켜 보고 자신의 악한 심령과의 싸움을 전개해야 합니다. 먼저 그의 나라와 의를 위하여 살아야 할 것입니다. 그리하면 하나님께서도 우리를 돌아보아 주실 것입니다. 하지만 우리는 그와는 반대로 성령님을 자기의 삶과 육체의 쾌락을 위한 수단으로 이용하며 지내왔다는 것을 알고 즉각 돌이켜 회개해야 합니다. 그리고 많은 체험을 통하여 성령님에 대해 알았으면, 이제는 성령님을 믿고 섬기며 하나님 나라의 일들을 위해 서로 협력하며 하나님 나라의 확장을 위해 살아가야 합니다.

하나님의 성소를 짓기 위하여 서로 협력을 해야 할 때입니다. 자기의 육의 일과 개인의 일을 위하여 자기 목숨을 바치는 것이 아니라 이제는 하나님의 성소를 짓기 위하여 자기의 목숨을 버려야 할 때입니다. 우리가 아니더라도 하나님의 계획은 계속 진행될 것입니다. 우리가 하나님의 계획 속에 포함되어 하나님의 살아 계심을 증거하는 증인으로 한몫을 한다면 하나님께서도 우리들에게 새로운 삶을 허락하여 주실 것입니다. 그러나 성령님의 사역을 함께 동행 하는 삶이 아니라 성령님의 사역을 방해하는 삶을 살게 된다면, 하나님께서는 몇 배로 죗값을 치르게 하실 것입니다. 여기에서 주여 저기에서 주여라고 부르면서 이곳에 성령님이 계신다 저곳에 성령님이 계신다고 말하지만, 무엇보다도 중요한 것은 성령님을 자기의 심령 안에 모셔 들여야 하는 것입니다. 내 심령에 하나님 나라가 임해야 한다는 말입니다. 자신이 성령으로 거듭나지 않는다면 결코 천국을 소유할 수가 없는 것입니다.

우리는 먼저 하나님 앞에 정직하게 예배를 드릴 수 있는 자격이 될 수 있기를 간구해야 합니다. 자격을 갖추기 위해서는 회개해야합니다. 회개하라고 말을 하면, 예배당에 나와 무릎을 꿇고 입으로만 "하나님 이 죄인을 용서하여 주소서"라고 하는데, 그리고 "이 죄인은 힘이 없고 연약합니다. 이 죄인을 다듬어 주시고 능력을 주셔서 예배를 드릴 수 있게 도와 주소서"라고 하는데, 그것은 하나님 앞에 자백하는 것이지 회개는 아닙니다. 그리고 하나님께서 성령님을 통하여 우리에게 전하는 말씀을 받고 즉시 고치면 되는데 그 말씀은 듣지 않고 엉뚱하게 돌아서서 주여라고 부르짖으니 우리는 어떤 분을 주님으로 모시고 섬기고 있습니까? 여호와 하나님은 그 어떤 신과도 비교할 수 없는 그리고 바라볼 수도 없는 거룩한 신이십니다. 성부와 성자와 성령이 함께하시는 한 분의 하나님이십니다. 만주의 주가 되시며 만왕의 왕이 되시는 거룩한 하나님이십니다. 모든 이들이 입으로 여호와 하나님이라고 똑같은 단어를 불렀다고 해서 모두가 여호와 하나님을 섬기게 되는 것은 아닙니다. 자기 자신의 영적 상태를 분별하여 본다면 지금 어떤 상태에 처해 있는지를 알게 될 것입니다.

여러분, 우리의 심령이 거듭나지 아니하면, 우리의 입이 아무리 하나님을 부른다고 하여도 결코 거듭날 수 없으며 하나님의 자녀들이 될 수는 없습니다. 반드시 선한 마음으로 착한 행실을 하며 물과 성령으로 거듭난 자와 거듭나기 위해 몸부림을 치는 자는 여호와 하나님이라 부를 수 있으며 아바 아버지라고도 부를 자격이 됩니다. 자기를 부인하고 성령님을 믿으며 자기 십자가를 지고 따르는 자는 여호와 하나님의 이름을 부를 수 있는 자격이 되며 거룩한 곳에서 하나님을 섬기는 예배를 드릴 수 있는 자격이 되는 것입니다. 하나님이 말씀하시는 진정한 회개는 그리스도를 자기 안에 영접할 수 있는 자격을 갖추라는 의미입니다. 예배를 드릴 수 있는 자격을 반드시 갖추는 것이 바로 회개입니다. 하나님께서 원하시는 영적 회개는 하지 않고 회칠한 무덤이 되어 입으로만 달싹거리며 선한 척을 한다고 해도 하나님께서 모르실 것이라 생각하십니까? 하나님의 시각은 사람의 시각과는 다르다는 것을 알아야 합니다. 우리의 시각에 맞추어 하나님을 말한다면 우리는 영원히 하나님을 알 수 없고 섬길 수가 없을 것입니다.

그러면 성령님을 통하지 않는 기도의 몸부림 친 시간 동안 우리는 어떤 주님께 아뢰었을까요? 바로 하나님께서 제일 미워하는 우상을 섬기고 있었던 것입니다. 우상에게 그렇게 기도를 하고 찬양을 하였으니 그 우상이 우리들에게 하나님의 말씀에 불순종 하도록 하는 결과를 주었다는 것입니다. 결과를 보면 그동안 우리가 하나님을 섬겼는지 다른 신을 섬겼는지를 알 수 있지 않습니까? 아무리 말씀을 부르짖어도 자기의 고집과 아집으로 인하여 말씀대로 살아가는 삶으로 돌이키려 하지 않습니다. 그러한 모습들이 바로 하나님을 미워하는 우상들에게 인도 받은 모습이라는 것입니다. 그러한 모습이 반복이 된다면 영원히 돌아올 수 없을 것이며 다른 신을 믿음으로써 하나님을 속이는 거짓된 영의 지시를 받아 하나님을 속이는 범죄까지 더하게 될 것입니다. 여러분, 지금 이 시간까지도 하나님을 미워하는 마음을 가지고 살고 있으면서, 뻔뻔하게 믿음이 있는 것처럼 위장하고 진실한 척하는 우리의 모습을 하나님께서는 가증히 여기실 것입니다. 아니 진노하시며 심판의 때를 기다리고 계실 것입니다. 사단이 예수 그리스도를 믿는 우리들을 넘어뜨렸는지 아니면 우리가 하나님께 대적함으로써 하나님의 저주를 받아 악신이 들어가게 된 것인지를 분명히 분별해 보고 겸손히 고개 숙여 회개하는 삶을 살아야 할 것입니다.

하나님 말씀을 들을 수 없는 우리가 하늘의 비밀한 것을 들어왔고 기회를 주었지만 그 말씀만 삼켜 버리고 진정으로 그 심령의 악을 버리지 못한다면 하나님의 것을 도적질하는 자로 낙인이 찍힐 것입니다. 자기의 육을 위해 몸부림치는 마음을 숨기고 영의 일을 사모하는 척하는 자는 심판이 있을 것입니다. 하나님께서는 우리의 영혼을 긍휼히 여기시어 성령님의 인도하심으로 선한 마음으로 착한 행실을 할 수 있는 기회를 주었으나 우리는 성령님을 더 능멸하고 조롱하고 있었다는 것을 알아야 할

당신의 영혼은 안녕하십니까?

것입니다. 거짓의 영을 받아 살고 있으면서도 하나님이 주신 은사인 줄로 알고 착각을 하여서도 안 됩니다. 자기의 마음을 숨긴다고 하여서 하나님께서는 우리의 마음을 모르시는 줄로 알고 있습니까? 그러한 자들에게 주어진 기회의 시간들이 영원할 것으로 여긴다면 큰 오산입니다. 즉각 하나님께로 마음을 돌이키지 않는다면 영원히 기회는 없어질 것입니다.

여러분, 자기의 영적 분수를 너무 모르고 하나님을 대적하며 사람의 비위를 맞추고 있는 오늘날 교회의 모습입니다. 사람의 비위를 맞춘다고 하여 얼마나 그 행복이 오래 갈 것이라고 여기십니까? 하나님께서 입김으로 한 번만 불으셔도 우리는 사라지고 말 것입니다. 여러분, 하나님을 두려워하며 경외하십시오. 하나님이란 단어조차도 거룩한 자들의 입으로가 아니면 부르기가 죄스러울 정도로 자극을 받아 더럽고 추악한 심령의 악들을 쓸어내어 버려야 합니다. 아직도 여전히 자기가 살아 있고 자기중심적인 신앙을 잣대로 하나님을 말하고 있는 자들은 하나님께서 자기를 기억하시고 하나의 도구를 만들기 위하여 훈련하고 계신다는 착각을 하며 오만과 편견으로 자기 착각에 도취되어 살고 있습니다. 성령님의 통치 밖에서 저주받는 삶을 살아가고 있으면서 그 모든 것을 연단과 훈련으로 착각을 하고 있습니다. 하나님을 대적함으로 인해 저주를 받고 있으면서도 그 저주 속에서 구원 받기 위해 말씀에 순종하는 것이 아니라 성령님의 말씀을 무시하고 조롱하는 행동을 반복하고 있습니다. 성령님을 무시한다고 해서 우리들에게 무시당할 성령님이 아니십니다. 성령님은 하나님이시기 때문입니다. 단지 우리에게 그만큼 보응만이 따를 것입니다.

여러분, 회개하는 삶은 우리의 마음이 자신의 자리를 찾는 것입니다.

우리의 마음이 자신의 모습을 알고 사는 것입니다. 자신의 모습을 알고 자신의 분수대로 사는 것이 이치겠지만 우리의 심령은 너무나 강퍅해서 자신의 모습대로 사는 일이 잘되지 않습니다. 내 심령이 악하게 살아온 대로 고개 숙이는 것이 양심적이지만 우리는 하나님 앞에서 그 양심을 지킬 수 없는 강퍅함을 가지고 있습니다. 모세는 이스라엘에게 가나안에 들어가서 하나님께서 그 거민들을 쫓아낼 때 "너의 의로움"이라고 생각하지 말라 합니다. 너의 의로움 때문도 아니고 너의 마음의 정직함 때문도 아니라고 그 땅 거민들이 악해서 쫓아 보내시는 것이라고 합니다. 아브라함, 이삭, 야곱과 하신 언약을 지키시려고 때가 되어 그들의 악한 대로 쫓겨나는 것이라고 합니다. 그러면서 애굽에서 나오면서부터 항상 여호와를 거역한 것을, 격노케 한 것을 잊지 말라고 합니다. 이스라엘 백성은 그랬습니다. 그 심령이 한 일은 광야에서 여호와를 진노케 한 것이었습니다. 은혜를 알지 못하는 마음으로 그들은 항상 하나님께 진노의 대상이었습니다. 한 번이라도 하나님께서 그들을 보시며 마음에 흡족케 해드린 적이 없었습니다. 그들을 인도하는 모세의 마음에 위로가 되는 심령으로 산 적이 없었습니다. 이스라엘이 진멸되지 않기를 간구하는 모세의 마음에 반해 이스라엘의 마음은 너무 이기적이었습니다. 자신들만 편하고 보자는 식이었습니다. 제사장 나라, 거룩한 백성이라는 소망을 주셔도 그런 고귀한 소망보다 악하게 살면서 하나님의 백성으로 살려는 모습들은 보이지 않았습니다. 그런 그들이 진멸될 위기에 놓일 때마다 모세가 기도했고 하나님께서 그의 기도를 들어주사 그들을 용서해 주셨음을 성경은 증거하고 있습니다.

모세는 가나안에 들어가기 전에 이스라엘에게 자신들의 모습을 기억하라 했습니다. 가나안에 들어가서 그 거민들이 쫓겨나는 것을 보면서 이스라엘 자신들이 광야에서 행한 일들을 잊지 말라고 합니다. 가나안 거민이 쫓겨나면 그곳은 아브라함의 후손들, 이스라엘 백성들이 그곳에서 거하게 됩니다. 젖과 꿀이 흐르는 좋은 땅에서 살게 됩니다. 노예 생활도 끝나고 하나님께서 하신 말씀대로 약속의 땅에 살게 됩니다. 하지만 이스라엘 자손들이 기업을 얻는 것은 자신들이 하나님을 잘 섬겨서 복을 받는 것이 아니라 하나님께서 그들 조상과 하신 언약을 이뤄 주시려 그 땅 거민들을 그들의 악함 때문에 쫓아내시는 것이었습니다. 애굽에서 나오면서 가나안을 취하기 전까지도 그들은 여호와를 거역하기만 하였습니다. 하나님께서는 그들의 목이 곧은 것을 보고 멸하시려고 하셨고 모세는 하나님께 그들의 강퍅함과 악과 죄를 보시지 마시기를 구했습니다. 하나님을 격노케 하던 이스라엘이 가나안에 이르는 것은 모세의 기도 응답이었습니다. 진멸을 면한 이스라엘이 가나안에 이르게 되는 것이었습니다. 가나안을 취하기 위해서 이스라엘 백성이 한 일은 없었습니다. 그들이 가나안을 받을 만한 자격이 되는 것은 아니었습니다. 모세가 온 이스라엘의 짐을 대신 졌습니다. 강퍅한 그들의 죄악으로 인해 모세가 대신 두려워하며 하나님께 간구하였습니다. 이스라엘이 범죄한 것으로 인해 모세가 고통스러워하였습니다. 사람의 일을 돌아보지 않고 하나님께 나아갔습니다. 이스라엘이 하나님을 거역한 것은 그들이 모세를 믿지 못한 것이었습니다. 시내산에 오른 모세를 기다리지 못하고 그가 어찌 되었는지 알지 못한다고 해서 금송아지를 만들었습니다. 모세가 내려오기까지 기다렸다면, 여기에서 기다리라 하던 모세의 말대로 지켜 순종하였더라면 그런 죄를 짓지 않았을 것입니다. 정탐할 때에 정탐꾼들이 악평하여서 백성들이 원망하던 것도 가나안을 능히 취할 수 있다 하는 모세의 말을 믿었다면 원망과 불평으로 하나님의 진노를 사지 않았을 것입니다. 이스라엘이 여호와를 섬기는 모세를 믿지 못한 데서 시작된 것입니다. 하나님을 믿는 것을 떠나 눈앞에 있는 모세를 섬기지 못해서 존귀히 여길 수 없어서 그것이 여호와를 거역하고 격노케 하는 일이 되었습니다.

하나님께서 목이 곧은 백성이라 하신 것은 모세의 인도를 받고도 거역하는 것 때문이었습니다. 모세를 믿고 순종하지 않는 그들을 진멸하시려 하셨으나 모세는 이스라엘이 자신에게 행하는 일들을 보시지 마시기를 간구하였습니다. 자신의 마음에 상처 입히고 그들을 위하여 생명을 걸어도 그런 자신을 믿지 못하는 배반을 당하면서도 모세는 그런 그들의 죄악을 보시지 말기를 원하며 그들을 위하는 자신의 마음을 하나님께 드렸습니다. 이스라엘에게는 모세의 중보 기도가 있었습니다. 하나님과 이스라엘 사이에 모세가 있었고 모세를 통해 성령님께서 중보를 하시는 것이었습니다. 모세가 하나님께 기도할 때에 모세는 이스라엘에게 입은 상처들을 감수하고서 그들을 품었습니다. 지금 현재도 하나님의 사람들이 우리를 위하여 기도하여 주셔서 영적 진멸을 면하고 있습니다. 그런데 그 기도를 가벼이 여기지 마십시오. 우리가 하나님의 사람들에게 상처와 고통을 주었지만 하나님의 사람들은 성령님을 통하여 그것들을 감당하면서 우리의 고통을 막아 주고 있다는 것을 깨달아야 할 것입니다. 언제까지 강퍅하게 자신밖에 모르고 살아가렵니까? 언제까지 하나님의 사람의 마음에 악독하게 대적할 것입니까?

진멸을 면하고 있을 그때 성령님을 믿음으로서 성령님을 내 안에 모셔 들이는 사람들이 되어야 할 것입니다. 성령님을 믿는 것이 바로 우리가 예수 그리스도를 믿을 자격을 갖추는 일입니다. 하나님께로 돌이켜서 그리스도를 믿는 자가 되어서 하나님의 사랑을 존귀하게 여기는 마음으로 성령님을 나의 영혼에 모셔야 합니다. 우리가 잘나서 우리의 진멸을 참고 계신 것이 아니라 오로지 하나님의 사랑 때문입니다. 하나님은 선하십니다. 하나님은 악에게 악으로 갚지 않으십니다. 악을 선으로 갚으십니다. 왜냐하면 선이시기 때문입니다.

우리는 가나안에 이르기까지 땀 흘린 것이 없습니다. 그 대신에 가나안에 이르러서는 땀을 흘려야 합니다. 가나안에 도착한 이스라엘에게는 이제 자신들이 감당해야 하는 숙제가 있습니다. 그들의 분수대로 회개하는 것입니다. 하나님의 마음을 얻는 것입니다. 가나안에 이르게 되었지만 그곳은 하나님을 거역하기만 한 자신들이 감당할 곳이 아니었습니다. 하나님의 언약이 이루어진 곳이고 가나안 거민들이 쫓겨났지만, 그들의 마음에는 생명을 걸고 자신들을 품어 온 모세를 거스르고 원망하고 무시하는 악이 있었습니다. 가나안이 자신들의 의로움인 것처럼 마음 편히 지낼 수 있는 곳이 아니었습니다. 자기 자신들이 하나님의 언약에 들기 위해서는 악을 행한 자신들을 뉘우치며 주의 백성이 된 모습으로 살아야 합니다. 오늘날 우리들도 주의 자녀 된 자로 살아가기 위해서는 진정으로 회개하고 성령님을 마음에 모셔 들여야 합니다.

14

진리에 서는 길이란?

그러므로 모든 악독과 모든 기만과 외식과 시기와 모든 비방하는 말을 버리고
갓난 아기들 같이 순전하고 신령한 젖을 사모하라
이는 그로 말미암아 너희로 구원에 이르도록 자라게 하려 함이라

(베드로전서 2:1~2)

우리는 아직까지도 마음으로는 자기의 육체를 사랑하며 세
상을 사랑하며 입으로는 성령님을 사랑하는 것처럼 주여 주여 부르는
자들입니다. 여러분, 입으로 하나님 나라의 일을 말하는 것은 쉽습니다.
입술로는 구원을 말하고 천국을 말하며 하나님 말씀을 거슬리지 않고
오직 하나님과 동행하기를 원한다고 말합니다. 그러나 실제로 우리의 속
사람이 성령으로 거듭나지 못한다면 그 누구도 하나님 나라에 들어갈
수가 없습니다. 자기의 목숨을 사랑하면서 자기 자신을 부인할 수가 없
는 것입니다. 아직까지도 하나님께서 은혜로 우리의 영혼을 붙잡아 주시
고 계시기 때문에 회개할 기회가 있는 줄을 모르고 천방지축으로 날뛰
고 있는 것이 바로 우리들입니다. 우리는 자기의 신앙 지식대로, 간교한

말로 하나님 앞에 거짓 술수와 맹세를 하는 뱀들입니다.

여러분, 하나님 나라에 들어가는 것은 말로 되지 않습니다. 실제로 자기 영혼을 위하여 성령님을 알고, 믿고, 섬기며, 성령님을 바라고 구해야 하는 심령이 되어야 합니다. 여러분, 자기의 혈기와 분냄도 컨트롤 하지 못하고 자기 마음을 다스리지 못하는 자가 어찌 하나님과 함께할 수 있다고 생각하십니까? 하나님 나라는 세상과 타협할 수도 없고 타협을 해서 들어갈 수 있는 곳이 아닙니다. 세상과 타협한다는 것은 멀리 밖의 세상을 보고 하는 말이 아닙니다. 세상을 위해 마음을 다하고 뜻을 다하는 자기 안의 자기 생각과 가치관과 철학을 말하는 것입니다. 세상에서 지내던 그대로 자기 생각과 자기 뜻대로 하나님의 말씀을 판단하고 하나님 중심이 아니라 자기중심대로 산다는 것입니다. 자기 안의 자기와 타협하여 좋은 것이 좋다는 방향으로 나가는 것이 바로 세상과 타협하는 모습입니다.

여러분, 우리가 성령님을 거스르게 된다면 영원히 죄사함을 받지 못하게 될 것입니다. 우리는 지금까지 살아 계신 하나님의 역사하심을 성령 하나님을 통하여 많이 체험 했습니다. 그럼에도 불구하고 성령님의 소중하심을 정말 모를 뿐만 아니라 현재도 성령님을 대적하고 있음을 알고 즉시 그 대적을 멈추어야 합니다. 성령님을 대적하면 할수록 우리의 미래는 사라지고 우리의 영은 소멸되어 갈 뿐입니다. 성령님과의 관계가 회복되어지지 않는다면 우리는 영원히 하나님 나라에 들어갈 수가 없을 뿐만 아니라 하나님과는 원수된 자로 살아가게 될 것입니다. 성령님을 통하여 심령이 거듭나지 아니하면 하나님 나라에 들어갈 수가 없습니다. 사람들은 성령님께서 여기에 있다 저기에 있다 하여도 우리의 심령에 성령님을 모시지 않는다면 우리는 하나님과 아무 관계가 없는 자가 되는 것입니다. 자기 안에 하나님 나라가 임하는 것이 천국을 소유하는 것이기 때문입니다. 하나님 앞에 마음을 꿇고 하늘의 것들에 대하여 굴복해야 됩니다. 굴복이란 하나님이 제일 싫어하는 자기 심령 안의 우상을 버리고 자기의 고집과 아집을 꺾고 성령님의 인도하심을 바라는 삶을 뜻합니다. 그 어떤 훌륭한 사람이라 할지라도 자기 자랑을 내세우지 말고 겸손히 성령님을 높이며 성령님께 굴복하는 삶이 되어야 한다는 것입니다. 이 세상의 위대한 인물들이라도 물과 성령으로 거듭나지 아니하면 하나님 나라에 들어갈 수가 없습니다. 이 세상의 명예와 권세와 많은 물질을 가진 자라 할지라도 거듭나지 않는다면 하나님 나라와는 아무 상관이 없는 것입니다.

머리에 들어 있는 약간의 성경 지식만 가지고 하나님을 사랑하는 것인 양 위장하는 행위를 단번에 멈춰야 할 것입니다. 성경 지식은 누구나 가질 수 있습니다. 하지만 성령으로 거듭난 삶의 모습은 입의 말이 아닌 하나님의 능력으로만 나타날 것입니다. 예수님께서는 제자들에게 바리새인들과 서기관들의 말하는 바는 행하고 지키되 저희의 행위는 본받지 말라고 하셨습니다(마 23:3). 말로는 주님의 뜻에 합한 자로 살고 있었으나 그들의 삶은 말과 합하지 않았기 때문입니다.

여러분, 성경을 읽고 말씀을 들으면 지식으로는 알 수 있습니다. 때문에 말하는 것도 어렵지 않습니다. 하지만 진정으로 말씀을 듣는 자는 하나님을 알고, 믿고, 섬깁니다. 그러나 하나님을 모르는 자는 말씀을 듣는 듯하였으나 진정으로 말씀을 듣고 있었던 것이 아니라는 것입니다. 하나님의 말씀을 들은 자는 말이 아니라 삶으로 그 말씀을 알고 행하는 것입니다. 예수님께서는 "성령으로 거듭나지 아니하면 천국에 들어갈 수 없

당신의 영혼은 안녕하십니까?

다"고 하셨습니다(요 3:3). 여러분, 우리의 속 사람은 거듭나야 합니다. 물과 성령으로 거듭나야 합니다. 물은 말씀입니다. 말씀은 하나님이십니다. 성령님도 하나님이십니다. 즉, 우리의 심령에 하나님 나라가 임하여야 한다는 것입니다. 내 안에 물과 성령으로 거듭난다면 하나님 나라가 임하였다는 뜻입니다. 하나님 나라가 임한 성도는 하나님 나라의 일을 제일로 여기며 하나님을 섬기게 될 것입니다. 우리가 아무리 많이 안다고 하여도 머리로 많이 아는 것으로는 변화 받을 수가 없습니다. 머리로는 하나님을 알 수가 없는 것입니다. 영적 귀가 열려야 하고 영적 눈이 떠져야 합니다.

우리가 얼마나 추악한 죄인인지 자기의 영적 분수를 알아야 합니다. 그리고 추악한 진노의 자녀를 순종의 자녀로 변화 받아 의인이 되게 하시려는 하나님의 사랑을 깨닫고 회개하는 삶을 살아야 합니다. 우리의 삶은 오직 회개만으로 살아가는 날들이어야 합니다. 어느 한 시간이라도 느긋한 마음으로 하나님께 고개(마음)를 빳빳이 들고 지나가는 일이 있으면 절대로 안 된다는 것입니다. 성령님께 순복하고 하늘의 것에 굴복하는 삶이어야 우리는 진정한 평안을 누릴 수가 있게 됩니다. 자기를 부인한 그리스도의 사람은 자기의 뜻을 나타내지 않고 하나님 앞에 자기의 의견이나 주장이 없어야 합니다. 하나님 앞에는 자기의 인간적인 방법이 옳다고 하여 변론을 해서도 안 됩니다. 자기의 시각으로는 옳게 보인다 해도 하나님의 시각은 다르기 때문입니다. 우리는 눈에 보이는 것으로 옳다 그르다 하지만 하나님은 보이지 않은 것을 옳다 그르다 하시기 때문입니다. 하나님 앞에 아직까지도 고개(마음)를 빳빳이 들고 자기의 일을 변론하는 자들은 아직도 하늘의 것에 굴복하지 않고 하나님보다 더 높아지려는 교만을 품고 있는 것입니다. 하나님께 고개(마음)를 빳빳이 들고 변론을 하는 것은 자기 자신이 아직도 죽지 않고 악으로 하나님께 대적하고 있는 것입니다. 우리의 생각이 옳다 하더라도 하나님 말씀이 옳지 않다 하시면 옳지 않은 것입니다. 우리의 생각이 옳지 않다 하여도 하나님 말씀이 옳다고 하시면 옳은 것입니다. 우리는 눈에 보이는 것으로 말을 하지만 그 결과는 다를 수가 있기 때문입니다. 하나님은 결과를 미리 아시고 말씀을 하시기 때문에 모든 것이 그대로 이루어지는 것입니다.

우리는 지금까지 건물적인 교회에 다니면서 달콤하고 자기 육의 유익에 적용하는 말씀만을 들어 왔습니다. 입으로는 하나님을 내 아버지라 부르면서도 하나님을 자기 삶의 수단으로 이용하며 신앙생활을 해 왔습니다. 그리고 지금도 여전히 그 행하던 유전대로 하나님 이름을 망령되이 하고 있습니다. 세상의 건물적인 교회의 지도자들의 가르침에 세뇌가 되어 하나님의 일을 부분적으로만 보고 하나님을 진정으로 알지 못한 것입니다. 그러한 모양들이 뱀이 하는 행동이라는 것을 이제는 알고 회개해야 합니다. 뱀은 자기에게 유익되고 달콤한 것만 빼앗아 먹는 역할을 한다는 것을 알아야 합니다. 성경을 잣대로 해서 자기의 심령이 어떤 영적 상태에 있는가를 돌아보고 즉시 돌이키기를 원합니다. 즉시 돌이키지 아니하면 영원한 어두움에서 건짐을 받을 수가 없습니다. 하나님을 알 수 있다는 것은 사단의 정체도 알 수 있다는 것입니다. 사단의 정체를 바로 알고 하나님께 돌이켜야 사단의 미혹에 넘어가지 않을 수 있습니다. 사단은 하나님의 자녀들을 미혹하여 하나님 말씀에 불순종하는 죄를 짓게 함으로써 하나님과 단절시키는 데 목적을 두고 있다는 것을 잊으면 안 됩니다. 하나님과 멀어지게 하고 하나님과 원수가 되게 하여 결국은 하나님을 조롱하고 하나님 나라의 확장을 막는 비참한 도구로 사용한다는 것을 잊으면 안 됩니다. 사단의 도구들로 쓰임을 받은 자들은 사용을 다한 뒤에는 비참히 버려짐을 당하게 될 것입니다. 우리가 아직까지도 성령님의 말씀에 불순종하는 것은 사단에게 끌려가고 있다는 증거임을 깨달아야 합니다. 사단은 그리스도를 믿는 자들을 하나님으로부터 단절시키고 그 영혼이 하나님께 버림을 받게 하고 결국은 지옥으로 떨어지게 만든다는 것을 분명히 알아야 할 것입니다. 사단의 정체를 안다면 즉각 하나님께로 돌이키는 마음으로 성령님의 인도하심을 받아 믿음을 굳게 지켜야 할 것입니다.

사람들은 사단이 외부의 그 어떤 물체인 줄로 알고 자신은 사단의 종이 아니라고 여기고 있습니다. 사단은 하나님 말씀을 인용하면서 하나님과 대적하는 자기 안의 악을 말하는 것입니다. 사단은 벌써 자기 심령 안에 자리를 잡고 있기 때문에 하나님의 말씀을 대적하고 하늘의 것에 굴복하지를 못하게 하고 있는 것입니다. 사단은 벌써 세상을 장악하였고 그 세상과 벗되어 사는 자들의 영혼을 장악하였기 때문에 세상에 속한 사람들은 성령님을 외면하고 성령님을 무시하고 조롱하며 하나님 말씀에 불순종하는 것입니다. 우리는 더욱더 사단의 일에 힘을 싣지 말고 하나님의 말씀을 꼭 붙잡고 악한 세상을 이겨 나가야 합니다. 사단의 노예로 살아가는 자들은 육의 죽음 후에는 분명히 지옥의 유황불못에 끌려갈 것입니다.

여러분, 우리의 육이 아직 움직이고 있을 때에 돌이킬 기회가 있습니다. 잠시 지낼 인생의 길에서 세상적인 쾌락에 마음을 뺏기며 천국을 포기하지 말고 하나님 앞에 납작 엎드리어 성령님이 기뻐하시는 삶으로 하나님께 대적하는 삶을 멈추고 하나님께로 돌아오시기를 간절히 소원합니다. 그러한 삶이 될 때에 마귀는 자기 집이 아님을 깨닫고 떠나 버릴 것입니다. 현재 자기 자신이 분을 품고 혈기를 내며 악을 행하고 있다면 자기 자신이 사단의 도구로 쓰임 받고 있으며 하나님과는 상관없는 자라는 것을 깨닫고 즉시 하나님께로 돌이켜야 합니다. 기회는 많지 않습니다. 자기의 개인적인 종말의 때가 가까워 졌습니다. 즉각 선한 마음으로 사는 삶으로 돌이키지 않으면 결국은 비참한 종말을 당하고 음부로 끌려갈 것입니다.

여러분, 이 세상을 살아가면서 죄에 눌려 온갖 고통을 당하며 시간을 보내는 여러분들의 모습이 이렇게 비참한데 영의 세계는 어떠할 것이라고 보십니까? 육체의 죽음 후에는 아무런 감각 없이 "끝이다" 또는 "천국과 지옥이 없다"라고 생각하는 비그리스도인과 같은 태도를 가지고 지내고 있다는 말입니까? "우리 주 예수 그리스도의 하나님, 영광의 아버지께서 지혜와 계시의 정신을 너희에게 주사 하나님을 알게 하시고 너희 마음의 눈을 밝히사 그의 부르심의 소망이 무엇이며 성도 안에서 그 기업의 영광의 풍성함이 무엇이며 그의 힘의 강력으로 역사하심을 따라 믿는 우리에게 베푸신 능력의 지극히 크심이 어떤 것을 너희로 알게 하시기를 구하노라."(엡 1:17~19) 우리가 참으로 알게 되는 것은 하나님께서 알게 하여 주실 때에 알게 되는 것입니다. 먼저 말을 앞세우지 말고 행동으로 성령님을 믿는 자의 삶이 되어야 합니다. 말부터 앞세우기 전에 한걸음 물러서서 자기 자신의 삶을 돌아보아야 할 것입니다. 그리고 나의 심령이 진실로 하나님을 알고 하나님의 사랑을 알며 그리고 성령으로 거듭나기를 간절히 바라며 하나님 말씀에 온전히 순종하여 열심히 살았는지를 돌아보아야 할 것입니다.

여러분, 이스라엘 백성이 요단강을 건너 젖과 꿀이 흐르는 가나안땅을 밟게 되었습니다. 하나님께서는 이미 요단강을 건너기 전 이스라엘 백성 앞에 대적하는 적군을 물리쳐 주셨고 여리고성을 어떻게 하라고 지시해 주셨습니다. 손도 대지 않고 성 주위를 매일 한 바퀴를 돌고 마지막 칠 일째 되는 날은 일곱 번 돌라 하신 하나님의 말씀대로 순종할 때에 여리 고성은 무너졌습니다. 여러분, 여호수아는 하나님께 바칠 물건을 스스로 삼가라고 하였습니다. 하지만 아간 한 사람이 약탈한 물건 중 좋은 것을 숨기므로 하나님은 이스라엘 백성에게 진노하셨고 이스라엘은 아이성과의 전쟁에서 지게 되었습니다. 이스라엘이 불순종할 때는 하나님은 그들과 함께하시지 않으셨습니다(수 6:8, 7:12). 그리고 태어날 때부터 나실인으로 구별된 삼손은 하나님께서 머리에 삭도를 대지 말라고 하셨는데 그가 음욕에 빠짐으로 인해 대적 블레셋 여인에게 비밀을 토설하였고 잠자는 동안 머리카락 일곱 가닥을 밀리게 되었습니다. 삼손은 잠에서 깨어 이전과 같이 적들을 물리치려 하였지만 이미 하나님은 떠나신 후 였습니다(삿 16:1~22).

여러분, 우리는 영적 감각이 없이 하나님 말씀에 불순종하며 살아갑니다. 우리가 계속 불순종한다면 하나님께서는 우리를 다시 돌보아 주시지 않을 수도 있습니다. 그렇다면 어떻게 하시겠습니까? 이전에는 진노의 자녀로 불순종을 거듭하며 살아왔지만 이제는 돌이켜 순종하며 하나님의 자녀로 살라고 기회를 주시는데 어느 날 갑자기 그 기회마저도 잃어버리게 되면 어찌 하렵니까?

여러분, 우리는 스스로의 힘으로는 의롭게 될 수 없습니다. 자신을 쳐서 하나님의 말씀에 복종함으로써 거듭나기를 사모해야 합니다. 구별된 삶을 살아야 합니다. 우리의 양심이 악을 멀리하며 범죄치 말아야 합니다. 자기 영혼을 위하여 성령님을 전심으로 믿고 섬기는 삶을 살아가야 하는 것입니다. 자신의 심령을 세밀히 분별해 보십시오. 세밀하게 분별치 않아도 자기의 심령의 악은 자기 자신이 먼저 알고 있을 것입니다. 그러한 심령을 감추고 성령님을 받아들이고자 한다면 우리의 의지와 상관이 없이 수많은 귀신 떼들이 더 들어가서 자기 집이라고 기뻐하고 우리의 영혼을 움직이며 쾌거를 부르게 될 것입니다. 자칭 그리스도를 믿는다고 하면서 아직까지도 썩어질 육신을 위하여 하나님과 상관없는 땅의 것을 위하여 살아가고 있는 자신을 돌아보며 즉각 그 모든 악한 마음을 끊어 버리고 하나님께로 돌이키는 삶이 되어야 합니다. 우리의 인생은 이 땅에서 행복하게 살다가 가는 것인 줄로 알고 있었지만 이제는 이 땅에서의 삶이 아니라 하늘에 소망을 두고 하나님께로 향하는 몸부림을 쳐야 합니다. 세상을 섬기는 사람들은 성령님을 모르고 죄를 범하며 살아가고 있지만, 우리는 성령님의 운행하심을 친히 체험한 자들이고 하나님의 살아 계심을 성령님의 사역을 통해 체험한 자들입니다. 그만큼 하나님의 일을 알고도 죄를 범하고 있다면 더 큰 무서운 형벌이 따른다는 것을 알아야 할 것입니다.

여러분, 하나님의 말씀을 버리고 세상과 벗되어 살기를 원하지 마십시오. 세상과 함께 거짓된 악의 지배에 속해 있는 풍습을 좇고 하나님의 사람들을 미워하고 억울하게 만들기까지 하면서 자기가 서려고 모함을 하는 사람, 그리스도를 핍박하는 자가 되지 않기를 소망합니다. 아직까지도 세상과 벗하며 자신의 목숨을 위해 살고자 하면 죽을 것입니다. 영생을 위하여 자기를 부인하고 성령님을 높이는 삶이 아니라, 사단 마귀의 법을 지키며 하나님 나라가 확장되는 것을 싫어하는 심령으로 살아간다면 영원히 구원이 없을 것입니다. 성령님을 내 안에 모시어 들이는 삶을 살아가지 못하는 삶은 하나님과 상관없는 삶과 동일합니다. 세상의 악한 풍습을 따라 가는 삶은 성령께서 돌아보지 않는 삶, 구원에 이르지 못하고 결국은 버림을 받고 영원히 멸망을 받을 수밖에 없는 삶을 살지 않도록 조심해야 합니다. 하나님께서 돌아보지 아니하시고 관계하시지 않으시는 버림받는 비참한 존재가 아니라, 하나님께서 친히 사랑하시고 돌보아 주시고 구원해 주시며 영생으로 인도하시는 복된 존재, 성령님의 인도를 받아 그리스도께로 나아가는 복된 삶을 살아야 합지다.

여러분, 바울에게 임재하시고 바울을 사로잡은 성령님께서는 그가 복음을 전하도록 하셨습니다. 바울이 하나님의 말씀에 붙잡혀 "예수님은 그리스도시라"고 증거했습니다. 그러나 그 당시 유대인들은 성령 하나님의 말씀을 받아들이지 못하고 오히려 대적하며 훼방하였습니다. 성령 하나님께 대적하고 훼방하는 것은 하나님의 대적인 사단 마귀의 영입니다. 하나님을 가장 잘 믿노라 하는 그들이 하나님을 대적한 사단 마귀의 영이 되었던 것은 그들이 성경을 지식적으로는 알고 있었으나 하나님을 제대로 알지 못했다는 것입니다. 그들은 자기 스스로 하나님을 믿는다고 하였지만 그들의 믿음은 거짓이었던 것입니다. 하나님을 제대로 알지 못했기 때문에 하나님의 일을 성경을 통해서도 보지 못했고 알지 못하였습니다. 성령님의 말씀에 순종함이 없다면 하나님과는 상관이 없으며 불법의 삶을 살며 진리의 영이신 성령님을 훼방하는 역할밖에 하지 못할 것입니다. 지금부터라도 우리는 성령님을 알고, 믿고, 섬기기 위하여 먼저 자기를 부인하고 십자가를 지는 삶을 살아야 합니다. 마음을 다하고 목숨을 다하고 뜻을 다하여 성령님을 자신의 심령에 모셔 들이고 영생을 취할 수 있는 삶을 살아가기를 간절히 간구합니다. 진리의 길(그리스도)을 갈 때에는 어떠한 고난과 역경이 있다 하여도 굴하지 말고 꿋꿋하게 끝까지 걸어가야 합니다. 그리스도의 길은 진리의 길이요 의의 길이며 영생의 길입니다. 성령님의 인도를 받아 그리스도의 길을 가는 사람은 누구나 진리와 의의 길을 걷게 되는 것이며 영생을 얻게 될 것입니다.

15

말씀(하나님)에 순종하여야 합니다

너희는 너희가 범한 모든 죄악을 버리고 마음과 영을 새롭게 할지어다
이스라엘 족속아 너희가 어찌하여 죽고자 하느냐
주 여호와의 말씀이니라 죽을 자가 죽는 것도 내가 기뻐하지 아니하노니
너희는 스스로 돌이키고 살지니라

(에스겔 18:31~32)

아무리 많은 진리를 깨달았다고 하여도 우리의 영혼이 하나님과 함께하지 못한다면 그 진리는 아무 소용이 없습니다. 우리가 진정 깨달아야 하는 진리는, 오직 예수 그리스도뿐이십니다. 이렇다 저렇다 하는 말씀들에 우리는 고개를 끄덕였지만 내 영혼이 진정으로 하나님 앞에 순복하지 못하고 내 영혼이 예수 그리스도를 믿지 못하면 우리는 아직도 참 진리를 모르고 있는 것입니다. 진리는 우리로 알게 하는 것이 아니라 자유케 하는 것입니다. 진리는 우리로 냉랭한 지식을 채우게 하는 것이 아니라 하나님 앞에 부끄러워 고개 숙이며 참 자유할 수 있게 하여 주시는 것입니다. 그렇습니다. 진리는 말이 아니라 예수 그리스도이십니다. 그리고 말씀(하나님)입니다. 예수 그리스도의 말씀에 순종하

는 것이 진리 가운데 거하는 것입니다. 머리에 많은 깨달음을 얻으려 하지 마십시오. 성경 말씀을 이게 뭔지, 저게 뭔지 굳이 판단하고 따지며 자기 철학으로 해석하려 하지 마십시오. 말씀 그대로 믿어야 하는 것입니다. 우리는 말씀 가운데서 패역한 자신을 발견해야 하고 이런 패역한 죄인을 버리지 아니하시며 돌이키라 하시는 하나님의 사랑을 알아야 합니다. 그리고 우리는 하나님 앞에 마음을 꿇고서 겸손히 순종하며 말씀 따라 나아가야 합니다.

우리는 말씀을 깊이 묵상하며 그리스도를 믿고 진리의 길을 따라야 합니다. 우리 영혼이 예수 그리스도를 믿어야 하는 것입니다. 성경을 묵상하고 많은 깨달음이 있는 것이 중요한 것이 아니라, 성경을 100독, 200독하여 달달 외우는 것이 중요한 것이 아니라, 우리 삶이 말씀에 순종하는 삶이 되어야 하고 내 영혼이 하나님께 가까이 나아가야만 합니다. "진리가 너희를 자유케 하리라."(요 8:32) 우리는 말씀 가운데서 예수 그리스도를 만나고 자유할 수 있어야 합니다. 성경을 통하여 예수 그리스도께 더 가까이 나아갈 수 있어야 합니다. 성경 지식을 채우는 것보다 우리의 영혼이 먼저 하나님을 사모하며 하나님 앞에 바로 서려고 하는 간절함이 있어야 합니다.

성경은 부끄러워한다고 말씀하고 있습니다. 포로된 이스라엘에게 하나님께서 전을 보여 줄 때에 이스라엘 백성들이 부끄러워할 것이라 하셨고 부끄러워할 그때 하나님께서는 전의 모든 식양, 그리고 모든 율례를 그들에게 전해 주라 하셨습니다. 하나님께서 우리의 고개 숙인 모습을 원하시기 때문일까요? 하나님을 거역하며 패역하고 부도덕하게 살았던 이스라엘을 포로되기까지 낮추시사 하나님 앞에 고개 숙이게 하시려고 역사하셨을까요? 아닙니다. 하나님께서는 범죄하는 이스라엘을 향하여 부르짖으셨습니다. 하나님을 떠나서는 살 수 없는데, 밑도 끝도 없이 퇴보하는 저들 영혼의 당할 고통을 미리 아시고 하나님께서는 부르짖고 부르짖었습니다. 자신이 사는지 죽는지를 모르며 제멋대로 살아가는 이스라엘에게 마음 아파하시며 부르짖었습니다. "슬프고 아프다. 내 마음속이 아프고 내 마음이 답답하여 잠잠할 수 없으니 이는 나의 심령이 나팔 소리와 전쟁의 경보를 들음이로다."(렘 4:19).

또 예레미야는 눈물의 선지자라고 합니다. 황폐해진 이스라엘, 멸망한 이스라엘을 향해 예레미야는 눈물로 부르짖었습니다. 우리는 예레미야의 눈물이 하나님의 눈물임을 알아야 합니다. 자신의 죄악으로 멸망당하게 될 이스라엘이었지만 그런 이스라엘을 향해서 하나님께서는 예레미야를 통하여 부르짖어 주심을 알아야 합니다. 하나님께서는 그렇게 아파하시면서 부르짖으셨고 이스라엘로 하나님의 사랑 앞에 고개 숙이게 하시는 것입니다. 강퍅하게 죄밖에 몰랐던 그 심령에 하나님께서는 부끄러워할 수 있도록 하여 주셨습니다. 포로된 자신의 모습, 그럼에도 다시 회복의 소망을 보여 주시는 하나님의 사랑. 하나님께서는 강퍅했던 이스라엘에게 이제는 부인할 수 없게, 이제는 더 퇴보할 수 없게, 감당치 못할 사랑으로 그들의 심령을 녹여 버리셨습니다. 굳은 마음을 부드럽게 만들어 주셨습니다. 아무리 귀한 말씀이 있고, 아무리 은혜로운 찬양이 있어도 우리의 심령이 준비되지 못하면 우리는 그 말씀을 들을 수가 없고 그 찬양을 부를 수가 없습니다. 우리의 심령이 온전히 하나님 앞에서 낮아지지 않으면 우리는 하나님이 주시는 은혜에 참예할 수 없습니다. 우리의 심령은 낮아져야 합니다. 하나님 앞에 겸손히 고개 숙이고 은혜를 구하며 나아가기까지, 하나님만이 나 되심을 진실로 고백할 수 있기까지, 우리는 낮아져야 합니다. 어떤 오묘한 깨달음도, 어떤 높은 지식도 우리에게 참 진리를 알게 하지 않습니다.

우리에게는 가난한 심령이 있어야 합니다. 우리 자신의 모습을 아는 겸손함이 있어야 합니다. 우리는 예수 그리스도를 모시는 심령이 되어져야 합니다. 우리가 살아가는 모든 것이 그 때문입니다. 내가 죽어야 하는 것은, 내가 먼저 손 내밀고, 내가 먼저 사랑해야 하는 것은 나의 의로움 때문이 아니라 예수 그리스도의 의로우심 때문입니다. 그리고 우리는 낮아지는 심령이 되어야 그리스도를 믿는 자라 여김을 받을 수 있습니다. 우리가 의를 좇아 분명히 행하는 것도 예수 그리스도를 믿기 위함입니다. 우리의 삶의 모든 것은 예수 그리스도의 의로우심 때문입니다. 우리 자신을 위하여 살지 말고 예수 그리스도를 위하여 그분이 원하시는 선한 일들을 준행하는 삶이 되어야 합니다. 저들보다 구별되어 보이는 내 모습에 만족해 하지 말고 우리는 언제나 선한 심령으로 겸손히 마음을 꿇어야 합니다. 하나님께서 이스라엘을 낮추셨던 것은, 자신의 모습을 부끄러워하게 하여 주시는 것은, 그래야만 하나님의 사랑을 알고 하나님과 함께하여 살아갈 수 있기 때문이었습니다. 우리를 위해 가슴 아파 부르짖으시는 하나님께서는 우리가 생명을 누리게 하여 주시려고 우리의 심령을 낮추게 하시는 것입니다. 우리의 순복하지 못하는 그 심령, 죄악에 물들어 버린 그 심령, 그래서 하나님의 사랑을 느낄 수 없이 강퍅하기만 했던 심령에 하나님께서는 생명의 씨를 뿌려 넣어 주시려 하십니다. 하나님의 사랑에 감격하여 눈물 흘리며 패역하기만 하였던 자신의 모습에 부끄러워하도록 말입니다. 죄악으로 인해 느끼지 못했던 부끄러움을 끊임

당신의 영혼은 안녕하십니까?

없는 하나님의 사랑으로 인해 알게 되는 것입니다. 부끄러움을 낳게 되는 부끄러움이 아니라 다시는 부끄러움 가운데 거하지 못하게 하는 강건한 믿음을 낳게 되는 부끄러움입니다. 우리를 낮추시기 위하여 낮추시는 것이 아니라 우리로 그 낮은 가운데 하나님의 자녀로 다시 일어나게 하여 주시려고 낮추십니다. 자신의 모습에 부끄러워하기 전에는 하나님의 자녀로 설 수 없습니다. 끝까지 자신의 패역함을 고집한다면 우리는 하나님의 백성이 될 수 없습니다. 하나님께서는 악인이라 할지라도 돌이키기를 원하십니다. 죽을 자의 죽는 것을 기뻐하지 아니하시며 하나님께서는 모든 영혼들이 예수 그리스도를 믿는 믿음을 가지고 살기를 원하십니다. 그러나 자신이 돌이키지 아니하면 멸망뿐입니다. 하나님께서는 돌이키라 하시며 부르짖으시는데 우리의 영혼은 아무 요동함이 없이 패역함 가운데 거하면 멸망뿐입니다. 강퍅한 심령에는 하나님의 말씀이 들어갈 자리가 없습니다.

여러분, 하나님을 사모하지 못하고 하나님을 두려워하지 못하고 하나님 말씀을 버린 심령에는 하나님께서 거하실 곳이 없으십니다. 우리는 하나님께서 거하실수 있는 심령이 되도록 우리의 심령을 하나님께 드려야 합니다. 여러분, 하나님께 전적으로 마음을 꿇지 못하면서 무슨 은혜를 받으려고 하십니까? 하나님을 경외하지 않고 두려워하지 않으며, 하나님 말씀에 순종하지 않으면서 강퍅한 마음을 그대로 간직한 채 무슨 방법으로 하나님의 자녀가 되기를 원하십니까? 공평하신 하나님이십니다. 악인이라도 돌이켜 의를 행하면 그 의로 인하여 살고, 그 의를 믿고서 악을 행하면 이전에 행한 의는 기억한 바 되지 않는다고 하셨습니다. (겔 18:21~24) (의란 예수 그리스도를 말함). 우리는 지금 하나님을 경외하며 두려워(구별되다)할 줄 알아야 합니다. 우리의 심령은 날마다 낮아짐의 은혜 아래에 속해 있어야 하는 것입니다. 하나님을 사모하며 날마다 하나님과 가까워질 수 있도록 나를 내려놓아야 합니다. 태만하게 살았던 우리는 하나님에게서 멀어지게 될까봐 두려워하며 늘 말씀을 놓치 말아야 합니다. 예수 그리스도께서는 우리가 이 땅에서 잘 살아보라고 낮고 낮은 육신의 모습으로 오신 것이 아닙니다. 죄악된 이 땅에서 구원하여 주시려고 오신 것 입니다. 하나님의 뜻을 이루기 위하여 몸소 십자가의 길을 걸으셨습니다. 우리 자신들이 좀 더 나은 생활을 하기 위하여 주를 부르짖는 것이 아닙니다. 온전히 하나님의 자녀가 되지 못하고 육의 욕망에 치우쳐 살아가는 나를 벗어 버리기 위해, 우리의 영혼이 하나님 나라를 누리며 살아가기 위하여 하나님의 은혜를 간구하는 믿음이 되어야 합니다. 우리 자신과 싸우면서 하나님의 도우심을 구해야 하는 것입니다. 하나님께서 우리의 영혼과 함께하여 주시기를 구해야 하는 것입니다. 우리의 육의 일을 위해서가 아니라 하나님과 함께할 수 있는 하나님의 백성이 되기 위해서 우리의 영혼이 온전히 하나님의 자녀로 살아가기 위해서 하나님 앞에 부르짖어야 하는 것입니다. 우리는 하나님을 만나기 위해서 부르짖어야 합니다. 여러분, 패역한 심령에는 결코 하나님의 말씀이 심기워 질 수 없습니다. 하나님의 말씀은 우리의 척박한 심령에는 뿌리를 내리지 못합니다.

이스라엘은 출애굽하였고 40년 세월 동안 광야도 건넜습니다. 홍해를 건넌 이스라엘은 요단강도 건넜고, 하나님의 언약대로 가나안땅도 얻게 되었습니다. 이스라엘은 하나님의 은혜 가운데 하나님의 백성으로 열방의 두려움이 되었습니다. 이스라엘이라는 민족은 약하지만 하나님의 권

당신의 영혼은 안녕하십니까?

능으로 그들은 세상 가운데 두려운 민족이 되었습니다. 그런데 이스라엘은 얼마되지 않아 이방 나라에 의해 압제를 받습니다. 이런 나라 저런 나라들에게 고통을 받습니다. 그리고 자신들을 두려워하던 이방인들의 조롱을 받기에 이릅니다. 하나님의 은혜로 이스라엘은 열방의 두려움이 되었으나 정작 이스라엘은 하나님을 두려워하지 못했고 하나님의 백성으로서의 삶을 살기를 거부하였기에 하나님께서는 이스라엘을 치셨습니다. 하나님께서는 우리가 이 땅 가운데 높이시기 전 먼저 하나님의 자녀가 되기를 원하십니다. 아무것도 아닌 세상에서 지금은 조롱거리가 된다고 하더라도 하나님께서는 거룩한 하나님의 백성이 되기를 원하십니다.

우리는 하나님의 자녀 되기를 무엇보다도 사모해야 합니다. 자기중심적인 삶에서 하나님중심적인 삶으로 변화되어야 합니다. 그래서 우리 삶의 목표가 하나님을 영화롭게 하기 위함임을 알아야 합니다. 죽을 수밖에 없는 죄인이 예수 그리스도를 믿어 영생을 얻게 되었음을 세상에 알리도록, 하나님의 사랑을 전하기 위해서입니다. 예수 그리스도 안에서는 죽음도 고개를 들지 못합니다. "이스라엘이여 너는 행복자로다. 여호와의 구원을 너같이 얻은 백성이 누구뇨. 그는 너를 돕는 방패이시오 네 영광의 칼이시로다. 네 대적이 네게 복종하리니 네가 그들의 높은 곳을 밟으리로다."(신 33:29) 여러분, 하나님의 은혜를 받으며 살아가는 우리가 행복자입니다. 패역한 죄인임에도 불구하고 하나님께서 주신 기회의 때를 살고 있는 우리가 행복자입니다. 하나님께서 구원을 얻게 하여 주시사 우리로 행복자가 되게 하여 주실 것입니다. 우리는 무감각하게 살아왔지만 하나님께서는 오늘도 우리에게 기회를 주십니다. 구원 받는 백성이 되게 하여 주십니다. 우리는 겸손히 하나님의 구원하심 아래 거하여야 할 것입니다. 패역한 우리의 심령은 이제는 더 이상 목이 곧은 자세로 있지 말고 하나님 앞에 마음을 꿇어야 합니다. 하나님께서 우리에게 부어 주시는 은혜에 우리는 더 이상 자긍하지 말고 도저히 은혜 받을 수 없는 우리가 하나님의 은혜 가운데 살아가고 있음에 겸손히 고개 숙이며 감사하며 더욱 겸비한 모습으로 나아가야 합니다. 우리는 하나님만을 간절히 바라는 심령이 되어야 합니다. 하나님께서 에스겔에게 보여 주신 성읍에는 하나님께 번제 드릴 전이 있었고 또 이스라엘의 각 지파들이 거할 곳이 있었습니다. 하나님께서는 이스라엘의 남은 자들의 거할 곳에 대하여 하나하나 자세히 일러 주셨습니다. 그리고 그곳의 이름은 "여호와 삼마"였습니다. "여호와께서 거기 계신다"라는 말입니다. 하나님께서는 그렇게 회복에 대하여 보여 주셨습니다. 무엇보다 중요한 것은 그저 성읍인 것이 아니라 하나님께서 그곳에 계시는 것입니다. 회복된 이스라엘이 거하게 될 그곳에 하나님께서 계신다 하셨습니다. 다시는 거룩한 하나님의 이름을 더럽히지 아니할 곳을 하나님께서 보여 주셨습니다. 하나님께 변화 받은 이스라엘, 회복 되어진 이스라엘, 곧 하나님의 백성이 거할 곳에 대하여 보여 주셨습니다.

여러분, 우리는 하나님 없이 살아갈 수 없는 존재입니다. 우매무지한 우리는 아무것도 알지 못하고 살아가지만 하나님께서는 우리를 구원하십니다. 우리 영혼이 하나님과 함께할 수 있음이 얼마나 복인지 모릅니다. "여호와 삼마" 여호와께서 계신 그곳에 거할 수 있는 것이 얼마나 큰 복인지 모릅니다. 다시는 하나님의 이름이 더럽혀지지 않는 그곳에는 하나님의 백성만이 들어갈 수가 있습니다. 하나님의 이름으로 일컫는 자만이 "여호와 삼마"라는 성읍에 들어갈 수가 있습니다. 언제까지 우리의 모습으로 하나님의 말씀을 버리기만 할 것입니까? 언제까지 우리의 패역함으로 하나님의 진노 가운데 머물러 있을 것입니까? 구원을 사모한다고 하지만 이 심령이 깨어지지 못한 우리는 늘, 똑같은 모습을 반복할 수밖에 없습니다. 아무것도 느끼지 못하는 심령으로, 습관대로 살 수밖에 없습니다. 하나님과 함께하지 못한 채 패역하게 살면서, 하나님과 함께하지 못하면 죄인인 내 모습만 더 뚜렷해질 뿐입니다.

진리를 가지고 우리는 하나님 앞에 나 자신을 분별해 보아야 합니다. 우리 자신이 고통하게 되는 것은 하나님 말씀에 거하지 못하기 때문입니다. "하나님 밖"이기 때문입니다. 그러나 우리는 그 고통과 맞서 싸워야 합니다. 우리를 하나님 말씀 가운데서 살지 못하게 하는 유혹과 싸워야 합니다. 우리로 냉랭하게 만드는 우리의 강퍅함과 싸워야 합니다. 싸워 이겨 우리는 열심으로 주의 말씀 아래에 거해야 합니다. 뉘우치라시며, 회개하라시며, 우리를 내버려 두시지 않으시는 하나님의 말씀에 순종하는 삶이 되어야 합니다. 하나님을 떠나서 하나님을 버린 우리의 패역함에 대해서는 진노하시지만 패역함으로 인한 우리의 고통에 대해서는 하나님께서는 아파하십니다. 우리의 죄악으로 고통하는 우리를 보시며 "어찌하여 죽고자 하느냐" 하시며 돌이키기를 원하십니다. 우리의 패역함에 눈물 흘리시며 회개할 그때 우리를 내버려 두시는 것이 아니라 하나님께서는 함께 동행하여 주십니다. 진정으로 회개하는 우리의 심령을 보듬어 주실 것입니다. 살아야 하는 것은 우리의 영혼입니다. 그리고 우리의 영혼은 예수 그리스도를 믿을 때 살 수 있는 것입니다. 죄인인 "나"라는 존재는 죽어지고 하나님의 자녀로 다시 거듭나야 하는 것입니다. 하나님의 자녀가 되어 회복의 때에 여호와께서 계시는 성읍에 우리도 거해야 할 것 아닙니까? 진실로 주의 날을 사모한다면 우리의 심령이 진정 변화 받기 위하여 더욱 힘써야 합니다. 예수 그리스도를 믿기 위해서는 말씀에 순종하는 삶이 되어야 하는 것입니다. 패역한 심령으로 패역하게 부르짖지 말고 사모하는 심령으로 주님만 바라보아야 합니다. 우리의 심령이 언제나 하나님의 뜻 안에 바로서기 위하여 선한 마음으로 나아가기를 주님의 이름으로 축원 드립니다.

당신의 영혼은 안녕하십니까?

16

황폐해짐의 까닭은?

그들이 나를 거스른 잘못으로 자기의 죄악과 그들의 조상의 죄악을 자복하고
또 그들이 내게 대항하므로 나도 그들에게 대항하여 내가 그들을
그들의 원수들의 땅으로 끌어 갔음을 깨닫고 그 할례 받지 아니한
그들의 마음이 낮아져서 그들의 죄악의 형벌을 기쁘게 받으면 내가 야곱과 맺은
내 언약과 이삭과 맺은 내 언약을 기억하며 아브라함과
맺은 내 언약을 기억하고 그 땅을 기억하리라

(레위기 26:40~42)

여러분, 여러분들은 지금 황폐해져 가는 자기의 심령을 알
고 계십니까? "오래 황무한 이 땅"은 세상이 아니라 하나님을 떠나 버린
우리의 심령입니다. 하나님을 경외하지 못하고 경건한 삶을 살 수 없는
우리의 심령은 "오래 황무한 이 땅"이 되어 버렸고 지금 현재에는 너무나
도 황폐해져 있습니다. 오래전부터 황폐해진 우리의 심령은 하나님을 잊
어버린 것에 익숙해져 있고 그래서 우리의 심령이 황폐해진 줄도 모르고
살아가고 있습니다. 여러분, 황폐함의 시작은 우리 자신의 악한 마음에
서부터 시작되었습니다. 우리의 입술로는 항상 "주여 주여" 부르며 성령

님의 사역에 동참한 듯하였으나 실상은 우리의 심령은 성령님의 사역하심을 외면하고 자기의 의를 나타내는 사역을 우선으로 하는 그리고 성령님의 인도하심을 받지 않는 자기중심적인 사역으로 하나님 말씀을 거역하는 삶으로부터 황폐함은 시작되었습니다. 우리의 심령이 죽기까지 하나님의 말씀을 청종하지 않고 선한 사모함이 없다면 하나님께서 주시는 풍성함은 기대할 수가 없을 것입니다. 그러한 자들은 성령님의 통치하심 속에 들어갈 수가 없고 영원한 평안을 기대할 수가 없을 것입니다. 우리의 심령이 성령님으로 만족하지 못하는 이유는 우리 자신의 심령이 벌써 황폐해져 버렸다는 것을 알아야 합니다. 그래서 지금은 우리의 심령이 성령님께 무엇을 드려야 하는지를 찾아야 합니다. 그러려면 가장 기본적으로 우리의 심령에 있는 악을 먼저 버려야 하는 것입니다. 우리의 심령이 악으로 말미암아 황폐해졌으므로 우리의 심령은 늘 메마르고 만족이 없다는 것을 알아야 합니다.

우리의 악으로 말미암아 성령님을 사랑할 수 없는 심령이 되었다는 것을 두려워하며, 회개해야 할 것입니다. 우리의 마음이 성령님을 사랑할 수 없다면, 우리의 심령이 성령님께 순복하지 못하는 삶이라면, 우리는 계속 스스로가 황폐해져 갈 것입니다. 그 반면에 땅의 기름짐은 하나님께서 허락하신 하늘의 축복일 것입니다. 땅의 기름짐은 성령님과 동행할 수 있는 자기 백성을 위하여 주시는 하나님의 풍요로움입니다. 하늘의 풍요는 성령님과 함께하기 때문에 누리게 되는 것입니다. 우리의 심령이 하나님께로 가까이 갈 수 있다면 하나님께서는 기뻐하시며 기름진 심령에는 넘치는 성령님의 은혜로우심을 부어 주실 것입니다. 그러나 현재 우리는 하나님께 가까이할 수 없는 마음을 가지면서 하나님의 은혜를 누

당신의 영혼은 안녕하십니까?

리게 되는 풍성함을 기대하고 있습니다. 악을 품고 있으면 그 마음으로
는 하나님께서 주시는 풍요로움을 받을 수가 없습니다. 악을 품고 사는
심령은 기름짐과는 아무 상관이 없습니다. 하나님께서는 하나님의 법을
지키지 않는 자들에게는 기름짐이 없음을 알게 하셨습니다. 자신의 심
령이 황폐해졌다는 것을 알면 어떻게 하여야 하는지를 자기 자신이 먼
저 깨달아야 합니다.

성령님과 동행하지 못하는 심령은 선한 심령이 되는 것이 아니라 교만
함으로 인해 성령님을 계속 근심케 합니다. 성령님을 섭섭케 하고 근심케
하는 악한 심령을 가지고 있는 이유는 우리의 심령이 성령님의 통치하심
을 받기를 싫어하고 하늘의 것에 굴복당하기를 싫어하기 때문입니다. 성
령님의 통치하심 속에서 살아가지 않고 그저 적당히 살아가면서 하나님
께서 우리에게 그 하루를 주신 의미를 절절히 느끼지 못하는 것은 우리
의 심령이 황폐해져 있기 때문입니다. 하나님을 향한 우리의 선한 마음(
그리스도를 믿는 마음, 성령님을 믿는 마음)이 싹이 나서 점점 더 자라야
하는데, 그리고 열매를 맺어야 하는데, 잡초가 무성한 황폐한 땅이 되어
있지는 않은지요? 우리의 심령이 하나님이 주시는 안식을 누리지 못하고
고통당하고만 있다면, 자신들의 심령을 더 깊이 살펴보아야 할 것입니다.
자기의 생각과 뜻대로 행하며 하나님께 마음을 꿇지 못하고, 하나님의
말씀에 청종하기를 기뻐하지 못하고 성령님의 인도하심을 거부하는 삶
이라면, 자기의 심령이 평안을 찾은 듯 거짓으로 위장해서는 안 됩니다.

여러분, 성령님께 대적하며 심령이 어두워지고 쇠잔해져 하는 것은 악
이 우리 자신을 해하고 있는 것이 아니라 우리 자신이 성령님을 받아들
이기를 싫어하여 자기 영혼을 악에게 내어 주고 성령님을 대적하고 있

기 때문입니다. 여러분, 성령님의 인도하심을 받아 하나님께로 돌이키지 못하고 하나님 말씀을 준행하지 않는 자는 황폐함으로 가득 찰 것입니다. 성령 충만함이 없이 하나님께로 향한 심령이 메말라 있는 것을 보며 성령님을 멀리하는 자신의 모습을 즉시 돌이켜야 합니다. 자기의 고통과 괴로움만 벗어 버리려고 하는 것이 아니라 마음을 숙이고 교만을 버려야 하는 것입니다.

여러분, 돌이키지 않는 이스라엘 백성들에게도 하나님의 진노하심과 형벌은 계속 되었습니다. 이스라엘이 자신들의 죄와 하나님을 거역한 허물을 자복하고 마음이 낮아져서 형벌을 순히 받기 전까지, 하나님께서는 돌이키지 않는 그들을 벌하셨습니다. 하지만 그들의 마음이 낮아져서 형벌을 순히 받을 때에 야곱과 하신 언약을 기억하시고 그들을 아주 멸하지 아니하시고 용서하여 주셨습니다. 우리의 마음에 하나님께서 싫어하시는 악을 품는 것은 우리의 심령이 황폐 중에 있음을 보여 주는 것입니다. 육적인 황무함은 문제가 되지 않습니다. 우리가 성령님의 통치하심을 받는다는 것은 새로운 삶의 시작임을 알아야 합니다. 황폐함 중에서 기름짐으로, 저주에서 축복으로, 사망에서 생명으로 옮겨지는 시작을 의미하는 것입니다. 하지만 성령님의 사역을 보고도 성령님의 인도하심을 따르지 않는다면 이전보다 더 황폐해진다는 것을 반드시 기억해야 할 것입니다. 하나님께 순복하지 못하고 교만한 심령으로 지내다가 성령님의 통치하심 속에서 벗어난다면 더 큰 황폐함에 빠져서 몸부림을 치게 될 것입니다.

여러분, 악한 심령으로 성령님께 대적하는 자들의 종말이 어찌 될 것인지를 반드시 알고, 즉각 그 대적하는 행위를 멈추고 하나님께로 돌이

당신의 영혼은 안녕하십니까?

켜야 합니다. 성령님의 통치하심을 싫어하여 준행하지 않는 자들을 하나님께서 징계하셔도, 그들이 하나님께로 돌이키지 아니하면 아무 소용이 없습니다. 하나님께서는 그러한 자들을 쇠잔하게 하신다는 말씀을 하셨습니다. 하나님께로 돌이키지 못한 자들은 쇠잔하여질 것이라는 말입니다. 성령님을 내 안에 모시기를 싫어하는 자들의 심령밭은 황폐하게 하시게 할 것을 의미하는 것입니다.

여러분, 하나님의 소유를 삼으시려고 이스라엘 백성들을 애굽에서 건지신 것이지 하나님을 거역하는 자들을 배불리 먹이며 평안하게 살게 하시려고 건지신 것은 아닙니다. 하나님께서는 이스라엘을 하나님의 것으로 높이셨으나 그들을 다시 대적에게 붙여 낮추십니다. 하나님의 마음에 싫어하여 진노로 그들을 치셨습니다. 마찬가지로 하나님께서 언제까지나 우리를 긍휼히 여기실 것이라 오해하지 말아야 합니다. 우리는 항상 성령님의 인도하심으로, 자비하심을 입은 자에 속하였다고 자기 심령을 돌아보고 오해와 착각을 하지 말아야 합니다. 이스라엘 백성들에게 하셨듯이 하나님께서 부지불식중에 우리를 치실 수도 있다는 것을 알아야 합니다. 우리 자신들의 심령의 악을 들여다 볼 줄 알아야 합니다. 상대를 의심하며 살필 것이 아니라 자기 자신의 영혼을 의심하고 분별할 줄을 알아야 합니다. 그래서 하나님께 엎드리어 고개를 숙이지 못하는 강팍하고 교만한 우리 자신을 돌아보며 회개해야 합니다. 처한 상황이 어떠하든지 간에 우리는 자신의 심령의 악함을 돌아보고 회개하는 마음이 되어야 합니다. 하나님과 함께할 수 없어 우리의 심령이 메말라 있는 것을 보며 성령님을 모시어 들이지 못하는 우리의 악함을 회개하여야 합니다.

여러분, 이스라엘이 황폐해져 갈 때의 고통은 하나님께 원망이 될 수가 없습니다. 자신들이 하나님의 말씀을 거역한 대로 하나님께서 행하시는 일이기 때문입니다. 하나님께서 치실 때는 그런 자신을 돌아봐 줄이 하나 없이 바람에 불린 잎사귀처럼 공포에 싸이게 될 것입니다. 그 황폐함은 하나님을 저버린 이스라엘 자신들의 심령이며 그때 그들은 교만한 자신의 심령을 뉘우치고 하나님께로 돌이켜야 하는 것입니다. 여러분, 하나님의 진노하심으로 일어나는 황폐함으로 말미암아 고통스럽다고 신음하고 있을 것이 아니며, 그 고통을 성령님께서 돌아봐 주시기를 기대만 하고 있을 일이 아닙니다. 황폐해짐 중에서도 자신이 하나님께 품은 악한 마음을 즉각 회개하여야 하는 것입니다. 여러분, 우리의 심령이 성령님을 모시어 들이는 모습이 진심으로 달려가지 못하는 그런 자신의 모습대로 그냥 안일하게 있을 때가 아닙니다. 우리의 심령이 하나님의 은혜에 푹 빠져들 수 없이 메말라 갈 때에 "목마르다"라고 하나님을 향해 원망불평하고 있을 때가 아니라는 말입니다. 황폐함 중에 처할 때에, 그리고 우리의 심령이 성령님을 가까이할 수 없는 괴로움 중에 처할 때 내 자신이 먼저 하나님을 저버렸음을 깨달아야 합니다. 내 자신이 먼저 성령님을 거스른 것을 알아야 하는 것을 의미하는 말입니다. 괴로움을 벗어 버리려고만 하는 것이 아니라 마음을 낮추어서 하나님께 교만히 행한 자신의 심령을 돌이키고자 애쓰고 힘쓰는 몸부림의 연속이 되어야 할 것입니다. 여러분, 돌이키지 않는 이스라엘에게 하나님의 형벌은 계속 더해졌습니다. 우리들도 마찬가지입니다. 계속 부르짖는 하나님의 음성을 듣지도 아니하고 그 말씀을 부인하는 삶이라면 무서운 형벌이 계속될 수밖에 없다는 것입니다. 다시 한 번 말해서 우리의 마음에 품은 것들이 하나님께서 싫어하시는 것이 되는 것은 우리가 황폐함 중에 있기 때문이라는 것

/

입니다. 육적인 황무함은 문제가 아닙니다. 여러분, 이스라엘이 하나님의 인도를 받은 곳은 광야입니다. 광야에서도 하나님과 함께하심이 있습니다. 우리가 하나님께 기뻐하심 중에 살 수 없는 것은 우리의 심령이 황폐해졌기 때문입니다. 교만하여 그러한 황폐함도 알 수 없는 처지에 이르렀다는 것을 깨달아야 합니다.

여러분, 하나님께서는 그리스도를 믿게 하기 위하여, 황폐한 우리의 심령에 성령님을 알도록 새겨 주십니다. 우리에게 새로운 영을 부어 주시기를 원하십니다. 우리가 성령님을 만나는 것은 새로운 시작이 되는 것입니다. 여러분, 하나님을 경외할 수 없는 심령은 두려움으로 채워지게 될 것입니다. 성령님을 거스른 자기 자신이 낮아지지 못하고 황폐함 중에 있는 한은 영원히 성령님과 만날 수는 없을 것입니다. 우리가 성령님께 대한 대적의 악을 품었기 때문에 여러 가지의 형벌이 있는 것이고 그 형벌 중에서 성령님께 범죄 한 자신이 즉각 회개하며 돌이켜야 합니다. 여러분, 성령님을 내 안에 모시어 들이려면 자신의 더럽고 추악한 모습을 부끄럽게 여기며 자신의 심령을 더 회개하며 반성하는 모습이 되어야 합니다. 하나님의 은혜로 살아가는 자가 성령님의 통치하심을 싫어하고 그래서 하나님의 법에 순복하기를 싫어하여서 황폐해져 버렸는데 어떻게 구구절절이 구하는 기도를 할 수가 있겠습니까? 회개함이 없이는 자신이 원하는 대로 구할 수는 없는 것입니다. 예수 그리스도께서는 성령님을 통하여 이미 모든 것을 더하여 주시고 계신데 우리가 성령님을 거스려서, 성령님으로부터 받을 수 있는 축복을 받지 못하고 있다는 사실을 알아야 할 것입니다. 여러분, 황폐함 중에서도 우리의 심령이 낮아질 수 있는 것이 감사한 일이고, 우리의 죄악이 깨달아지는 것이 감사한 일이고, 형벌을 순히 받아들일 수 있는 것이 감사한 일인 것입니다. 성령님을 모시어 들이지 않아서 황폐해진 우리에게 다시 성령님을 모시어 들일 수 있는 심령이 되기까지 기다려 주시는 하나님의 은혜가 감사한 일입니다. 여러분, 죄를 자백하는 마음으로 잠잠히 하나님의 뜻을 기다리며 살아가는 것이 황폐하지 않을 수 있는 길입니다. 우리의 삶 가운데서 성령님을 믿지 못하는 고통과 교만으로 더해진 황폐함을 깨달아야 하고 때를 놓치기 전에 낮아진 마음으로 감사히 모든 것을 받아들이며 간절한 심령으로 성령님을 내 안에 모시어 들일 수 있어야 합니다. 하나님께서는 우리의 영혼이 황폐해지기를 원하시는 것이 아니라 우리의 교만한 마음이 깨져서 성령님을 영접할 수 있기를 원하십니다. 황폐함 중에 낮아진 그 마음이 성령님의 권고를 받아들이게 하고 언약을 지킬 수 있게 해 주기 때문에, 황폐함 이후에 회개하게 된다면 황폐함은 오히려 복을 받게 되는 길이 될 수도 있습니다.

하나님의 선하신 뜻(하나님 나라를 이루어가심)을 더럽히지 말고 모든 일 가운데서 자신의 심령이 하나님께로 돌이켜서 그 뜻에 합당하게 살아갈 수 있게 되기를 소망해야 합니다. 우리의 황폐함은 우리의 심령에서 비롯된 것임을 잊어버리면 안 됩니다. 여러분 하나님의 징계가 더해지는 것은 우리가 성령님께 순복하기를 싫어했기 때문입니다. 황폐함에서 빠져나와 다시 하나님의 풍성하신 은혜에 젖어들려면 우리의 심령의 악이 사라져야 할 것입니다. 수단과 방법을 가리지 않는 비열한 방법으로는 절대로 악을 멀리 할 수는 없습니다. 하나님을 자기 삶의 수단으로 이용하는 모든 행위와 마음으로는 절대로 황폐함을 걷을 수가 없을 것입니다. 황폐함 중에 우리 자신의 악독함을 깨달아서 심령이 더 낮아져야 합니다. 내 마음이 성령님을 외면하고 무시하며 멀리하는 그 황폐함을 보면서 회개해야 합니다. 성령님을 내 안에 모시어 들이지 못하는 모든 교만하고 더러운 악을 반드시 물리쳐야 합니다. 하나님께서는 우리의 마음이 낮아져 형벌을 순히 받을 때에 용서해 주신다고 하셨습니다. 성령님과 만나려면 우리의 심령이 낮아지고 깨끗해져야 합니다. 선(그리스도를 믿음으로, 성령님을 믿음으로)해져야 한다는 말입니다. 성령님을 모시어 들이는 심령이 선한(선한 양심과 착한 행실) 심령입니다. 그것은 우리 자신들의 몫(몸부림)입니다. 황폐함이 괴롭고 성령님을 영접하지 못함이 두렵다면 그런 자신의 심령은 악을 먼저 끊어 내야 할 것입니다. 여러분, 황폐함 중에 성령님과 함께하는 기름짐을 진실로 사모하고 자신의 죄를 진실로 회개하면 자기 심령의 악과 싸워 이겨 나가게 될 것입니다. 성령님을 미워하는 악한 마음을 단번에 끊어 버리고 성령님을 사랑하는 마음으로 즉각 돌이켜야 합니다. 여러분, 형벌을 내리시면서도 아주 멸하지 않으시는 하나님의 은혜에 감사하며 하나님께 순종하는 심령이 되기를 간구해야 합니다. 하나님께 간구하는 삶이되기 위해서는 성령님을 내 안에 모시어 들여야 합니다.

하나님의 축복을 받는 교회가 되기 위해서는 성령님의 인도하심을 받음으로써 성령님의 뜻에 합당한 삶을 살아가야만 합니다. 복음을 전파하는 참된 증인의 삶을 살아야만 합니다. 모든 그리스도인의 삶은 성령님의 인도하심에 따라야 한다는 것을 명심하며 그 본분을 지켜 행하는 삶이되기를 간절히 원합니다.

2부

거듭나야
합니다

17

죽임의 까닭을 알아야 합니다

뭇 백성이 우레와 번개와 나팔 소리와 산의 연기를 본지라
그들이 볼 때에 떨며 멀리 서서 모세에게 이르되 당신이 우리에게 말씀하소서
우리가 들으리이다 하나님이 우리에게 말씀하시지 말게 하소서
우리가 죽을까 하나이다 모세가 백성에게 이르되 두려워하지 말라
하나님이 임하심은 너희를 시험하고 너희로 경외하여
범죄하지 않게 하려 하심이니라

(출애굽기 20:18~20)

　　이스라엘 백성들이 불 가운데서 말씀하시는 여호와의 음
성을 들었을 때 하나님의 음성만 들은 것이 아니라 알게 된 것이 있었습
니다. 그것은 자신들이 죽을 까닭이었습니다. 이전에는 애굽에서 바로왕
을 두려워했고 애굽의 군사를 두려워하였습니다. 하나님께서 자신들을
인도하여 주실 때에도 홍해 앞에서 뒤쫓아 오는 애굽 군대를 보며 죽는
줄로 알고 모세를 원망하였습니다. 그들이 원망을 한 것은 다른 것 때문
이 아니라 그 상황의 두려움 때문이었습니다. 애굽 사람들에게 자신들이
멸망을 당할까봐 두려워하며 원망을 하였습니다. 먹을 것이 없다고, 마

당신의 영혼은 안녕하십니까?

실 물이 없다고 모세에게 원망을 하였습니다. 그렇게 원망한 그들에게는 먹을 것과 마실 물밖에 보이지 않았습니다. 그것이 없으면 죽는 줄로 안 것이었습니다. 그래서 자신들을 출애굽하게 하신 하나님을 믿지 않고 원망을 하였던 것이었습니다. 주려서 죽고, 목말라서 죽는 줄로 알고 하나님의 뜻을 거스렸습니다. 출애굽시켜 주시어 하나님의 소유로 삼으시려는 것이 하나님의 뜻인데, 그들은 자신이 원하는 대로 먹을 것이 없다고, 물이 없다고 애굽을 그리워하며 뒤돌아보았습니다. 자신들을 애굽에서 빼내어 주신 하나님을 알지 못하고 애굽에 있지 못해 죽는 줄로 아는 것이었습니다. 그래서 하나님의 뜻을 거스르며 하나님의 말씀에 순복하지 못하여 하나님께 원망을 합니다.

하지만 이스라엘의 두령들과 장로들은 하나님의 음성을 들은 후에 물과 먹을 것이 부족하여 죽는 것이 아니라 하나님의 뜻을 거스르고 있는 것이 죽임을 당할 이유라는 것을 알았습니다. 물이 없어도 하나님이 계시면 없던 물도 다시 창조되는 것입니다. 두령과 장로들은 물 때문에 하나님을 거스르며 원망하는 심령으로는 하나님 앞에 살아남을 수가 없다는 것을 알았습니다. 그들이 원망을 하였음에도 살아남을 수 있었던 것은 하나님께서 그들을 소유 삼으시려고 뜻하셨기 때문에 그들에게 자비를 베푸셨기 때문이었습니다. 하나님께서는 그들의 패역함에도 불구하고 은혜로운 손길로 그들을 보호하시며 지속적으로 인도하시고 계셨습니다. 그래서 그들은 살아남을 수가 있었던 것입니다.

하나님을 알지 못하고 원망함으로써 무서운 죄를 범하던 이스라엘은 시내 광야에서 하나님의 강림하심을 보게 되었고, 하나님의 명령을 받은 장로들과 두령들은 하나님께서 허락하신 곳까지 산을 올라 하나님의 음성을 듣게 되었습니다. 그런 그들은 여호와 하나님을 믿지 못한 자신들이 여호와를 가까이하는 것이 죽음임을 알았습니다. 여호와 하나님의 두려우심을 알게 되었던 것이었습니다. 그냥 하나님을 가까이해서 죽을 것 같은 두려움을 겪는 것이 아니라 하나님의 존전에서 하나님을 거역하며 사는 것이 죽음임을 알았습니다. 하나님의 뜻을 어기고는 살 수 없음을 알았습니다. 불 가운데서 말씀하시는 하나님의 음성을 들으며 하나님께 순복해야 하는 것을 알았습니다.

여러분, 이와 같이 우리들이 이제껏 하나님 말씀을 어기고 살아왔던 것은 하나님을 거역하는 것이 무엇인지 알지 못했기 때문이었습니다. 하나님 말씀을 어기면서까지 자기 자신의 생각에 따라 자기 안의 악을 좇지 않으면 죽을 것 같기 때문에 그것을 따라 살았던 것을 회개하여야 할 것입니다. 성령님을 무시하고 조롱하며 성령님을 외면하면서 우리 자신대로의 모습으로 살아온 것을 회개해야 합니다. 하나님을 경외하지 못하는 우리에게는 보암직하고 먹음직한, 먹고 마시는 육의 일들만이 눈에 보였던 것입니다. 하나님께서는 늘 용서하시고 살리기만 하시는 분인 줄 알고 마냥 하나님께 범죄하는 삶을 살아왔습니다.

여러분, 우리의 죽임의 까닭을 알아야 합니다. 여호와를 경외하지 않으면, 여호와의 명령대로 순복하지 않으면, 하나님을 두려워하며 더 절제하는 삶을 살지 않으면, 성령님의 통치하심에서 벗어난 우리에게, 성령님께 범죄한 우리에게, 그 다음은 없습니다. 하지만 내가 죽는 까닭을 알지 못하고서 자기의 악을 따르며 "이래도 괜찮을 거야"라고 하며 자신의 악한 행동을 믿음으로 하는 행동인 양 합리화 시켰습니다. 하나님의 뜻을 어기고 사는 모든 행동들을, 하나님의 뜻에 합당한 것인 것처럼 합리화

시켰습니다. 하나님을 두려워하며 더더욱 악을 삼가하고 자신을 부인하는 것이 아니라, 하나님의 뜻을 적당히 자기 삶의 수단으로 이용하며 살았음을 돌아보아야 할 것입니다.

여러분, 여러분들은 진리를 위하여, 하나님을 위하여, 목숨을 다한다고 했지만, 목숨을 다하는 애씀이 무엇인지 알지를 못하였습니다. 진실해야 한다고 했지만 진실이 무엇인지 알지 못했고, 사랑해야 한다고 했지만 사랑하는 것이 무엇인지 알지 못했고, 정직해야 한다고 했지만 정직이 무엇인지 알지 못했고, 순종해야 한다고 말했지만 순종이 무엇인지 알지 못한 채 살아왔습니다. 하나님을 경외하지도 최선을 다하지도 못한 채 살아왔습니다. 목숨을 다하기 전에 자기 마음대로 적당히 하나님의 뜻을 저버리면 되기 때문에 악하게 살아왔습니다. 그렇게 자신을 합리화 시키는 것이 얼마나 무섭고 두려운 일인지도 모른 채 영적 눈이 깜깜하고 영적 귀가 막힌 채 죄를 범하며 살아왔습니다. 여러분, 지금 우리의 심령에 성령님을 모시어 들이지 못하게 하는 그리고 선한 양심을 저버리게 하는 더러운 악을 모두 끊어야 합니다.

우리가 죽을 까닭은 하나님을 경외하지 못한 것이었습니다. 우리가 멸망당하게 되는 것은 우리의 영육을 살리시기도 하시고 죽이시기도 하시는 하나님을 두려워하지 못하고 제멋대로 살아가고 있기 때문입니다. 하나님과 상관없이 제멋대로 사는 인생들은 먹고 마시는 육의 일에만 집중하면서 살다가 끝날에 하나님의 거룩한 검에 파멸당하게 될 것입니다. 여러분, 생명을 얻으려면 오직 성령님의 인도하심을 받아 하나님의 말씀에 순복할 수 있어야 합니다. 성령님의 인도하심을 받아 하나님 말씀에 순종할 때에, 내가 아니라 내 안에 말씀이 살아서 내 삶을 인도해 주실 것입니다. 자기의 육신이 성전이 되어야합니다. 자기의 심령 속에 하나님의 말씀이 내주하고 성령으로 거듭나야지만 영원히 하나님 나라에 들어갈 수 있게 될 것입니다. 하나님은 말씀이요, 말씀이 하나님이시므로, 즉 하나님(성령)으로 거듭나야 한다는 말입니다. 물과 성령으로 거듭나야 한다는 말입니다. 성령님의 인도하심을 받아 하나님의 말씀을 좇아서 준행할 때 영원한 생명을 누리게 될 것입니다. 말씀에 순종할 때에 구원의 기회를 얻을 수 있게 될 것입니다.

하지만 우리는 하나님 두려움을 알지 못했습니다. 말로는 마냥 좋으신 하나님 사랑의 하나님이라고 외치지만, 우리의 심령이 진정 하나님께 속하지는 못했습니다. 하나님께서는 생명의 주인이시지만 또한 사망의 주인이시기도 하다는 것을 알지 못했습니다. 우리가 당하는 고통이 성령님을 내 안에 모시어 들이지를 못하고 하나님을 경외하지 못했기 때문임을 알지 못하고 성령님을 매일 무시하였습니다. 하나님을 두려워하지 않아서, 마음에 있는 악을 물리치지 않아서, 멸망의 길을 가는 것입니다. 하나님께서 영원한 생명을 위하여 보여 주시는 사랑과 권면을 두려움으로 받아들여 청종하지 못하고 성령님을 조롱하며 여전히 우리의 편의대로 살았기 때문에 멸망의 길을 가게 되는 것입니다. 성령님을 경외하기는커녕 대적하기만 하면서 하나님의 긍휼하심을 바라는 자들은 생명을 얻을 수가 없습니다.

여러분, 하나님께서는 하나님을 미워하는 죄를 심판하신다고 성경에 기록되어 있습니다. 하나님을 사랑하지 않는 자는 심판하신다는 것입니다. 그런데 우리가 죽을 까닭은 하나님의 거룩(공의)하심 때문입니다. 하나님께서 거룩하심으로 행하시면 우리는 모두 소멸될 것입니다. 악에 속한 자들은 하나님께서 멀리 하시고 하나님의 공의대로 심판하십니다. 성령님을 받아들이지 못하고 성령님을 인정하지 못하는 심령은 하나님을 경외하지 못하기 때문입니다. 악에서 떠나지 못하는 심령들은 하나님 앞에서 살아남을 수가 없게 될 것입니다. 하나님께서 우리를 죽이시는 것이 아니라 범죄한 우리가 하나님을 감당할 수가 없기 때문입니다. 누가 죽이는 것이 아니라 스스로가 죽음을 자초한 것입니다.

이스라엘 장로들과 두령들이 하나님의 음성을 듣고 그 불에 삼켜 버릴까 두려워하였던 것은 하나님께서 삼키시려 하셨기 때문이 아니라 하나님의 음성을 들은 그들이 하나님 곁에 서있을 수가 없기 때문이었습니다. 불 가운데서 말씀 하시는 하나님의 음성을 듣고도 자신들이 생존하는 것을 보며 더 하나님을 두려워하였습니다. 그들은 모세에게 하나님의 말씀을 듣고 전해 달라고 하며 하나님 앞에서 더 멀리 물러났습니다. 하나님의 두려우심을 겪게 된 그들이 하나님의 음성을 듣고도 생존해 있는 것을 보며 그 말씀을 다 청종하겠다고 하였습니다. 생존해 있다고 하나님을 우습게 아는 것이 아니라 두려우신 하나님께서 자신들을 살리시고 그 음성을 듣게 하여 주신 것을 보며 하나님께 순종하려 하였습니다. 이것이 죽을 까닭을 알게 된 이스라엘 장로들과 두령들의 그때의 모습이었습니다.

여러분, 사망의 두려움을 알아야 합니다. 그것은 성령 하나님의 두려움을 아는 것입니다. 하나님께서는 살아 계시고 우리의 심령을 전부 알고 계십니다. 범죄한 우리, 악을 품는 우리가 생존해 있는 것을 보면서, 하나님을 사랑하지 못하고 대적한 우리가 아직도 살아 있는 것을 보면서, 하나님의 뜻에 굴복하여야만 합니다. 우리에게 기회가 주어지는 것은 하나님의 참으심 때문입니다. 하나님의 용납하심 때문입니다. 하나님께서는 우리를 성령님의 거룩하심 아래에 두십니다. 낮고 천한 우리에게 오셔서 우리를 무시하는 것이 아니라 우리의 연약함을 불쌍히 보시고 은혜를 베풀어 주십니다. 성령님께서는 우리의 무지함을 깨뜨려 주십니다. 우리가 아무리 악을 행하여도, 우리가 아무리 성령님을 사랑하지 못해도, 우리가 아무리 성령님을 저버리며 살아가고 있어도, 성령께서는 그런 우리에게 악을 끊고 하늘의 것에 대한 소망을 가지게 하려고 말씀을 주십니다. 죄 속에 있는 우리들을 하나님께로 돌이키도록 성령님께서 길을 열어 주십니다.

우리가 하나님을 가까이할 수 있는 것은 하나님의 자비하심 때문입니다. 하나님의 거룩하심 앞에서 더 겸손히 꿇어 엎드려야 합니다. 우리의 죄악은 성령님을 모시어 들이지 못하고 하나님을 경외하지 못한 것입니다. 죽을 까닭이 무엇인지 모르고 그저 악의대로 살아온 것입니다. 악의가 무엇이겠습니까? 성령님께 대한 도전이고 대적입니다. 하나님의 두려우심을 알지 못하고 제멋대로 대적하며 범죄하여 왔습니다. 그렇게 하나님께 범죄한 우리가 하나님께 은혜를 입어 은혜로운 삶을 말하고 있지만 실상은 더더욱 범죄를 저지르고 있다는 것을 알아야 할 것입니다.

여러분, 하나님의 뜻을 존귀하게 생각하고 내 뜻을 완전히 소멸시켜야 합니다. 성령님의 인도하심을 거부하며 하나님 말씀에 청종하지 못하고 하나님의 뜻을 거스르고 있기 때문에 아직도 새로운 삶을 얻지 못하고 있는 것입니다. 여러분 성령님을 내 영혼에 모시어 들여서 성령님을 통하여 하나님을 가까이하는 삶을 살아야 합니다. 우리의 심령이 성령님 뒤로 물러서서 성령님의 인도를 따라 하나님의 거룩하심 앞에 굴복해야만 합니다. 하나님께서는 우리의 약함을 아시고 우리의 삶에 동참하시기 위해 성령님을 통하여 낮은 곳으로 향하십니다. 하나님의 낮아지심을 보며 하나님의 두려우심까지 경히 여기고 경외하는 삶을 살지 못하면, 그런 우리의 교만함까지 더해져서 더 큰 어려움을 당하게 될 지도 모릅니다. 거룩한 하나님의 말씀을 청종하지 못하면 우리의 심령이 더 크게 심판당하고 소멸 되어질 것입니다.

우리는 스스로 견딜 수 없는 삶, 감당할 수 없는 삶을 살아왔습니다. 하나님께서는 우리의 심령의 작은 것 하나까지도 감찰하시고 계시는데 마음에 악을 품고 있는 우리가 그분의 심판을 피할 수가 있겠습니까? 악을 범하기는 하지만 그 결과를 감당할 수 없는 것이 바로 우리입니다. 하나님 앞에서 우리가 행한 일들에 대한 심판의 두려움을 피할 수가 없습니다. 살아남기 위해서는 회개할 기회가 있는 동안 하나님께로 돌이키는 수밖에 없습니다. 감당할 수 없는 일들을 자행하지 말고 하나님의 뜻대로 준행하며 살기를 간구하십시오. 우리는 그동안 감당할 수 없는 죄악을 저지르며 지내왔습니다. 그러나 하나님께서는 즉각적인 심판 대신에 다시 돌이킬 수 있도록 권면하시며 용기를 주십니다. 다시 살기 위해서는 성령 충만함을 받고 자기 자신과 싸워야 합니다. 성령님을 내 안에 모시어 들이려면 내 안의 악과 싸워야 합니다. 성령님을 진실로 내 안에 모시어 들이기를 위해서는 내 자신이 먼저 악을 끊어야 합니다. 내 자신이 스스로를 알고 돌이켜야 하는 것입니다. 누가 나를 돌이켜 주는 것이 아니라 내 속에 품은 악을 끊어야 하는 것입니다. 하나님 두려우심을 알고 하나님을 진실되게 사모하며 하나님의 뜻을 준행하는 삶을 살아야 합니다. 하나님의 자비하심이 아니라면 우리는 소멸되어 버릴지 모릅니다. 우리는 오랜 세월 동안 성령님을 외면하고 자신의 욕심을 따라 살아왔습니다. 하나님의 용서가 없으면, 성령님의 인도를 받지 못하면, 하나님의 공의 앞에 살아남을 수가 없을 것입니다. 소멸되지 않으려면 성령님의 도우심을 받아 자신의 내면에서 끊임없이 치고 올라오는 악과 싸워야 합니다. 다른 것을 생각할 처지가 아닙니다. 우리가 하나님의 은혜 속에서 살며 성령님의 인도하심을 받고 있다면 다른 것은 생각할 수가 없습니다. 여러분, 기회가 있을 때에 하나님을 향한 우리의 열정과 전심을 다하여 하나님을 알고, 하나님을 믿고, 하나님을 섬겨야 할 것입니다. 죄인 된 신분을 잊지 말고 회개하는 심령으로 말씀에 준행하는 삶을 살아야 할 것입니다. 우리의 영혼이 하나님 말씀을 즐거이 청종하여야 할 것입니다. 성령님과 동행하는 삶을 살아야하며 이전의 두려움이 변하여 찬송이 될 수 있도록 해야 합니다. 성령님으로 인하여 마음의 모든 악을 끊어 버리고 하늘의 평강이 임하기를 소원합니다. 하나님 앞에 참고 거룩한 심령으로 꿇어 엎드리어 우리의 모든 악독함을 끊고, 하나님의 은혜에 감사하는 삶을 살아가는 정직하고 신실한 심령이 되시기를 간절히 소망합니다.

18

사람을 창조하신 후
후회하신 하나님

하늘이여 들으라 땅이여 귀를 기울이라 여호와께서 말씀하시기를
내가 자식을 양육하였거늘 그들이 나를 거역하였도다 소는 그 임자를 알고
나귀는 그 주인의 구유를 알건마는 이스라엘은 알지 못하고
나의 백성은 깨닫지 못하는도다 하셨도다 슬프다 범죄한 나라요 허물 진 백성이요
행악의 종자요 행위가 부패한 자식이로다 그들이 여호와를 버리며
이스라엘의 거룩하신 이를 만홀히 여겨 멀리하고 물러갔도다 너희가 어찌하여
매를 더 맞으려고 패역을 거듭하느냐 온 머리는 병들었고 온 마음은
피곤하였으며 발바닥에서 머리까지 성한 곳이 없이 상한 것과 터진 것과
새로 맞은 흔적뿐이거늘 그것을 짜며 싸매며 기름으로
부드럽게 함을 받지 못하였도다

(이사야 1:2~6)

이 세상에서 가장 악한 존재가 무엇이라고 여깁니까? 옛말
에 자기가 키운 짐승들도 주인의 은혜를 알고, 주인이 위기를 당한다면
주인을 구하기 위해 자기 목숨을 버린다고 했습니다. 하지만 사람은 하나
님의 은혜 아래에 살아가면서도 하나님을 버리고, 하나님을 떠난 삶으로

악한 행실(자기중심적인 삶)을 하며 도리어 하나님께 반역하는 악한 습성을 가지고 살아가고 있습니다. 사람은 은혜(하나님의 은혜)를 잊고 살아가거나 배신하며 은혜를 원수로 갚는 일을 죽 먹듯이 합니다. 하나님께 받은 은혜를 선으로 갚지 아니하고 악하게 갚아 가면서도 자기 자신은 하나님을 향하여 올바르게 살았다고 자부하는 교만하고 오만한 착각을 하며, 또 다른 악을 반복하면서 살아가고 있음을 깨닫지를 못하고 있습니다. 무엇이 "의로움"이고 무엇이 "진리"인지 모른 채, 자기의 철학과 가치관에 근거하여 자기 생각의 잣대에 맞으면 의로움과 진리라고 생각하고, 자기 생각과 가치관에 맞지 않으면 거짓이라고 판단하며, 악을 선으로 합리화 시키는 어리석고 악한 삶을 살고 있으면서도 그것을 깨닫지 못하고 있습니다. 그래서 벌레보다 못하고 짐승보다 더 악한 근성을 가지고 있다는 것을 알아야 할 것입니다.

여러분, 자신을 높이며 자기의 뜻대로 살아가는 자들은 자기의 악한 근본을 버리지 못할 것입니다. 자기를 높이기 위하여 자기 자랑에 취해 있는 자들은 짐승의 근성을 버리지 못하는 모습이므로, 아무리 주여 주여 크게 외쳐도 성령님의 임재하심을 기대할 수가 없을 것입니다. 근본이 그런 사람은 그런대로 이 세상 살다가 영원히 자기 집인 지옥불못에 떨어지면 그만인 것입니다. 하지만 그리스도인들은 하나님을 아버지라 부르며, 아버지의 뜻을 행하기 위하여 걸어가는 길에서 아무리 고난과 굴욕을 당한다고 할지라도, 하늘의 소망을 가지고 인내하며 노력해야 합니다. 선한 양심(자기를 부인하고)으로 착한 행실(십자가의 도를 걸으며 그리스도만 높이는 모습)을 하며 나아가야 합니다.

여러분, 전에도 없고 후에도 없는 영적인 재앙이 이 땅에 닥쳐오고 있

당신의 영혼은 안녕하십니까?

다는 사실을 기억해야 할 것입니다. 요엘서 1장에는 "재앙의 날이 닥치면 열매를 맺지 못하도록 팟종이가 남긴 것은 메뚜기가 먹고 메뚜기가 남긴 것은 늣이 먹고 늣이 남긴 것을 황충이 남기지 않고 먹어 버리므로 남은 열매가 없게 된다"고 말씀하셨습니다. 여러분, 재앙의 날을 앞두고 회개하지 아니하고 자기의 육의 일과 자기 생각에 취해 있으면 재앙을 반드시 받게 될 것입니다. 재앙의 때를 대비하여 자기 영혼을 위하여 늘 깨어있는 자는 재앙의 날이 왔다 하여도 재앙을 피하고 구원 받을 기회가 있을 것입니다.

여러분, 악행으로 말미암아 재앙의 늪으로 빠져 들어가기를 원하십니까? 아니면 진정으로 재앙의 날이 다가온다고 하여도 그리스도를 믿는 자로서 아무 두려움 없는 사람이 되기 위해 성령으로 거듭나기를 소원하고 있습니까? 입으로는 후자에 아멘이라고 답을 할 것입니다. 그러나 자신의 심령을 들여다보아야 할 것입니다. 과연 진정으로 천국을 소망하며 나아가는 심령인지 아니면 거짓(사단)의 탈을 쓰고 자기 육을 위하여 살고자 하는 욕망이 더 큼으로 인해 하나님의 이름을 망령되이 일컫고 있는 것인지 돌아보아야 할 것입니다. 하나님 나라의 확장을 위하여 쓰임을 받는 존재인지 아니면 하나님 나라를 파괴시키러 온 사단의 앞잡이인지 자기 자신의 영을 분별해 보아야 할 것입니다. 자기의 잔꾀와 잔머리로 "그리스도를 아노라"고 말을 한다고 하여도 결국 재앙의 날을 비켜나가지는 못할 것입니다. 거짓과 술수를 쓰며 이웃을 모함하며 억울하게 하며 정죄하며 사는 자들이라면 하나님의 영이 아니라 거짓의 아비인 사단의 앞잡이라는 사실을 분명히 알아야 할 것입니다. 전능하신 하나님께서 내리는 멸망의 날이 닥쳐올 때에 식물이 끊어지고 기쁨과 평안이 사라질 것입니다. 사람에게 내리시는 재앙이 너무 크므로 곡식도 생축도들의 짐승까지도 견디지 못하고 자연과 계곡의 물까지도 말라 버리는 큰 재난과 한재로 사람은 더 견디지 못하고 멸망을 받게 될 것입니다. 이와 같이 사람들은 하나님을 떠나 자기의 악행으로 하나님의 무서운 진노를 지금도 쌓고 있습니다.

에덴동산같이 아름다운 곳이라 할지라도 환란으로 인하여 황폐한 들 같이 될 것입니다. 이 모든 것이 사람들이 하나님을 떠난 삶을 살므로 인해 하나님의 진노를 자초하기 때문입니다. 그리고 무서운 심판으로 인하여 모든 사람들의 낯빛이 하얘지게 될 것입니다. 그리고 하늘과 땅이 캄캄한 시대가 다가올 것입니다. 하나님께서는 해와 달과 별을 거두어 버리실 것입니다. 그리고 나서는 흑암시대가 올 것입니다. 마지막 때에 신령해야 할 교회가 부패해서 음녀 교회가 되어간다면 결국은 버림을 당할 것입니다. 여기서 교회란 사람을 가리킵니다. 각 사람의 육신이 성전이 되는 것을 말합니다. 육신이 성전이 되지 않고 악에게 장악되어 버리면 음녀 교회가 된다는 말입니다. 여러분, 앞으로는 흑암이 온 세계를 덮어 버리게 될 암흑시대가 오게 될 것입니다. 그러나 마지막 때에 택함을 입은 자들은 하나님께서 피난처 되시고 산성이 되시며 구원자가 되어 주실 것입니다.

여러분, 애굽 같은 타락한 세상은 황무지가 되고 에돔 같은 대적은 황무하게 되며 강포를 행하며 무죄한 피를 흘렸던 자들은 모두 멸망을 받게 될 것입니다. 그러나 물과 성령으로 거듭난 자들은, 즉 택함 받은 자들은 영원히 남은 자로 복을 받게 될 것입니다. 여러분, 형제를 고의적으로 압박하는 것은 심판을 받을 행위라는 사실을 분명히 알아야 할 것입니다. 여기서 형제는 육의 형제를 말하는 것이 아니라 예수 그리스도를 믿는 성도를 가리키는 말입니다. 남을 압박하여 미워하는 자에게 여호와 하나님께서는 불(사망)을 보내시어 불사르게(지옥) 하실 것입니다. 그리고 형제의 열심을 좇아가며 배우려 하지 아니하고 항상 분을 품고 노가 항상 맹렬하다면 불사름(지옥)을 당하게 될 것입니다. 여러분, 모든 불의는 죄이지만 사망에 이르는 죄와 사망에 이르지 아니하는 죄가 있다는 것을 알아야 할 것입니다. 남을 잔인하게 죽인 죄는 여호와 하나님께서 가장 미워하는 죄로서 긍휼도 없고 용서도 없는 죄라는 사실을 알아야 합니다. 모압 세력은 자신도 불의한 후손으로 태어났으면서도 남을 잔인하게 해하므로 여호와가 용서하지 아니하시고 불로 심판하셨습니다. 택함을 입은 유다라 할지라도 하나님의 법을 무시하고 율례를 지키지 아니하고 거짓 우상을 섬기며 죄를 범하면 심판을 면하지 못한다는 것을 알아야 합니다.

여러분, 마지막 때는 사람들이 미혹을 받아 비진리에 빠져 시대에 따라 주신 성령님의 법을 멸시할 것임을 알아야 할 것입니다. 이스라엘 백성들은 하나님의 능력을 힘입고 애굽에서 나와 40년 동안 먹여 주시고, 마시게 하여 주시고, 싸워 주시고, 구원하셔서 아모리 사람의 땅을 기업으로 주셨지만, 하나님의 능력을 무시한 죄는 돌이킬 수가 없을 것입니다. 하나님의 택함을 받고 세움을 입은 종도 성령님을 무시한다면 영원히 하나님 나라에서 쫓겨나게 될 것입니다. 여러분, 돌이킬 수 없는 죄를 저지른 자에게 무거운 짐을 실은 수레로 누름같이 여호와가 피하지 못하도록 누르시고 심판하신다는 것을 알고 계십니까? 그날이 오면 아무리 달리기를 잘하는 자라 할지라도 도망을 갈수가 없고, 강한 자라도 힘을 쓸 수가 없고, 용사라도 피할 수 없는 심판을 받게 될 것입니다. 여러분, 단번에 악을 끊고 하나님 나라에 들어갈 수 있는 자격을 갖추기 위해 노력해야 합니다. 머뭇거릴 시간이 없으며 결국은 자신들이 심은 대로 보응을 받게 될 것입니다. 당연히 잡아 주시겠지 하는 마음으로 아직 기회의 있을 것이라 안일하게 생각하고 있다면 단번에 자기 착각에서 벗어나시기를 원합니다. 돌이키지 않는 자(회개하지 않는 자)에게는 성령님의 임재하심이 허락되지 않으며, 하나님 나라에 들어갈 수가 없고 사망(지옥)에 이르게 된다는 것을 확실히 깨달아야 할 것입니다.

여러분, 단번에 자기의 악을 끊고 은혜를 베풀어 주신 하나님의 능력하심을 드높이 섬기며 자기 목숨을 내어놓는 구별된 삶으로 돌아와야할 것입니다. 여러분, 자기 안의 악을 끊지 못한다면 한 번쯤 자기의 영을 의심해 볼 필요가 있을 것입니다. 하나님께서 영원히 사망에 이르게하시려고 자기 안에 먼저 악을 집어넣으신 것은 아닌지 한 번 되돌아보아야 할 것입니다. 하나님께서는 그동안 우리들에게 수없는 은혜를 베푸시며 자식 양육하듯 하였으나 하나님을 버리고 거룩한 자를 만홀히 여기므로 패역한 자가 되어 버린 것이 아닌가 자기의 영을 의심하며 분별해 보아야 할 것입니다. 하물며 소도 임자를 알고 나귀도 주인의 구유를 아는데, 우리는 부패하여 하나님의 말씀을 준행하지 아니하고 하나님의 사랑을 깨닫지도 못하고 있다는 것을 알아야 합니다. 그러한 부패한 자들은 매를 맞아 머리에서 발바닥까지 상한 곳과 터진 곳과 새로 맞은 흔적으로 성한 곳이 없이 부패하게 되었습니다. 그럼에도 불구하고 또다시 매를 더 맞으려고 더욱 더 패역해지고 있다는 것을 알아야 합니다. 머리는 병이 들고 마음은 피곤하여 죽게 되었어도 곪은 곳을 짜며 터진 곳을 싸매지도 못하고 맞은 곳을 기름으로 유하게도 못한다고 하나님은 말씀하십니다. 여러분, 오늘날 우리가 하나님을 떠나 패역할 때 이와 같이 하나님의 저주와 진노가 있을 것입니다. 그리고 우리의 심령이 부패하였을 때 우상들이 그 심령에 들어와서 우리의 영혼을 삼키고 짓밟아서 황무하게 만들어 버릴 것입니다.

하나님의 법에 귀를 기울이지 않으면서 무수한 제물을 드린다고 할지라도 부패한 제물은 헛된 제물이 된다는 것을 알아야 할 것입니다. 즉, 가인의 잘못된 제물은 헛된 것과 같이 된다는 말입니다. 헛된 제물을 드리는 것은 하나님이 받지 아니하는 제물을 하나님 앞에 보이러 오는 것이니 마당만 밟게 될 뿐입니다. 마당만 밟는다는 것은 신령과 진정으로 드려지지 못하고 하나님께 상달되지 않는 형식적이고 의식적인 오늘날의 예배를 말하는 것입니다. 그리고 오늘날 건물적인 교회에서와 같이 대회나 성회로 정한 절기로 부지런히 모인다고 하여도 그 모임을 하나님이 싫어하시고 사람들은 모일 때마다 악을 행하므로 성령님의 운행하심은 없게 하실 것입니다. 헛된 제물을 드리는 모임은 하나님께서는 무거운 짐으로 여기실 것입니다.

여러분, 말씀과 경고를 듣고 순종을 하면 새 땅의 아름다운 소산을 먹고 천년왕국의 기업을 얻어 영생하게 될 것입니다. 그러나 성령님을 무시하고 조롱하면 여호와의 진노의 칼을 받아 영원히 사망으로 들어가게 될 것입니다. 과거의 우리의 모습이 아무리 의리와 공평으로 심고 신실하게 살았다 할지라도 영적살인자, 창기, 패역하고, 도적과 짝하며, 뇌물을 사랑하며, 고아나 과부를 억울하게 하며, 사례를 구하는 자는 모두 버림을 받게 될 것입니다. 하지만 악에서 선으로 돌이키기만 한다면 성령님의 통치하심을 입게 될 것입니다. 하나님께서는 부패한 우리들에게 경고하시며 돌이키는(회개) 자에게는 긍휼과 자비와 사랑을 베푸시고 듣지 않는 자에게는 심판을 내리신다는 것을 반드시 알아야 합니다. 여러분, 진정으로 구원의 복을 사모하는 자들은 자기 영혼을 위하여 악을 멀리하고 선한 마음으로 착한 행실을 하며 지내시기를 간절히 소원합니다. 택함을 입은 이스라엘 같은 종이라도 치시는 하나님께서는 말씀을 듣고 따르지 않고 불순종하고 죄악을 행하는 자들에게는 반드시 무서운 심판을 내리실 것입니다. 하나님께서는 택한 종을 통하여 전 세계적으로 심판의 말씀을 부르짖게 될 것입니다. 하나님의 말씀을 듣는 자에게는 보호가, 듣지 않는 자에게는 재앙을 내리시게 될 것입니다. 하나님께서는 크고 비밀한 것을 보이시며 아무리 악의 세력이 하나님 나라를 방해한다고 하여도 하나님의 뜻은 그대로 이루어지게 될 것입니다. 노아에게는 홍수의 비밀을 보여 주신 대로 시행하셨고, 아브라함에게는 소돔과 고모라성의 심판을 보여 주신 대로 시행하셨습니다. 모세에게는 율법의 비밀을 보여 주신 대로 시행하셨고, 사무엘에게는 엘리제사장 집이 망할 것과 이스라엘이 환란과 전쟁을 당할 것을 보여 주신 대로 시행하셨습니다. 오늘날 마지막 때가 임박한 이때에도 성령님을 거스르고 성령님을 대적한 무리에게는 반드시 무서운 심판을 내리실 것입니다.

그런데 여전히 하나님을 두려워하지도 경외하지도 않고 귀신의 영을 받아 귀신이 행하는 일을 행하면서 하나님의 이름을 망령되이 일컫고 있으니 어찌 심판을 면할 수가 있겠습니까? 미혹의 영을 따라가는 것이 아니라 반드시 성령님의 통치하심 안에 들어가야만 합니다. 다시 말하자면, 땅의 것을 찾지 말고 성령님의 인도하심을 받아 그리스도를 영접해야만 영원한 생명을 얻을 수 있음을 알아야 합니다. 불의한 자라 할지라도 불의한 생각을 버리고 성령님을 바라고 구한다면 하나님께서는 다시 용서해 주실 것입니다. 여러분, 공의의 하나님의 법을 쑥대밭으로 만들지 말고, 의로운 하나님의 법을 땅에 던지지 말고, 우주를 주관하시는 절대자이신 하나님을 찾아야 하는 것입니다. 하나님을 찾지 않고 자기 생각과 뜻을 으뜸으로 여기며 생활하는 자는 패망이 홀연히 임할 것입니다. 책망하는 자를 미워하고 정직히 말하는 자들을 미워하는 자들은 성령님을 무시하므로 하나님을 찾지 않게 되고 결국은 패망에 이르게 될 것입니다. 여러분, 영원한 생명을 얻어 살기를 원하는 자는 악을 버리고 선을 구해야 할 것입니다. 하나님이 함께하시는 임마누엘의 역사가 우리들에게 있어야 할 것입니다. 악을 미워하고 선을 사랑하며 공의를 세울 때 하나님의 긍휼하심을 입고 마지막까지 남은 자로 있게 될 것입니다. 여러분, 영적 훈련에 전념하지 않고 악만 행하고 세월을 보내다가는 뱀에게 물림같이 어두움과 캄캄함을 맞이하는 날이 올 것입니다. 아무리 우리가 지금 이곳에서 말씀을 듣고 사모한다고 해도 악을 끊지 않는다면 하나님과 아무 관계가 없는 자임을 알아야 합니다. 하나님과 관계없는 자들은 악만을 고집하고 악을 찬양하며 아무 준비 없이 기다리는 자는 사자를 피하다가 곰을 만나게 될 것이고 무서운 심판을 당할 것입니다.

우리가 아무리 성경을 읽고 기도를 많이 하고 헌금을 많이 했다고 할지라도 하나님의 의를 저버리고 성령님의 통치하심에 벗어난다면 영원한 캄캄함에서 이를 갈며 슬피 울게 될 것입니다. 여러분, 하나님은 공의의 하나님이십니다. 우리의 어떠한 악을 행하였든지 어떠한 선을 행하였든지 그대로 보응을 하실 하나님이시라는 것을 잊으면 안 됩니다. 사람이 만들어 놓은 법도 어기면 반드시 벌을 받게 되는데, 하나님의 법을 어기는 자에게 심판이 임하지 않겠습니까? 하지만 하나님의 재앙과 심판의 날에도 성령님을 찾는 자와 공의로운 법과 정의를 따르는 자에게는 반드시 구원이 있을 것입니다. 그냥 말로만 성령님을 찾는 것이 아니라 신령과 전심을 다하여 악을 끊어 버리고 성령님을 사모하며 선한 마음으로 선을 행하는 자에게는 하나님의 은혜가 임할 것입니다. 성령님의 인도를 따라 그리스도를 영접하는 자들은 구원을 받을 것입니다. 성령님을 믿는 것이 선이며, 음녀로 살아가는 거짓은 악한 것입니다. 여러분, 심판 날이 가까이 왔음에도 말씀을 경성하고 깨어있지 못하고 안일과 태만에 사로잡혀 있으면서 현실에 만족을 삼고 안주하는 자는 화를 당하게 될 것임을 알아야 할 것입니다. 자기의 힘이나 물질의 힘이나 명예나 자기가 가지고 있는 권력이나 세상의 것에 의지하는 자들 역시 화를 당하게 될 것입니다. 자신의 힘을 신으로 섬기는 자들은 재앙의 날에 화를 당하고 멸망을 받게 될 것입니다. 물질이나 권력에 의지하면서 성령님을 멀리하는 자들은 하나님과는 상관이 없는 자들이며 멸망의 날에 화를 당하게 될 것입니다. 아무리 시온이라 할지라도 자기 이름을 유명하게 하기 위하여 비진리와 타협을 한다면 그 또한 화를 당하게 될 것입니다.

우리는 모두다 진리 되신 성령님의 인도를 받아야 합니다. 하나님께서는 진리의 영이신 성령님을 따르지 않는 자들은 안일하고 태만하게 만들어 버리실 것입니다. 진리이신 성령님을 따르지 않는 자들에게는 자기 마음을 든든하게 하시고 자기 이름을 높이며 성령님을 미워하는 마음을 넣어 버리실 것입니다. 그래서 화를 당하게 하시고 그 가정의 가족까지도 대적의 손에 붙이신다는 것을 알아야 할 것입니다. 여러분, 세월을 아끼십시오. 하나님의 계획은 반드시 이루어지실 것입니다. 우리가 아니더라도 하나님의 계획하심은 한 치 오차도 없이 행하여질 것이며 이루어지게될 것입니다. 여러분, 악을 돌이켜 하나님 나라의 확장에 힘쓰십시오. 하나님께 쓰임 받는 그릇이 되기 위해 성령님을 받아들이고 자기 영혼 관리를 잘 해 나가시기를 간절히 소원합니다. 하나님의 후회하심이 없도록내 안에 성령님을 존귀히 모시어 들이고 성령님의 사역에 동참하며 섬길수 있는 자가 되시기를 소망합니다.

여러분, 우리가 모태신앙인이건 수십 년 간의 신앙생활을 한 사람이건, 그러한 것은 별의미가 없습니다. 또한 지난 과거의 삶이 죄악된 것이었다고 해도 문제없습니다. 중요한 것은 그리스도를 영접하는 것입니다. 성령님의 도움을 받아 그리스도를 믿게 되면 모든 무거운 짐은 사라져 버립니다. 여러분, 오늘날 많은 교인들이 하나님을 이론적 지식적으로는 잘알지만, 성령님을 알지 못하여 성령님을 무시하고 조롱하는 자들이 많으므로 (즉, 그리스도를 믿는 이들이 적다는 의미와 같습니다) 하나님께서는 기뻐하지 않으신다는 것을 알아야 할 것입니다. 성령님의 인도하심을받아 살아 계신 하나님을 믿고, 하나님께 전적으로 의지하는 사람들이되어야 합니다. 예수 그리스도가 길이요 진리요 생명이라는 사실을 확실히 심령으로 믿어야 합니다. 성령님의 인도를 거부하고 사단의 앞잡이 노릇을 하는 것은 스스로 사단의 늪에 빠져 들어가는 것이고 무서운 지옥을 선택하는 것임을 알아야 합니다.

여러분, 진실로 성령님의 인도를 받아 새 생명을 얻어 하나님께서 다시 세우실 교회가 되고 천국 백성이 되어야 합니다. 그러기 위해서는 고난을 감사하게 여기며 환란과 핍박을 이겨 내야 합니다. 모든 것이 자기 자신의 믿음에 달려 있다는 것을 잊지 마십시오. 말씀을 내 자신의 육의 뜻대로 맞추어 살아간다면, 결국에 하나님께서는 우리의 믿음을 인정하시지 않으실 것입니다. 여러분, 자기의 영혼이 하나님의 뜻에 순응하도록 훈련시켜야 합니다. 성경 말씀을 잣대로 해서 자기 심령을 분별하며 더 이상 악이 시키는 대로 행동하지 않도록 말씀(하나님)에 순종하십시오. 그래야만 되는 것입니다. 특히 분쟁을 하지 말고 짜증내지 말고(겉으로뿐 아니라 내면에서부터 짜증을 내지 말아야 합니다) 눈을 흘기며 인상을 쓰지 말아야 합니다. 그렇지 않으면 심판을 당하게 될 것입니다. 그런 행위들은 심령을 망가뜨리는 기초가 됩니다. 새사람으로 변화되어야 하는데 아직 그런 기초적인 것까지도 바꾸지 못하고 있다면 그 결과는 반드시 우리 스스로를 해치는 결과가 될 것입니다. 사람들로서는 상상할 수 없는 엄청난 일이 일어날 것입니다. 서로서로 잡아 주고 성령으로 하나 되어 협력한다면 이겨 나갈 수가 있으나 서로가 분쟁을 하고 서로 미워한다면 같이 무너진다는 사실을 깨달아야 할 것입니다. 세상적으로도 서로의 환경이 불우하고 서로 고생을 하면 서로 불쌍히 여겨 더 위로하는 마음으로 살아가야 할텐데 영적인 문제에 있어서는 세상 사람들보다 더 독하고 악하니 웬 말입니까? 진리의 길은 자기의 스트레스를 풀며 자기의 성질대로 표현하며 사는 길이 아닙니다. 자기가 아무리 잘했다고 할지라도 더 겸손히 자기 심령을 낮추며, 자기를 부인하고, 나날이 자기 심령을 깨뜨리고 그리스도만 나타내며 걸어야 할 것입니다. 그러한 것이 자기를 부인하는 길입니다. 세상의 일이라면 무너진 것을 반성하고 다시 일으키든지 바꾸든지 하면 되겠으나 영적인 무너짐은 사단이 사망으로 끌고 가려는 계획이므로 반드시 이겨 나가야 할 것입니다. 사단은 예수 그리스도를 믿는 자를 삼키려 대기 중이니 사단한테 속아 헛된 일이 되지 않기를 간절히 소원합니다. 아직까지 자기 자아가 깨지지 않고 있기에 자기 욕심대로 말미암아 혈기와 분냄과 시기와 질투와 미워하는 마음이 생기는 것입니다. 그래서 혈기가 올라오는 것입니다. 아직 자아가 깨지지 않으니 분이 올라오는 것이며 시기와 질투와 당 짓기를 좋아하며 형제를 모함하고 억울하게 하는 마음으로 행하게 되는 것입니다. 이제는 하나님 앞에 두 손 두 발 납짝 엎드려 말씀대로 선한 양심으로 하나님 나라의 확장을 위하여 전진하며 주의 뜻대로 살아가는 삶으로 살아 새로운 생명 얻기를 소원해야 합니다. 항상 성경을 그대로 믿고 성령님이 하시는 말씀을 그대로 믿기를 원해야 할 것입니다. 하나님은 우리들에게 큰 것을 바라지 않습니다. 하나님을 사랑하고 이웃을 사랑하기를 원하십니다. 어떤 환경에서라도 서로 사랑하며 긍휼히 여기며 인내를 배우도록 하십시오.

시간은 빠르게 흘러갑니다. 결과는 반드시 있습니다. 말씀에 영적 귀를 기울여 듣고 순종하는 삶으로 나아가야지 말씀을 여사로 넘겨 버리시면 절대로 안 될 것입니다. 남에게 조롱을 받아도 바보 소리를 들어도 자기의 심령을 낮추십시오. 그래서 하나님께서 우리의 영혼을 긍휼히 여기시어 돌아보시기를 사모하며 기다리십시오. 하나님께서 돌아보아 주실 때에 죄에서 자유함을 누리게 될 것입니다. 하나님이 우리를 돌아보실 때는 우리의 영혼이 예수 그리스도를 믿게 될 것이며 그리스도를 믿는 증거로 우리의 영혼에 성령님의 임재하심이 있게 될 것입니다. 성령님이 하시는 말씀을 꼭 기억해야 합니다. 달콤한 소리보다 충고의 소리를 해 주는 권면의 말씀을 들어야 합니다. 죄에 대하여, 의에 대하여, 심판에 대하여 하시는 말씀을 반드시 깊게 새겨듣는 자가 되어야 할 것입니다. 그리고 그 말씀에 감사해야 합니다. 권면과 충고의 말씀은 우리의 영혼을 살리는 것이 되나 달콤한 소리는 독이 되어 결국에는 우리 영혼을 파괴시킨다는 것을 알아야 합니다. 반드시 인내하며 기다리는 믿음으로 성령님께 다시 붙들린 바 되어 성령님의 인도하심으로 그리스도를 믿는 성도가 되십시오. 그리스도께서 원하시는 데로 겸손히 순종하고 섬기는 삶을 살도록 하십시오. 그리하여 하나님이 다시금 우리를 보실 때에 우리에게 후회하시지 않고 기뻐하시게 만들어 드리는 사람들이 되시기를 간절히 소망합니다.

19

자기의 영적 분수를 알아야 합니다

대저 너희가 지식을 미워하며 여호와 경외하기를 즐거워하지 아니하며
나의 교훈을 받지 아니하고 나의 모든 책망을 업신여겼음이니라. 그러므로
자기 행위의 열매를 먹으며 자기 꾀에 배부르리라.
어리석은 자의 퇴보는 자기를 죽이며 미련한 자의 안일은 자기를 멸망시키려니와
오직 내 말을 듣는 자는 평안히 살며 재앙의 두려움이 없이 안전하리라.

(잠언 1:29~33)

자신의 영적 분수를 반드시 알아야 합니다. 세상(육)적으
로 지낼 때에도 자신의 분수를 모르고 살아간다면 자신의 분수를 망각
함으로 인하여 여러 가지 시행착오를 겪는 사건 사고의 일들이 많이 일어
납니다. 영적 세계도 마찬가지입니다. 자신의 영적 분수를 알지 못해 성
령님을 대적하는 악을 수없이 행하고 있음을 알아야 할 것입니다. 성령
님께 대적하는 죄는 사함이 없다는 것을 성경은 분명히 전하고 있습니다.
성령님을 대적하고서도 자신은 성령님을 사랑했노라 여기며 하나님께 속
한 자인 줄로 착각하는 자는, 자신의 영적 처지를 알지 못하고, 성경도 알
지 못하며, 성경에 기록된 말씀도 믿지 않는 자에 속할 뿐입니다. 누구든

지 성령을 훼방하면, 그리고 성령님을 근심케 하면 죄사함이 없습니다.

여러분, 진정으로 자신의 영적 분수를 안다면 자기 신분에 맞게 자기의 영적 상태를 진단하면서 조심스럽게 하나님께로 돌이키기(회개) 위한 몸부림이 있어야 할 것입니다. 회개의 삶도 없고, 자기중심적인 영적 상태로는 성령님의 임재하심을 구할 수는 없습니다. 자신의 영적 분수를 모르고 입만 살아서 성령님의 임재하심을 바라는 자들의 기도는 응답하실 리가 없습니다. 그러한 자들은 자기 가치관과 철학으로, 자기중심적인 신앙의 잣대로 살아가므로 말씀(하나님)과는 거리가 먼 자들입니다. 하나님의 뜻은 안중에도 없고, 그저 자기 생각에 말씀을 끼워 맞추며, 신학적 이론적으로 배운 지식만으로 하나님을 전부 안다고 여긴다면, 그들은 어리석은 영적 오만과 교만에 빠져 있는 자들입니다. 오만과 교만에 찬 영적 신분이라면 결국에는 버림을 당하게 될 것입니다. 여러분, 지금까지 하나님을 정확히 알지 못하면서 어긋난 복음을 복음이라고 말하며 자기 마음 내키는 대로 외치고 있지는 않았습니까? 자기 영혼을 의심해 보아야 할 것입니다. 여러분, 진정으로 말씀을 잣대로 해서 하나님을 알고, 믿고, 섬기는 심령으로 살아가기 위한 몸부림을 치는 심령인지를 감찰해 보아야 할 것입니다. 그리고 우리의 영적 처지는 악을 끊고 회개해야 하는 상태에 있다는 것을 깨달아야 합니다.

여러분, 지금은 성령께서 알곡과 가라지를 구별하고 있는 시대임을 알아야 합니다. 그런데 우리의 영혼은 영적 눈이 캄캄하여 회개하지 아니하고 지금 이 순간에도 혈기와 분냄으로 하나님을 자기 삶의 수단으로 여기며 하나님의 이름을 망령되이 일컬으며 지내고 있음을 알아야 합니다. 하나님을 자기 삶의 수단으로 여기며 육을 위한 일에만 전념하고 있는 악한 영적 신분 상태로 성령님을 대적하고 있지는 않은지 자기 심령을 돌아보며 두려워해야 할 것입니다. 만약 그러하다면 즉시 모든 악을 중단하고 하나님께로 돌이켜야 합니다.

여러분, 우리의 육을 위하여 무엇을 마실까 무엇을 먹을까 염려하는 것이 아니라 우리의 영혼 구원에 목적을 두고 하나님께 기도하는 사람이 되어야 합니다. 하나님은 영이시니 우리의 영혼이 하나님중심적인 삶으로, 하나님 기뻐하시는 삶으로, 하나님께 주파수를 맞추어 교통하기를 원해야 하는데, 그동안 잘못된 신앙관으로 말씀의 비유를 깨닫지를 못하고 성경을 문자 그대로 해석하여 무엇을 먹을까 무엇을 마실까 하는 육의 욕망에 초점을 맞추고 살아왔음을 깨닫고 즉각 회개해야 합니다. 진정한 천국을 알아서 하나님중심적인 삶으로 경건한 삶을 살지 못하고, 단지 천국의 모형과 그림자만을 알고 말하며 헛된 예배에 참예하는 자로 구경꾼의 삶을 살아왔다는 것을 깨닫고 회개하여야 할 것입니다. 즉각 회개하고 다시 새롭게 하나님중심적인 삶으로 자기 영혼을 위하여 그리고 자기의 자녀의 영혼을 위하여 애통하며 하나님중심적인 삶으로 진정한 그리스도인의 모습으로 변화 받아야 합니다. 혹여는 모태에서부터 수십 년의 세월을 기독교인으로 지내는 동안 천국의 모형과 그림자의 일들에 신앙의 초점을 맞추고 지내다가 심판의 때에 주님께서 나는 너를 모른다고 외면해 버리시면, 그때에 어떻게 할 것입니까? 잘못된 신앙관으로 살다가 결국에 자기의 영혼은 어디로 버려짐을 당하겠습니까? 심판의 때에, 진정한 천국을 소망하며 살아온 삶이 아니라 평생 천국의 모형과 그림자에만 초점을 맞추고 살아온 헛된 시간이었음을 알게 된다면 얼마나 큰 충격이겠습니까? 자기의 믿음 생활이 잘못되었음을 안다고 하여도 그때에는 이미 돌이킬 수가 없는 상황에 처할 것입니다. 지금 즉시 하나님께로 돌이키기 위한 몸부림을 쳐야 합니다.

여러분, 내 자신의 심령이 강퍅하여져서 악에 속해 있는 줄도 모르고 선이신 하나님의 긍휼을 입겠다는 것은 자기의 영적 분수를 모르는 가증한 모습일 뿐입니다. 여러분, 아직까지도 자기중심적인 신앙이라면 말씀을 받아들일 수 없는 강퍅한 심령이므로 하나님의 말씀을 깨달을 수도 회개할 수도 없을 것입니다. 강퍅하다는 의미는 말씀(하나님)을 절대로 받아들이지 않는 자기 생각과 지식을 고집하는 것을 말하는 것입니다. 회개하는 모습까지도 자기중심적이며 하나님께 달라고만 욕심을 부리고 있습니다. 자기 심령은 혈기와 분냄과 술수와 욕심으로 가득 차 있으면서 입으로는 신실하고 거룩하게 말씀 따라 살아가고 있다고 말하고 있습니다.

여러분, 사단의 공격으로 인하여 기근과 재앙이 있는 줄로 아십니까? 모든 기근과 재앙들은 우리의 믿음이 없음에 대한 저주의 결과입니다. 분명히 예수 그리스도를 믿을 때에 죄에서 자유를 허락하신다고 말씀하셨지만 아직까지 죄에서 허덕이고 있는 것은 그리스도를 믿고 따르는 것이 아니라 사단의 지배 아래 있음을 보여 주는 것입니다. 육의 필요를 채우기 위해 심령의 악을 물리치지 않아 사단의 지배 아래 있으면서도 하나님의 자녀에 속한 듯인 냥 위장을 하고 살고 있습니다. 이러한 악을 회개하지 않고 계속 하나님을 대적한다면 심판을 당할 것입니다. 여러분, 하나님께서는 악인들을 멸하시려 기다리고 계신다는 것을 명심하십시오.

여러분, 아직도 사단이 우리들을 공격하기 때문에 모든 재난과 기근이 있는 줄로 아십니까? 아닙니다. 사단의 공격이 아니라 자기 자신의 의지가 하나님을 멀리하여 사단의 지배를 받으려 선택했기 때문입니다. 그래서 자신이 선택한 결과로 인해 재앙이 있는 것이라는 사실을 알아야 할 것입니다. 여러분 아직까지도 진정한 회개가 아니라 거룩을 위장하는 악한 모습으로 하나님을 찾고 있습니까? 그러한 자들은 자신의 내면의 악함을 돌아보지 않기 때문에 아니하여 그 악함은 날로 심해져서 죽임에 당할 지경에 놓여 있습니다. 악인들에게는 지금 현재 아니 벌써부터 하나님의 검이 그들을 향해 있다는 사실을 알아야 할 것입니다.

여러분, 자기의 영혼을 예수 그리스도를 믿게 하기 위한 하나님의 계획을 이루기 위한 연단의 위치에 있는지 아니면 악인으로 거듭나서 하나님이 바람에 나는 겨와 같이 흩어지게 하시기 위한 계획을 이루기 위한 처지에 놓여 있는지 자신의 영적 처지가 어디에 속해 있는지를 돌아보며 자신의 영적 위치를 분명히 깨달아야 할 것입니다. 오늘날 교인들은 지금 자기의 영적 위치를 모르고 자기 착각에 빠져 신비주의에 물들어 있다는 것을 알아야 할 것입니다. 우리의 악행을 한 번 돌아보십시오. 성경을 통하여, 그리고 여러 모양의 복음을 통하여 듣고도 자기 영혼을 돌아볼 줄 모르는 이들은 신비주의에 빠져 있는 것입니다. 이들은 하나님과 상관없는 자임을 알아야 할 것입니다. 하나님과 상관없는 자들도 하나님을 찾고 부르면 하나님께서 돌아보아 주실 것이라고 생각한다면 그것은 분명히 자기의 영적 상태를 전혀 알지 못하고 있는 신비주의에 사로잡힌 행태입니다. 여러분, 원래 성경도 마음대로 펼쳐 읽을 자격이 안 되는 자들이 바로 우리입니다. 성경책이 쉽게 출판되어 많이 널려져 있다고 하여도 하나님을 알지 못하고, 그리스도를 믿지 않는 이방인들에게는 원래 읽을 자격도 없었음을 알아야 할 것입니다. 그러나 누구든지 그리스도를 믿는 자들에게는 성경을 묵상할 수 있는 자격도 주어지게 되는 것입니다. 여기서 그리스도를 믿는 자라고 함은 성령님을 믿고 섬기는 자들을 말씀하시는 것입니다. 성경 모든 말씀의 1장 1절을 먼저 보십시오. 말씀을 묵상하기 전에 먼저 누구에게 이 말씀을 주셨는지 그리고 내 자신의 영적 위치가 읽을 자격이 되었는지를 알아야 할 것입니다. 누구든지 주 안에 있는 자, 그리스도를 믿는 자에게 그리고 그리스도를 사랑하는 자에게 전하시는 말씀이기 때문입니다. 이와 같이 누구든지 성령님을 믿는 자가 하나님 나라의 비밀로 채워진 성경 말씀도 묵상할 수 있는 자격이 되고 말씀의 비유로 깨닫게 되는 것입니다.

여러분, 여러분들은 성경이라도 읽을 수 있는 자격을 갖춘 자들입니까? 아니면 성경을 통하여 기록된 하나님 나라의 비밀들을 훔치려 하는 자들에 속한 자들입니까? 악인들에게는 해당이 되지 않는 말씀을 도적질하여 그 말씀을 인용하여 자기 육을 위하여 사용하고 있는 자들의 결국은 사망(지옥)으로 들어가게 될 것입니다. 엄청나게 무서운 일들을 행하고 있으면서도 아무렇지도 않게 뻔뻔한 모습으로 하나님을 부르며 찾고 있습니까? 무엇이 악이고 무엇이 대적인 줄도 모르고 무턱대고 하고 보자는 철면피 같은 배짱으로 또다시 성령님을 조롱하는 자의 모습이 바로 그리스도를 믿지 않는 교만한 영적 모습임을 깨달아 알아야 할 것입니다. 자기의 영적 위치를 모르고 무지하게 행하면 하나님의 노여우심으로 인하여 불사르개로 던져지는 심판을 받게 될 것입니다. 말씀을 자기 편리대로 인용하는 자들에게는 자기 악으로 말미암아 세상에서도 자유를 누리지 못하고 자기 꾀에 스스로 넘어지게 될 것입니다. 말씀(하나님)을 거부한다고 하여 더 나아질 것이 아니라 악의 잔이 더 채워짐으로 그

당신의 영혼은 안녕하십니까?

진노가 더 빨리 자신에게 돌아갈 뿐입니다. 하나님의 진노를 더 앞당기어 개인적인 종말을 맞게 되는 일이 없도록 즉시 자기의 악함을 끊어야할 것입니다.

여러분, 하나님을 사랑합니까? 하나님을 사랑하는 자들은 자기의 유익을 구하지 않고 그의 나라(하나님 나라)와 의(그리스도)를 위하여 살아가는 삶이 될 것입니다. 성경을 읽을 자격이 되는 자들은 하나님의 하시는 일을 기대하면서 하나님께 굴복하며 자기의 영혼을 위해 겸손히 낮아짐으로, 경건한 삶을 살아가게 될 것입니다. 여러분, 진심으로 그리스도를 믿는 자는 그리스도께서도 그들을 사랑하여 주실 것입니다. 그리고 사랑하시는 증표로 보혜사 성령님을 보내시어 하나님 나라를 볼 수 있도록 우리의 영안을 열어 주실 것입니다. 그러나 우리의 영안이 더 어둡고 흑암이 장악하고 있다는 것은 성령님을 사랑하지 않는 결과입니다. 죽음의 신(영적 죽음, 사단)이 우리의 영혼을 삼키려 진을 치고 있다는 것은 성령님을 대적하고 사랑하지 않은 결과인 것을 알아야 합니다. 한 치 앞도 알 수 없어, 갈 바를 알지 못해, 방황하는 모습은 우리가 하나님을 사랑한다는 말이 거짓임을 드러내어 주는 것입니다. 하나님을 사랑하는 척하였으나 실제로는 하나님을 미워하면서 자기의 목숨을 위하여 위장을 하고 있었던 것입니다. 이러한 자들은 구원을 사모하는 것이 아니라 육적 생명과 쾌락을 위해 위장을 하고 있는 것입니다.

여러분, 육이 편안하고 괜찮았으면 벌써 하나님을 배반하고 떠날 위선자들이 바로 우리라는 것을 알아야 할 것입니다. 육의 이익을 위하여 하나님을 섬기면 안 되는데, 자기의 육의 이익을 추구하기 위하여 하나님을 부르는 자는 진정으로 하나님을 알지 못하는 자입니다. 그러한 자들은 자기 유익을 위하여 하나님을 자기 삶의 수단으로만 여기게 되며 하나님을 능멸하는 자에 불과할 뿐입니다. 하나님께서는 처음부터 우리의 간악함을 아시면서도 지금껏 돌이키라고 기회를 주신다는 것을 알아야 합니다. 우리의 영혼을 위하여 십자가의 보혈의 피를 흘리시면서까지 악에서 건짐 받기를 원하셨던 하나님의 사랑을 외면하고 하나님을 기만하고 있는 것을 참으로 두려워해야 합니다. 우리의 영혼이 무서운 형벌을 받을까봐 형벌 속에 갇히지 말라고 회개하라 돌이키라 하시며 기다려 주시는 하나님의 인내의 선을 넘지 말아야 할 것입니다.

여러분, 사람들의 관계에서도 배신자의 말로는 비참합니다. 하물며 하나님을 배신하는 배신자는 영원한 재앙을 벗어날 수가 없으며 영원한 지옥불못을 벗어날 수가 없을 것입니다. 배신자의 삶은 선함을 싫어하기 때문에 그러한 악한 길로 나아가는 것입니다. 성령님을 미워하면서는 절대로 하나님 나라의 것을 구하고 바랄수가 없다는 것을 알아야 합니다. 여러분, 악한 영적 처지에 빠져서 돌이키지 않는다면 그동안 말씀을 듣고 알고 누리고 있는 것 그리고 하나님의 은혜로 누렸던 모든 것들을 빼앗기게 될 것입니다. 태초에 흙으로 빚어 만드시고 생령을 불어넣어 창조해 주신 하나님의 형상까지도 다 일그러지게 되며 빼앗기게 될 것입니다. 그리고 그 빼앗긴 것들을 성령님을 믿고 섬기는 자들에게 주실 것입니다.

여러분, 자기의 영혼이 감각이 없고 돌처럼 변하고 죽은 자(영적 죽음)로 살아가는 자들은 하나님을 배반한 결과입니다. 이러한 자들은 성령님을 훼방함으로 말미암아 기근과 재앙을 당하게 될 것을 두려워해야 할 것입니다. 왜냐하면 그리스도를 믿지 못하게 하시기 위하여 악을 넣으셨기 때문이라는 것을 두려워해야 할 것입니다. 이전에는 우리의 영혼을 위하여 순전한 기도로 간구를 하며 하나님을 알고, 믿고, 섬기기를 원했었지만, 지금의 우리의 영적 모습은 과연 어떠한지를 체크해 보며 회개하며 하나님께로 돌이키기 위해 몸부림쳐야 할 것입니다. 하나님께서 사람을 지어 놓으시고 후회를 하셨듯이 오늘날에도 마찬가지로 악한 사람이란 존재에게 후회를 하고 계신다는 것을 알아야 할 것입니다. 속임수와 더러운 정욕에 물들은 퇴폐적인 생각을 버리지 못하고 있는 사람들을 하나님께서는 돌아보지 아니하시며 낯을 가리시며 심판의 때를 기다리고 계신다는 것을 알아야 할 것입니다. 성령님을 미워하면서 어찌 하나님이 우리들을 사랑하실 것이라고 판단하는지 참 대단한 일입니다. 여러분, 오만하고 교만하기가 이루 말로 표현할 수 없을 정도로 심각한데도 돌이키지 않는 것은 하나님을 떠났기 때문이라는 것을 명심하십시오. 세상의 법에 저촉이 되지 않는다하여 성령의 생명의 법에 모두 합격 하신 줄로 착각을 하고 있다면 오만과 교만에 차 있기 때문이고 진정으로 하나님을 모르기 때문입니다. 세상의 법과 성령의 생명의 법은 180도 다른 것이라는 사실을 알아야 할 것입니다. 이렇게 모든 것이 교만으로 인하여 자기 착각에 빠져 있다는 것입니다. 기회는 하나님께서 주시지만 그 기회를 잡지 않으면 아무 소용이 없습니다. 기회가 있음에도 불구하고 악을 돌이키지 않는다면 기회는 지나가 버리게 되는 것인데 지나간 기회를 깨닫지 못하고 여전히 중언부언하며 기회를 달라고 부르짖는 어리석음을 범해서는 안 될 것입니다.

여러분, 하나님의 사람에게 예언을 받거나 상담을 할 때에 여러분들의 자존심이 사람들 앞에서는 몸을 숨기고 쏙 들어가 있다가 하나님의 사람과 단둘이 있을 때는 자기의 모든 수치함을 말하며 믿음 있는 척 가장

하는 것은 참으로 부끄러운 모습입니다. 그리고 그 모습은 하나님을 무시하고 조롱하는 모습입니다. 그러한 자들은 악에 속하기 때문이며 악을 행하는 자들은 악의 도구로 쓰임을 받을 뿐입니다. 여러 귀신들이 진을 치고 둘러서서 성령님의 사역을 막고, 성령님의 사역을 방해하기 위해 거룩한 척 위장하는 모습은 성령님을 조롱하는 행위일 뿐입니다. 성령님의 사역들을 믿고 그 사역을 따르는 이들이 악을 보고도 아무 말을 못하고 입을 봉하며 구경을 하는 구경꾼으로 전락한다면 그들 안에 의(그리스도)가 없는 까닭인 것입니다.

하나님께서는 한 번씩 우리의 믿음을 테스트하십니다. 여러분, 하나님의 테스트에 불합격한 것도 재앙을 피할 길이 없는데 하물며 성령님께 칼을 휘두르며 개들의 행위를 하며 대적 행위를 계속하고 있지는 않은지 자기의 심령을 돌아보아야 할 것입니다. 하나님 나라가 확장되는 것을 싫어하면서 자기가 높아지려는 교만함으로 성령님이 하시는 일을 방해하고 서로 미워하고 죽이는 사명을 가지고 있는 용들의 앞잡이에 머물고 있으면 안 될 것입니다. 여러분, 건물적인 교회의 지도자가 가르쳐 준 그대로 이곳에서 그 모양 그대로 기대를 하고 있다면 큰 오산일 것입니다. 여러분, 교회는 구원 받은 자와 구원 받을 자들이 하나님께 경배 드리는 장소가 되어야 합니다. 하나님의 뜻이기 때문입니다. 그리스도를 믿지 않는 자가 성경을 보는 것도, 그 말씀을 묵상하는 것도, 하늘의 것을 탐하는 도적질임을 알아야 할 것입니다. 여러분, 성경이라도 볼 수 있는 자격이 되려면 먼저 성령님을 사랑하고 믿어야 하는 것입니다. 그러나 성경뿐만 아니라 성령님의 부르짖는 음성에도 아랑곳없이 그저 성령님을 핍박하고 훼방하는 일을 하는 사단의 도구로 쓰임을 받고 있는 자들이라면 즉시 자기의 영적 분수를 알고 정말 회개해야 할 것입니다. 사단의 도구로 쓰임 받는 자들은 무당이나 개와 뱀으로 타락하며 영원히 불사름을 당하게 될 것입니다. 이러한 자들은 하나님과는 상관없는 자로 영영히 돌이킬 수 없는 악의 도구로 사용되어질 뿐입니다. 말씀(하나님)을 듣고도 마음에 화인을 맞아 더 이상 두려움도 떨림도 없이 그 말씀을 거역하는 자는 서서히 죽임을 당하게 될 것입니다.

여러분, 자신이 욕심으로 말미암아 하나님보다 더 높아지려고 한다면, 스스로가 하나님과 관계없는 다른 곳에 마음을 두고 있으면서 죽음의 길을 가고는 있지 않은지 자기의 영혼을 분별해 볼 줄 알아야 할 것입니다. 자기가 죽음의 길을 가고 있음을 알았다면, 그 음부에 내려가지 않기 위해 즉시 악을 끊고 하나님의 뜻에 맞추려고 노력하며 경건한 삶을 살기 위해 노력해야 합니다. 한순간도 하나님께서 싫어하시는 일을 하지 않으며 성령님의 사역을 위하여 몸을 다하고 뜻을 다하며 자기 마음을 내어 주어야 합니다. 그럼에도 불구하고 거룩함과 경건함을 위장하고 있다면 즉시 회개해야 합니다. 하나님의 뜻을 알지 못하고 그저 자기중심적인 잣대로 하나님을 자기 삶의 수단으로 이용하고 있다면 즉시 회개해야 합니다. 그리고 그동안 하나님의 이름을 망령되이 일컫고 지내 왔음을 알고 회개하여야 할 것입니다.

여러분, 사단도 하나님을 부르고 있다는 것을 알고 계십니까? 하나님을 크게 부르짖으면서 예배를 방해하는 역할을 하고 있다는 것을 알고 계십니까? 하나님의 섭리를 듣고 배워서 그것을 사용한다고 하여도 사단은 사단일 수밖에 없습니다. 여러분, 사단도 하나님 나라의 비밀을 알고 하나님 위에 서려고 한다는 것을 알고 계십니까? 천사장 루시퍼는 하나님보다 더 높이 서려는 교만 때문에 타락하여 하나님 나라에서 쫓겨나 무저갱에 갇힌 신세가 되었습니다. 하나님은 하늘의 문을 닫으시고 사단을 가둬 놓았습니다. 그런데, 그러한 사단을 하나님께서는 잠깐 풀어놓으셨다는 것을 알아야 할 것입니다. 어떠한 방법으로 풀어놓았다고 여기십니까? 바로 악인들의 혼으로 풀어놓았음을 알아야 합니다. 그리고 악인들을 하나님 나라에 들어갈 수 없도록 하기 위하여 타락한 사단의 종으로 부리고 계심을 알아야 할 것입니다. 사단은 자기 역할이 끝나고 나면 다시 무저갱 속으로 갇히는 신세가 되어 버릴 것입니다.

여러분, 지난날 성령님을 훼방하고 성령님을 노엽게 하는 세월을 살아왔다면 죄에서 자유함이 없는 자임을 분명히 알아야 할 것입니다. 그러한 자들은 아무리 주님을 부른다고 하여도 하나님과는 상관이 없는 자입니다. 다만 악을 더 쌓기만 할 것입니다. 이러한 영적 상태에 있는 자들은 지금도 자기의 영적 상태를 모른 채 아직도 성령님을 배역하고 노엽게 하는 악의 잔만 더 채우고 있다는 것을 알고 두려워해야 할 것입니다. 자기의 영적 상태만 알아도 성령님께 대적하며 악을 행하는 일에 사용되지는 않을 것입니다. 여러분, 우리가 심은 것은 우리가 거두게 될 것입니다. 선(그리스도를 믿기 위한 모든 것)을 심으면 선(천국)을 거두게 되고 악(사단의 종으로 사용되는 모든 것)을 심으면 악(지옥)을 거두게 될 것입니다. 여러분들은 남은 인생 동안 선(그리스도)을 심기 위해 전심으로 노력해야 할 것입니다.

여러분, 자신의 양심이 화인을 맞아 무디어져 버리지는 않았는지 잘 살펴보아야 합니다. 타락한 양심에는 선한 것을 담을 수가 없습니다. 양심이 굳어 버린 자는 거룩을 위장하여 지내고 있지만 때가 차면 그 악함이

당신의 영혼은 안녕하십니까?

표출되어 결국엔 악을 행하게 될 것입니다. 여러분, 어찌 하나님을 속일 수가 있다고 여기십니까? 하나님께서는 우리의 생각과 중심을 꿰뚫고 계신다는 것을 어찌 안 믿으십니까?

하나님은 성경을 통하여 하나님의 사람들에게 말씀을 전하시나 각 사람들이 자기의 영적 위치에서 자기 가치관으로 알아듣고 해석하여 받아들이고 있다는 것이 문제인 것입니다. 그러나 자기중심적인 이해와 생각과 판단은 하나님의 뜻과 맞지 않는다는 것을 분명히 알아야 할 것입니다. 초점이 맞지 않다는 것은 하나님의 뜻을 알지도 말씀의 비유도 모른 채 자기의 영적 상태로 이해하고 해석하며 헛된 곳을 향하여 가고 있다는 의미입니다. 말씀을 받아들이지 못하는 악에서 속해 영원히 죽을 자신의 영적 처지를 알지 못한 채 더 깊은 웅덩이에 스스로 빠져 가고 있습니다. 여러분, 우리의 영혼이 하나님을 멀리하면 사망으로 나아갈 수밖에 없습니다. 사망(지옥)에서부터 피하려면 하나님께로 돌이켜야 합니다. 하나님을 미워하면서 하나님 나라를 넘본다는 것은 용납될 수 없는 욕심임을 알아야 합니다. 여러분, 하나님을 사랑하지 못하는 자들의 심령에게는 사단의 올무가 기다리고 있습니다. 사단의 무리가 진 치고 있기 때문에 말씀을 거부하고 하나님을 경외하지 못하고 하나님 나라의 확장을 싫어하는 것입니다. 지금은 어떻게든 기회를 잡기 위하여 하나님을 사랑하는 척 믿는 척 가장하고 자기의 영적 신분을 감추고 있지만 악인은 환경과 상황이 바뀌게 되면 하나님을 배신하게 되어 있습니다. 악인은 자기의 욕심을 채우기 위해 자기의 악함을 감추고 있을 뿐입니다. 자신의 악함을 감춘다고 하여 모르시는 하나님이 아니시라는 것을 여러분들은 분명히 알아야 할 것입니다. 하나님께서는 그런 악인들까지도 불쌍히 여기시며 회개할 기회를 주시는데 여러분들은 하나님의 사랑을 외면하고 계속 악을 행하고 있다면 거짓되고 가증된 모습들을 즉시 멈추기를 바랍니다. 하나님께서는 우리의 생각과 중심을 꿰뚫고 계신다는 것을 잊지 말아야 합니다. 하나님을 속이는 행위들을 즉시 멈추어야 합니다.

여러분, 성령님께는 그리스도의 권세가 있습니다. 누구든지 그리스도를 믿기만 하면, 그리스도께서 보내신 성령님을 믿기만 하면 영생을 얻을 것입니다. 그러기 위해서는 우리의 악한 행동을 제거하는 훈련이 필요합니다. 그렇지 않고는 내 심령에 성령님을 모시어 들일 수 없을 것입니다. 성령님은 깨끗한 영이십니다. 신령한 영이십니다. 우리의 영혼이 깨끗한 그릇이 되고자 하면 더러움을 내어 버리기 위해 몸부림쳐야 합니다. 성령님을 믿기 위해서는 먼저 자기 악을 버리는 훈련을 하여야 합니다. 자신은 악을 버리지 못하고 도리어 더 큰 악을 행하면서 성령님을 바라고 구하는 일은 헛된 소망이 될 것입니다. 성령님이 자기 심령에 임재하시기를 진정으로 원한다면 10년이든 20년이든 육이 죽는 날까지 마음밭을 정결하게 하기 위한 몸부림을 쳐야 합니다. 그래서 그 심령 안에 하나님 나라가 임한다면 성공한 그리스도인의 삶이 되는 것입니다. 다시 한 번 말씀드립니다. 먼저 그의 나라와 의를 구하십시오. 그리고 모든 기회는 자기 믿음에서 나옵니다.

당신의 영혼은 안녕하십니까?

20

교만을 끊어야 합니다

만군의 여화와가 이르노라 보라 용광로 불 같은 날이 이르리니
교만한 자와 악을 행하는 자는 다 지푸라기 같을 것이라
그 이르는 날에 그들을 살라 그 뿌리와 가지를 남기지 아니할 것이로되 내 이름을
경외하는 너희에게는 공의로운 해가 떠올라서 치료하는 광선을 비추리니
너희가 나가서 외양간에서 나온 송아지 같이 뛰리라

(말라기 4:1~2)

교만한 자들은 하나님을 아버지라 부를 수 없으며, 가증하고 거짓의 아비인 사단의 지배를 받고 있는 타락한 자들입니다. 하나님께서는 그러한 자들에게 진노하시며 심판하실 때를 기다리고 계십니다. 거짓된 우상들을 섬기는 신비주의자들은 거짓의 영을 받아 놓고도 하나님을 섬기겠노라고 하나님을 사랑하겠노라고 하는데, 그 위선적인 모습이 얼마나 가증하고 추악한지를 알고나 있을까요? 알면서도 뻔뻔하게 위장을 하고 있다면 그 얼마나 가증스러운 자들이며 자신들에 내려질 하나님의 무서운 심판을 모르고 있는 어리석은 자들입니까?

흔히 누구나 하나님을 부를 수 있는 자격이 있는 줄로 알고 있지만, 하

나님은 오직 그리스도를 믿는 자들의 하나님이시기에 그리스도 안에 거하는 하나님의 자녀들만이 하나님을 아버지라 부를 수 있는 자격이 있다는 것을 알아야 합니다. 거짓의 영을 받은 자들이 하나님을 부른다고 해도 하나님은 그들에게 응답하지 않으시며 그들을 통해서는 어떤 거룩한 역사도 나타내 보이지 않으십니다. 하나님은 거룩의 하나님이시며 아무나 만날 수 없는 분이시라는 것을 알아야 합니다. 그리고 하나님의 말씀은 주 안에 있는 자들에게 주시는 메시지이지, 거짓 영들의 지배를 받는 이들에게 주시는 말씀이 아니라는 것도 깨달아야 할 것입니다. 그래서 하나님의 말씀을 듣는 자격을 갖추는 자들로 거듭나야하는 것입니다. 하나님 말씀을 들을 자격을 갖추려면 자기 안에 주님을 영접함으로서 진정으로 거듭난 사람이 되어야 하며 그리스도의 말씀에 겸손하게 순종하는 사람이 되어야만 합니다. 재차 강조하지만 하나님께 속하기 위하여 신령과 진정으로 하나님을 사랑하기를 힘쓰며 말씀(하나님)에 순종하는 삶이 되어야 합니다. 그리스도 안에서 거듭난 자, 성령의 충만함을 입은 성도들만이 성경도 볼 수 있는 자격이 되는 것입니다. 사단의 손아귀에 들어가서 성령의 인도에 불순종하는 자들은 하나님의 말씀을 들을 자격도 읽을 자격도 없습니다. 오직 주 안에 있는 자들만이 말씀(하나님)을 읽고 들을 수 있으며, 또 그런 성도들만이 그 말씀의 의미를 깨달아 알게 될 것입니다.

오늘날 자격을 갖추지도 못한 사람들이 자신들의 사리사욕을 채우기 위한 수단으로 성경을 사용하며 하나님의 이름을 망령되이 일컫는 경우가 허다합니다. 그러나 이들은 심판을 받게 될 것입니다. 어리석은 자들이 자기중심적인 신앙에 빠진 채 자기 편리한 데로 하나님을 이리저리 갖다 붙이며 자기 삶의 수단으로 사용하고 있습니다. 이러한 자들은 사단의 종으로서 하나님께 대적하는 죄인들이 될 것입니다. 그러한 자들은 자기 멋대로 말씀을 훔쳐 도둑질을 하는 자들이며 말씀을 듣고 읽은 자격이 없는 자들임을 알아야 합니다. 사람들을 속이기 위해 말씀을 사용하는 자들은 하나님의 무서운 심판을 당하게 될 것입니다. 자기중심적인 신앙의 잣대로 하나님을 이리저리 짜깁기하는 교만함은 심판과 멸망으로부터 벗어날 수가 없을 것입니다. 여러분, 지금 현재 자신의 악한 심령을 돌아보고 즉각 회개하고 하나님께로 돌이키기 바랍니다. 심판이 임하기 전에 영원한 생명을 누리기 위하여 자발적으로 바꾸어야 합니다.

간악하고 추악한 모습을 숨긴다고 하여 드러나지 않을 수가 없을 것입니다. 하나님께서는 우리의 중심(영혼)을 보십니다. 우리의 영혼이 신실한 마음으로 하나님을 경외하며 두려워해야 할 것입니다. 하나님을 두려워하며 경외하지 않는 자들은 교만하기 때문입니다. 거짓의 영의 지배를 받으며 신비주의자에 속한 모든 악한 영들은 경건의 모양을 갖추고 말씀(하나님)을 인용하며 사람들을 미혹하는 술수를 부리고 있지만 결국에는 화를 당하게 될 것입니다. 그 끝은 비참한 최후를 맞이할 뿐만 아니라 음부에 내려가 어둠에 갇히게 될 것입니다. 하나님의 진노하심은 교만한 자들에게 무서운 형벌로 다가갈 것입니다. 마땅히 심판당해야 할 자들임에도 불구하고, 모든 악함을 버리고 하나님께로 돌이키라고 기회를 주셨는데도, 그것을 감사해 하며 회개하고 겸손한 심령으로 낮아지는 것이 아니라 도리어 성령님과 대적하여 이웃에게 악을 행하는 자들은 참으로 교만하며 어리석은 자들입니다. 이들에게는 반드시 하나님의 심판이 임하시게 될 것입니다. 여러분, 자신의 영혼이 이런 상태에 처해 있지 않은지 심각하게 점검해 보아야 합니다.

아무리 성경을 많이 알아도 소용이 없습니다. 제가 사역을 하다 보니 사단이야말로 성경을 달달 외우고 있으며 그 아는 지식으로 성도들을 미혹하고 하나님의 일을 방해하는 은밀한 중에 역사하고 있다는 것을 알았습니다. 당신은 과연 어느 쪽에 서 있습니까? 하나님의 쪽에 서 있으면서 하나님 나라의 확장을 위해 애쓰고 있는 하나님의 자녀입니까? 아니면 사단의 편에 서서 하나님의 말씀을 사악하게 사용하며 하나님을 대적하고 하나님 나라 확장을 방해하는 악인입니까? 성령의 역사가 큰 곳에는 사단의 역사도 크다는 사실을 알아야 합니다. 과연 누가 그 사단의 역사 속에서 사단의 종노릇을 하고 있는지 잘 살펴보십시오. 부지불식간에 자기 자신이 사단의 종노릇을 하고 있지는 않은지 자신의 심령을 점검해 보십시오. 하나님은 다 알고 계십니다.

악하고 교만한 자들은 진정한 말씀(하나님)을 만날 수가 없다는 것을 깨달아야 합니다. 하나님께서는 우리의 영혼을 긍휼히 여기심으로 일방적인 은혜로 우리에게 말씀을 전해 주셨는데, 우리의 영혼은 너무 악하고 무지해서, 그 모든 은혜를 심각하게 받아들이지 않고 거부해 버렸습니다. 그리고 신비주의적인 신앙을 가진 자들의 말이 전부인 냥 받아들이면 안 됩니다. 신비주의적 자들의 신앙은 그 바탕이 시기와 질투로 인하여 모함을 일삼는 말들이 대다수이므로 조심해야 합니다.

여러분, 하나님께서는 우리의 중심(영혼)을 알고도 잠잠하시며 심판하실 때가 오기만을 기다리고 계신다는 것을 알고, 우리의 영혼은 즉시 회개해야 합니다. 자신의 영혼이 교만함에 사로잡혀 안일하고 게으른 상태에 있으면서도 하나님을 전부 아는 냥 합리화하며 자기를 높이고 자기 자랑을 일삼는 자들은 하나님을 만날 수가 없을 것입니다. 그런 교만한 자들은 성령님의 인도를 거부하며 하나님을 자기 삶의 수단으로 사용하는 타락한 존재입니다. 교회 안에는 분명 성령님의 역사가 있지만, 악한 자들, 교만한 자들에게는 성령님의 손길이 비켜 나가게 될 것입니다. 여러분, 아직 회개할 기회가 있을 때에 교만한 마음을 끊고 겸손한 마음으로 돌이키십시오. 우리의 영혼에 성령님의 인도하심이 없어서 하나님과 함께할 수 없다면 사단과 벗하고 있다는 사실을 알아야 합니다. 그런 사람들은 심판의 때에 지옥의 사자들에게 끌려가게 될 것입니다.

지금도 성령 하나님은 우리의 영혼 구원을 위하여 하나님께 돌아오기를 간구하고 계십니다. 그럼에도 불구하고 우리는 과연 얼마나 하나님을 알기를 힘썼고, 하나님을 믿기를 힘썼고, 하나님을 섬기기를 힘썼습니까? "건물적인 교회에 다니기만 하면 되지 뭐" 하겠지만, 그것은 우리의 시각이지 하나님의 시각과는 전혀 다른 것입니다. 그런 안일한 태도는 거대한 착각이요 오만입니다. 만일 자기 자신이 그런 착각과 오만에 싸여 있었다면, 하나님께서 당신을 하나님 나라에 들어갈 수 없도록 하기 위해 그런 악한 생각을 불어 넣으신 것은 아닌지 의심해 보아야 합니다. 그런 악인들에게는 천국을 바라볼 수 없게 하시려고 하나님 나라의 비밀을 닫아 버리신 것인지도 모릅니다. 교만한 자들에게는 그리스도를 믿지 못하도록 그 마음을 닫아 버리신 것인지도 모릅니다. 자신의 심령 상태를 참으로 깊이 감찰해 보고 조금이라도 이상함이 느껴지면 즉시 회개하고 하나님께로 돌이켜야 합니다.

성령님의 인도가 없이는 그리스도를 절대로 믿을 수가 없게 될 것입니다. 성령님의 인도하심은 하나님의 주권에 달려 있습니다. 하나님의 주권 안에 들어가려면 제일 근본적으로 자기를 부인해야 할 것입니다. 자기를 부인하고 십자가를 지고 주님을 따라야만 성령님의 인도하심을 받게 될 것입니다. 자기를 부인하는 자는 교만하지 않습니다. 자기를 부인하는 자들은 하나님 나라의 일들을 모두 인정합니다. 하나님 나라는 이론적으로 해석되어서도 안 되며 신비 그 자체입니다. 하나님 나라는 교육을 받아서 알 수 있는 나라가 아닙니다. 하나님 나라는 하나님만이 아십니다. 우리에게 역사하시는 일들만이 하나님 나라의 전부가 아니라는 것입니다. 자기 자신이 아는 범위 밖에서 하나님 나라의 특별한 일들이 이루어지면 이단이라고 평가하는 그 모습 역시 사단의 궤계에 속은 것이며 교만 중에 교만인 것입니다. 이런 어리석고 교만한 자들은 하나님의 심판의 때가 이르면 반드시 비참한 심판을 당하고 애통하게 될 것입니다.

자신의 교만함과 어리석음을 회개하고 겸손하게 그리스도의 발자취를 따라갈 때, 성령 충만하여 그리스도의 복음을 전하고, 그리스도의 사랑을 실천하기 위해 몸부림을 치는 삶을 살게 되면, 이승의 삶을 끝내고 하나님 앞에 서게 될 때 착한 종이라 칭찬받고 영생을 누리게 될 것입니다. 그러기 위해서는 성도의 준비된 자가 되어야 할 것입니다. 이 세상의 모든 일들은 하나님의 계획하심 안에 있습니다. 우리가 아무리 발버둥을 치더라도 하나님의 계획하심을 지워 버리고 하나님을 능가할 수는 없다는 것을 속히 깨달아야 할 것입니다. 속히 깨달아 교만함을 버리고 겸손하게 낮아져야 합니다.

그리고 하나님의 사람을 이용하고 가지고 노는 행위를 버리십시오. 하나님의 사람을 향하여 온갖 모함과 술수를 부리는 것은 하나님을 향하여 하는 것이므로 하나님의 사람을 흔드는 일에 앞장을 서지 마십시오.

하나님의 사람을 향해 범죄 하는 행위는 반드시 참혹하게 당하게 될 것입니다. 암흑의 시대가 가까워질수록 사람들은 하나님을 멀리하고 하나님의 도구들을 짓밟으려 할 것입니다. 자신의 멸망을 보지 못하고 우선 눈에 보이는 거짓에 속아 하나님을 욕보이는 역할을 하게 될 것입니다. 여러분, 성도의 준비를 단단히 하여 하나님의 사람들을 참혹히 짓밟는 행위가 아니라 죽기까지 보호하는 믿음을 가져야 할 것입니다.

모든 교만함을 이겨 내고 하나님 나라에 입성하는 우리가 되기를 간절히 소망해야 합니다. 내 안에 하나님 나라가 임하기를 간절히 소원해야 합니다. 하나님을 사랑한다 하면서도 자기에게 환란이 닥치면 주님을 배반하고 팔아넘겨 버리는 것이 우리입니다. 우리는 하나님을 우리의 육적 삶의 풍요를 위해 봉사하는 종쯤으로 생각하는 경우가 허다합니다. 우리가 영의 구원이라는 본질은 잊어버리고 하나님을 다른 목적으로 이용해 온 간악한 자들임을 알고 즉시 회개하여야 합니다. 우리가 성경을 알고 성령님의 인도를 받는 이유는 하나님을 알고, 믿고, 섬기기 위한 것입니다. 성령님은 하나님 나라의 일을 말씀하시며 우리가 천국에 소망을 가지고 살아가기를 원하시는데, 우리가 과연 어떠한 모습으로 살아가고 있는지 분별해 보아야 할 것입니다. 듣기는 듣고, 보기는 보아도, 알아듣지도, 깨닫지도 못하는 영적 소경들이 되어 있는 이유는 교만함으로 인하여 성령의 역사하심을 멀리해 버렸기 때문입니다. 그리하여 또 다른 영적 소경들이 전하는 말들을 듣고 옳다고 여기고 그 달콤한 혀의 놀음 속에서 말씀(하나님)을 찾으려고 합니다. 이런 어리석은 자들은 하나님을 알 수 없고 멸망하게 될 것입니다.

하나님을 알기 위해서는 성경을 알아야 합니다. 그러나 성경을 부분적으로 알게 된다면 절대로 정확한 하나님을 알 수가 없기 때문에 성경을 전체적인 맥락에서 알아야 합니다. 성경을 지식으로만 알아서는 하나님을 제대로 알 수가 없습니다. 성령의 도우심을 받아 깨달음을 얻어야 하며 전능하신 하나님과 예수 그리스도의 뜻이 무엇인지를 가슴으로 깨달아 알아야 합니다.

입술로는 "거룩의 주, 영광의 주"라고 찬양을 하며 외쳤지만 자기 영혼을 돌아볼 때 과연 진정으로 하나님을 찬양했습니까? 하나님은 영이시니 우리의 영혼이 하나님을 찬양해야 합니다. 우리의 영혼이 간악하고 무지하기 때문에 죄사함을 받기 위해 성령 하나님의 도우심을 받아 회개해야 합니다. 그리고 예수 그리스도를 우리 속에 영접해야 합니다.

여러분, 천국의 모형만을 아는 것으로는 천국을 알았다고 할 수 없습니다. 교만함으로 꽉 차고 자기 꾀에 빠져 하나님을 속임으로써 하나님의 진노를 자초해서는 안 됩니다. 하나님께서는 우리의 중심을 보시며, 우리가 신령과 진정으로 하나님을 예배하기를 원하십니다. 우리의 영혼이 구원 받기를 원한다면 정직하게 하나님을 의지하고 의뢰하는, 하나님만을 높이며 찬양하는 모습이 되어야 합니다. 내 육신의 욕구를 해결하기 위해서 하나님께 부르짖는 것이 아니라 하나님의 뜻대로 살아가는 내가 되기 위하여 성령님을 알고 그리스도를 믿고 하나님을 섬겨야 하는 것입니다. 하나님을 나의 삶의 수단으로 이용하는 것이 아니라 하나님의 거룩하신 사역들을 수행하기 위해 우리를 전적으로 하나님께 드려야 합니다. 우리 자신을 낮추고 겸손한 마음으로 하나님께 순종해야 합니다. 이렇게 함으로써 우리는 하나님을 아버지라 부를 수 있는 자격을 갖추게 되는 것입니다.

여러분, 하나님을 영화롭게 하기 위해 태어났음을 잊지 말아야 합니다. 우리의 영혼은 하나님을 영화롭게 하기 위한 삶을 살아가는 것을 제일의 목적으로 삼아야 합니다.

21

하나님의 권위 아래
굴복해야 합니다

육체의 일은 분명하니 곧 음행과 더러운 것과 호색과 우상 숭배와 주술과
원수 맺는 것과 분쟁과 시기와 분냄과 당 짓는 것과 분열함과 이단과
투기와 술 취함과 방탕함과 또 그와 같은 것들이라
전에 너희에게 경계한 것 같이 경계하노니 이런 일을 하는 자들은
하나님의 나라를 유업으로 받지 못할 것이요 오직 성령의 열매는 사랑과 희락과
화평과 오래 참음과 자비와 양선과 충성과 온유와 절제니 이 같은 것을
금지할 법이 없느니라 그리스도 예수의 사람들은 육체와 함께
그 정욕과 탐심을 십자가에 못 박았느니라

(갈라디아서 5:19~24)

여러분, 우리는 하나님의 권위 아래 반드시 굴복해야 하는 존재입니다. 하나님은 천지만물을 창조하신 창조주이시며 주인이심을 인정하고 기쁨으로 굴복하여야 합니다. 하나님은 천국의 모든 것을 통치하시는 거룩한 분이십니다. 하나님은 모든 지혜와 능력과 부와 사랑의 근원이 되십니다. 그러므로 하나님의 자녀된 자들이라면 아름다움과 선함과 지혜의 근원이신 성령님의 인도하심을 받아 그리스도를 자기 영혼

당신의 영혼은 안녕하십니까?

에 영접하며 그리스도를 높이는 삶이 되어야 합니다. 성령님의 인도를 외면하고 그리스도를 알지 못하는 심령으로 자신을 높이는 이들은 절대로 천국을 소유할 수 없다는 것을 알아야 할 것입니다. 여러분, 성령님의 깨닫게 하심을 통하여 모든 것의 근원이 되시는 그리스도를 마음으로부터 시인하고 그리스도를 높이는 삶을 살 때에 더 깊고 풍성한 천국의 영광이 우리의 영혼에 거하게 될 것입니다.

여러분, 우리의 영혼이 그리스도를 시인하고 하나님께 영광 돌리는 것이 어려운 이유는 하나님의 손에 붙들린 바가 되지 못했기 때문입니다. 그리고 하나님의 손에 붙들린 바 되기 전에 먼저 우리의 영혼이 하나님께 확실하게 굴복해야 합니다. 먼저 우리의 영혼이 하나님의 권위 아래 온전히 굴복하고 사로잡힐 때만 하나님을 진정 사랑하고 시인하며 높일 수 있게 될 것입니다. 하나님의 깊은 터치가 성령님을 통하여 우리의 영혼에 접속이 된다면, 하나님의 권위 아래 굴복된 자만이 진정한 천국의 빛과 영광을 경험할 수 있으며 하나님이 어떠한 분이신지를 알게 될 것입니다. 그러므로 더 깊이 하나님께 속하기를 원하고 하나님께 굴복되기를 원하는 영적 몸부림이 있어야 할 것입니다. 그러나 그러한 하나님의 사랑을 경험하지 않는 이들은 본능적으로 자신을 높이며 자신의 자랑을 드러내기를 좋아합니다. 그것은 사람이 빛(그리스도)을 받기 전까지는 아직 어두움의 세력과 지옥(2사망)으로부터 더 영향을 받기 때문이라는 것을 깨달아야 합니다. 여러분, 천국은 하나님이 다스리는 나라입니다. 천국에 속한 이들은 하나님의 권위 아래 굴복하므로 하나님의 사랑을 받아 성령님의 통치를 받을 수가 있게 되는 것입니다. 그런데 하나님의 권위 아래 굴복하지 않는 이들은 하나님과 상관이 없는 자로 구별되기에 무지와 어두움 속에 거하며 악한 영들의 지배 속에서 노예처럼 살게 될 것입니다. 여러분, 지금 현재 우리의 영혼이 하나님의 권위 아래 굴복하고 살아가는 삶인지 아니면 하나님의 권위 아래 굴복하지 못하여 쉼 없는 고통을 받고 있지나 않은지 돌아보아야 합니다. 이 땅에 와서 인생의 여러 고난과 역경의 경험을 통하여 훈련을 받는 목적이 결국은 하나님의 권위 아래 굴복하고 하나님 나라의 영광과 면류관을 더 확실히 부여잡기 위한 것임을 알아야 합니다. 여러분, 성령님의 지배를 받으며 성령님의 깨닫게 하시는 은혜를 입어 모든 것의 주인 되신 하나님을 인식하게 될 때, 점점 하나님 나라에 가까워 질수가 있게 되는 것입니다. 그러므로 점차로 마음으로부터 그리스도를 시인하고 믿으며 하나님께 영광을 돌리는 모습이 되어야 하는 것입니다. 마음으로부터 그리스도를 시인하고 그리스도를 높이는 것은 하나님 나라의 가장 중요한 핵심임을 알아야 합니다. 그러나 그 이전에 먼저 자기의 심령의 악을 단번에 끊고 성령님의 인도하심을 받아야 할 것입니다. 여러분, 하나님의 권위 아래 굴복하고 지배 받지 않으면 절대로 하나님 나라와는 상관없는 자임을 알아야 합니다. 하나님과 상관없는 자라면 어둠의 세력의 지배를 받는 자라는 의미입니다.

여러분, 하나님의 하나님 되심을 경험하고 굴복되어 갈수록 하나님 나라와 가까워지게 되며 그리하여 하늘의 모든 풍성함을 누릴 수가 있는 것입니다. 그러나 성령님의 통치를 벗어날 때에는 어두움의 영이 다가온다는 사실을 알아야 할 것입니다. 하나님 나라는 성령님의 통치하심이 있는 곳입니다. 하나님 나라를 소유하고자 한다면 하나님의 주권과 권위 아래에 완전히 굴복하고 순종해야 합니다. 하나님 나라에서는 그 누구도 하나님의 권위에 도전하지 않고 말씀을 거스르지 않으며 원망하거

당신의 영혼은 안녕하십니까?

나 하나님을 함부로 대하는 일이 없습니다. 그러므로 하나님 나라는 완전한 아름다움과 완전한 기쁨과 완전한 평화로 가득합니다. 하나님 나라의 모든 풍요로움은 하나님으로부터 오며 그것을 반대하고 방해하는 요소가 하나님 나라에는 없다는 사실입니다. 여러분, 하나님은 빛이십니다. 하나님에게는 모든 선한 열매들이 풍성하게 나타나게 되어 있습니다. 마음으로부터 그리스도를 시인하고, 마음으로부터 그리스도를 높이고 고백하는 이들은 하나님 나라의 풍성한 열매들이 자기 안에서 열리는 것을 경험하게 될 것입니다. 그것은 자기의 열매가 아니고 마음으로부터 그리스도를 시인하고 믿음으로 인하여 맺히게 되는 열매라는 것입니다. 그러나 하나님을 대적하며 원망하는 이들은 하나님의 낯을 가리게 되기 때문에 하늘의 풍성한 열매를 맺을 수가 없게 될 것입니다. 햇볕을 받지 못한 식물이 말라서 죽어 가는 것처럼 하나님께 대적한 영혼은 파괴되고 죽어 가게 될 것입니다. 하나님을 대적하고 원망, 불평하는 이들은 빛을 피하여 어두운 곳에 떨어지게 될 것입니다. 지혜의 빛이 그들에게 비춰지지 않기 때문에 그들은 무지와 거짓 속에서 진리를 알지 못하고 살게 되다가 결국에는 어두움에 떨어지게 될 것입니다.

여러분, 타락이란 무엇입니까? 그것은 하나님의 형상으로 지어진 인간이 성령님의 통치와 질서를 싫어하여 스스로의 길을 간 것입니다. 스스로 하나님의 권위 아래에서 순종하며 사는 것을 싫어하여 나간 것입니다. 그러므로 구원이란 하나님의 주권과 권위 밖으로 나가서 제멋대로 살고 있는 이들이 다시 하나님의 주권 가운데로 들어가는 것을 말합니다. 여러분, 영적 성숙이란 우리가 주님께 사로잡히는 수준을 말하는 것임을 알아 두어야 할 것입니다. 여러분, 하나님의 권위에 굴복하지 않고 하나님 나라 밖으로 떨어져 나가서 제멋대로 사는 것이 곧 타락이라는 것을 다시 한 번 더 강조합니다. 인간은 하나님께 굴복할 필요 없이 스스로 신이 될 수 있다는 사단의 거짓말에 속아서 하나님으로부터 떨어져 살게 되었습니다. 그러나 그것은 거짓말이었습니다. 사람은 하나님으로부터 벗어나게 되는 순간 사단의 종이 되어 버렸던 것입니다. 그렇습니다. 하나님을 떠난 삶은 악한 영들에게 묶이는 삶을 살아갈 수밖에 없다는 사실을 알아야 할 것입니다.

여러분, 천국과 지옥은 반드시 있지 그 중간은 없습니다. 모든 이들은 천국에 가든 지옥에 가든 그 어떤 한군데에 속하게 되는데, 이생의 삶을 사는 동안에 자기의 영혼을 돌아볼 줄 모르고 소홀히 여기며 세월만 보내는 실수를 범해서는 안 될 것입니다. 우리의 영혼이 천국도 가기 싫고 지옥도 가기 싫을 수는 없는 것입니다. 성령님의 통치 속에 거하며 하나님 나라의 빛 가운데 있던지 아니면 성령님의 통치를 거절하고 스스로 살면서 지옥의 영들에게 잡혀서 어둠 속에 살던지 그 두 가지 선택 외에는 없는 것입니다. 분명한 사실은 이것입니다. 즉, 어떤 사람이 하나님의 권위 아래 굴복하지 못하고 순종하지 않는다면 그는 악하고 속이는 영들에게 이용당할 수밖에 없다는 것을 알아야 합니다. 하나님께서 자신을 거절하는 이들에게 순복을 강요하지 않으시며 그들이 다른 영들을 선택하고 어두움의 영들의 세력들에게 잡혀 사는 것을 내버려 두신다는 것을 알아야 합니다. 그러나 하나님의 권위 아래 굴복하는 이들은 죄에서 자유함을 누리게 되며 하나님 나라를 소유할 수 있게 되는 것입니다. 그 반면에 하나님의 권위에서 벗어난 이들은 자신은 알지 못하지만 노예와 같이 살게 될 것입니다. 하나님의 권위에 굴복하지 못하여 원망, 불평하며 도전하는 이들은 살아 있는 동안 악의 세력에 묶여 있다가 결국에는 그들의 영혼도 영원히 버림받게 될 것입니다. 다만 악한 영들은 숨어서 은밀하게 역사하기 때문에 사람들이 그것을 잘 모를 뿐입니다.

여러분, 성령님의 통치하심 안에 들어간 일이 얼마나 행복한 일인지를 악의 지배를 받는 자들은 영원히 모를 것입니다. 이러한 행복을 알지 못하고 스스로 자유와 독립을 찾다가 속이는 영들에게 지배를 받게 되고 사망(지옥)으로 흘러들어 가게 될 것입니다. 오늘날 속이는 영들의 지배를 받고 있는 자들이 얼마나 많은지 모릅니다. 그래서 신비주의에 빠져 하나님의 말씀을 왜곡하며 사람들의 영혼을 미혹하여 마귀에게 넘겨주는 영혼 사냥의 도구로 쓰임을 받고 있는 자들이 수두룩합니다. 신비주의자들은 어두운 세력의 지배를 받고 있으면서도 자기의 잘못된 영혼을 분별하지 못하고 자기 생각이 옳다고 주장합니다. 함부로 말하고 횡설수설하며 영적 질투에 눈이 멀어 애매한 사람들을 모함하기를 좋아하고 자기의 비위에 맞지 않는다고 하여 사람들을 억울하게 하는 이들은 결국에는 분명히 사망(지옥)으로 가게 될 것입니다. 인생은 그리 길지 않습니다. 이 세월이 지나면 반드시 보응의 시간들을 맞이할 것인데, 그때는 후회해도 아무 소용이 없게 될 것입니다. 시간이 남아 있을 때 즉각 성령님의 통치 안으로 들어가기 위해 몸부림을 쳐야 할 것입니다. 마음의 문을 닫아 버리지 말고 자기 영혼의 구원을 위하여 악을 단번에 끊고 선함으로 돌이켜야 합니다. 영적 눈을 뜨게 되면 더 이상 악한 영들에게 속지 않을 것입니다. 하나님의 권위 아래 있지 않는 이들은 많은 고통과 후유증을 삶 속에서 겪게 될 것입니다.

여러분, 하나님은 천지만물을 지으셨으며 다스리시는 분이심을 분명히 알아야 할 것입니다. 모든 산천초목과 모든 우주의 별들까지도 하나님의 말씀과 권위에 순종하며 움직이고 있다는 것을 느껴야 할 것입니다. 자연은 타락하지 않았으며 하나님의 손길에서 벗어나지 않고 하나님의 창조 질서 속에서 순종하며 움직이고 있습니다. 그래서 자연 안에 있을 때에 가장 평화로움을 느끼게 되는 것입니다. 자연은 사람들에게 생기와 휴식과 활력을 공급하여 줍니다. 물론 자연은 인격을 가지고 있지 않기 때문에 그것을 순종이라고 하는 것을 이상히 여길지 모릅니다. 그러나 분명한 사실은 자연은 창조 되었을 때와 같이 여전히 하나님의 지으신 궤도 속에서 움직이고 있다는 사실입니다. 자연이 조화와 질서를 유지하고 있는 것은 하나님께서 주신 법칙과 질서에 따라 운행되고 있기 때문입니다. 여러분, 모든 생태계는 주님의 법 가운데 움직이고 있다는 사실을 다시 돌아보아야 할 것입니다. 그러므로 자연 속에서 하나님 나라의 평화로움과 조화와 균형을 발견할 수 있는 것입니다. 인간도 자연을 본받아야 합니다. 인간은 인격을 가지고 있으며 인격과 의지를 자유롭게 사용할 수 있는 존재입니다. 인간이 그 인격과 의지를 가지고 하나님의 뜻에 자발적으로 따를 수 있다면 놀라운 하나님 나라의 조화와 영광과 아름다움을 누릴 수 있게 될 것입니다. 하나님의 권위 아래 굴복하고 순종하는 것은 하나님 나라의 모든 영광과 보화를 체험할 수 있는 열쇠가 될 것입니다. 하나님 나라에는 무한한 풍요로움과 평화와 기쁨이 있습니다. 하나님의 생명이 담겨져 있는 무한한 영광의 나라임을 알아야 할 것입니다.

하나님 나라의 문을 여는 열쇠는 자기 심령의 악을 끊고 성령님의 인도하심을 받아 하나님을 경외하고 두려운 마음으로 하나님의 권위 아래 순종하는 것임을 알아야 할 것입니다. 하나님께서는 하나님께 순복하는 자들에게 그 영광의 나라를 체험하게 할 것입니다. 그러나 하나님의 권위에 순복하지 않는 이들은 아무리 구하여도 하나님 나라의 파장과 그 심령이 연결되지 않기 때문에 하나님의 역사하심을 체험하지 못할 것입니다. 우주의 주인이신 하나님께 순복하는 이는 하늘로부터 무한한 영적 공급을 얻게 될 것입니다. 순종하지 않는 이들은 하나님 나라의 모든 통로가 막히고 어두워져서 어두움 속에 속한 영들에게 눌리고 속으며 많은 어려움을 겪게 될 것입니다.

여러분, 무지하여 겪고 있는 많은 증상을 이해하고 분별해야 합니다. 성령님의 조명을 받아 우리의 영혼에 비춤을 받을수록 하나님 나라의 새로운 비밀을 깨닫게 될 것이며 죄에서 자유함을 얻고 하늘의 풍성한 은혜에 감사하는 모습으로 변화될 것입니다. 인간은 피조물입니다. 그러므로 창조주로부터 빛과 에너지를 공급 받아야만 우리의 영혼이 바르게 살아갈 수가 있습니다. 그러나 성령님을 믿지 않으면, 믿더라도 피상적인 관계를 가질 뿐, 자신의 마음대로 살아간다면 충분한 빛과 지혜와 에너지를 얻을 수가 없다는 것을 명심해야 할 것입니다. 그러한 증상 중에서 가장 대표적인 것은 혈기와 분노입니다. 하나님께 굴복하지 않는 이들은 아무것도 아닌 일에 쉽게 분노가 치밀어 오르며 그것을 통제할 수가 없게 됩니다. 분노의 근원은 성령님의 통치하심을 거부하는 마음으로 하나님의 주권 아래 굴복하지 않았다는 증거입니다. 우리의 영혼이 주님의 영(성령님)을 감지 할 수 있다면 하나님의 거룩하심 앞에서 분노할 수가 없습니다. 바꾸어 말한다면, 자기의 심령이 분노가 가득 찬다면 이는 성령님의 통치하심을 거부하는 교만함 때문에 성령님의 영을 감지하지 못하는 처지에 놓여 있는 증거입니다. 또 하나님께 굴복하지 않는 사람은 쉽게 짜증을 냅니다. 상황이 자신이 원하는 대로 되어가지 않으면 쉽게 속이 상합니다. 이러한 증상은 자신이 인생의 주인이기 때문이며 범사에 하나님의 뜻을 헤아려 순종하려는 자세가 되어 있지 않기 때문입니다. 사소한 일로 인하여 화가 치밀어 오르며 사람을 포용하지 못하고 마음의 평화가 쉽게 깨어지는 것, 이것은 그들의 영혼이 어두운 곳에 있으며 악한 영들의 지배를 받고 있는 것을 보여 주는 증거입니다.

여러분, 자신의 의지를 하나님께 온전히 드려 하나님 앞에 온전히 굴복하기 전에는 결코 마음의 평화를 얻을 수가 없을 것입니다. 성령님의 통치하심을 거부하여 하나님께 굴복하지 않는 이들의 또 다른 증상은 두려움입니다. 염려와 근심 두려움은 그 심령의 상태이며 영적인 문제이지 환경적인 문제가 아닙니다. 그것은 그들의 심령이 바뀌지 않는 한 육이 죽을 때까지 따라 다니는 것입니다. 사람이 가진 모든 고통들은 하나님과의 관계를 올바르게 함으로써 근원적인 해결이 되는 것입니다. 여러분, 성경에서 말하는 악인이란 하나님을 의지하지 않고, 의뢰하지 않고 자신의 능력으로 사는 사람을 말합니다. 모든 선의 근원은 하나님이신데, 자기 스스로의 뜻과 생각에 맞춰 살게 되면 선(그리스도)을 공급받을 수가 없으니 악인이 될 수밖에 없습니다. 그러한 사람의 마음은 항상 불안합니다. 불안한 상황도 아닌데 어떤 이유가 있는 것도 아닌데 항상 마음이 쫓기고 걱정 근심이 끊이지 않는 것입니다. 그것은 그의 영혼이 성령님의 통치하심을 받지 못하여 빛(그리스도)을 공급 받지 못하기 때문입니다. 반대로 하나님을 의지하고 하나님을 의뢰하고 하나님의 권위 아래 굴복하는 이들은 언제 어떠한 상황이 와도 흔들리지 않는 믿음으로 담대하며 하늘의 평안을 만끽하게 될 것입니다. 남들이 크게 낙담

하며 어쩔 줄 몰라 할 상황이 온다 하여도 성령님의 통치하심 안에 속한 자들은 마음의 평안을 유지하게 될 것입니다. 마음의 평안을 누리게 될 수 있는 것은 하나님을 의지하며 하나님께 의뢰하는 삶으로 성령님의 통치하심안에 있기 때문이며 하나님으로부터 오는 빛(그리스도)과 하늘의 풍성함이 그 영혼을 지키고 있기 때문입니다. 하나님의 지혜 가운데 있지 않는 이들의 또 다른 증상은 부족감입니다. 채워지지 않는 부족감으로 인하여 공허함과 허탈함이 계속 따라다니게 될 것입니다. 그러나 성령님의 통치하심과 지혜 속에서 하나님 나라의 은혜를 체험하고 있는 이들은 그 심령에 만족감이 넘치게 될 것입니다. 그래서 점차로 하나님 이외에 다른 아무것도 구하지 않게 될 것입니다. 그러나 하나님의 지배를 받지 않는 이들은 항상 마음에 부족감과 공허함이 있으므로 세상의 허탄한 즐거움을 추구하게 되며 영적 방황을 하게 될 것입니다. 그리고 허탄함을 채우기 위하여 어둠의 세력이 조종을 하는 대로 흘러가면 탐욕에 빠지게 될 것입니다.

여러분, 우리가 우리의 의지와 삶을 하나님께 드리고 하나님의 지배 안에 들어갈 때 지금껏 얼마나 많은 묶임 속에서 살고 있었는지를 깨닫게 될 것입니다. 하나님의 지혜 가운데에 들어가는 것은 우리에게 예전에 알지 못했던 엄청난 자유와 행복을 주기 때문입니다. 어떤 증상에나 거기에는 반드시 해결책이 있습니다. 우리의 해결책은 오직 그리스도와 성령이십니다.

22

거듭나야 합니다

예수께서 대답하여 이르시되 진실로 진실로 네게 이르노니 사람이
거듭나지 아니하면 하나님의 나라를 볼 수 없느니라
니고데모가 이르되 사람이 늙으면 어떻게 날 수 있사옵나이까
두 번째 모태에 들어갔다가 날 수 있사옵나이까 예수께서 대답하시되 진실로
진실로 네게 이르노니 사람이 물과 성령으로 나지 아니하면
하나님의 나라에 들어갈 수 없느니라

(요한복음 3:3~5)

무엇을 향하여 부르짖어야 합니까? 누구를 바라보며 하나
님을 증거해야 합니까? 우리의 이기적인 믿음은 정말 극에 달하였습니
다. 하나님을 조롱하고 하나님을 이용하는 행위로 새로운 삶을 찾을 수
있을 것이라 생각하십니까? 자기의 계산과 계획에 따르는 삶이 얼마나
완벽한지는 모르나 그리스도를 믿지 않는다면 절대로 새로운 영(성령)으
로 거듭나기가 쉽지 않을 것입니다. 그리스도를 믿지 않으면 물과 성령으
로 거듭나지 못합니다. 하나님을 의지하고 의뢰하는 태도로 그리스도를
믿는 자만이 성령으로 거듭날 수가 있는 것입니다. 자기의 노력으로 아

당신의 영혼은 안녕하십니까?

무리 열심을 내고 여러 가지 방법으로 성령님의 임재를 말하고 사모한다고 할지라도 자기의 영혼이 예수 그리스도를 믿지 않는다면 성령님과는 아무 상관이 없는 것입니다. 오직 그리스도를 통해서만 구원이 있고 영생이 있는 것입니다.

　스스로 그리스도를 믿는다고 하며 열심을 내지만 자기를 높이는 모습이 아니었나 돌아보아야 할 것입니다. 자랑하기를 좋아하고 자기를 높이며 자기 영광을 내세우기를 좋아하는 신앙이 아니었나 돌아보아야 할 것입니다. 자기 영광을 높이는 자는 짐승에 속한다는 사실도 깨달아야 하며 그런 신앙의 연속이었음을 돌아보며 회개해야 합니다. 피조물인 인간은 하나님을 높이는 도구에 불과한 것입니다. 여러분, 진정으로 구원 받기를 소원하십니까? 그러려면 자기를 부인하고 십자가를 지고 그리스도를 높이는 삶을 살아야 합니다. 그리고 고난을 감사함으로 받아야 할 것입니다. 고난을 피하려하고 오직 달콤한 삶과 편안한 삶을 추구한다면 결코 그리스도를 만날 수가 없습니다. 지금 이 시간까지도 하나님을 증거하면서 서로 모이기를 힘쓰며 찬양을 하는 이유가 무엇입니까? 죄에서 해방 받기를 원하기 때문입니다. 오직 주 안에서의 평안을 간구하기 때문입니다. 세상의 부귀영화도, 명예도, 물질도, 권력도, 이제는 소용이 없음을 알지 않았습니까? 가장 귀한 진리를 알지 않았습니까? 그런데 왜 아직까지도 하나님을 속이고 이용하려는 악한 심령으로 살고 있습니까? 그러한 심령은 악의 잔이 넘치게 될 것이며 사방으로 둘러보아도 악의 재앙을 피할 길이 없을 것입니다. 회개하십시오. 돌이키십시오. 하나님을 판단하지 마십시오. 하나님 말씀에 토를 달지 말고 복종하며 준행하는 삶을 살도록 하십시오. 그리스도를 믿으려는 몸부림을 치며 신실하기를 소망하는 심령으로 악을 버리는 노력을 해야 합니다. 그래야 됩니다. 그래야 하나님께서 우리의 영혼을 불쌍히 여기실 것입니다. 하나님께서는 우리의 영혼들을 불쌍히 여기시는 것이지 죄를 불쌍히 여기시지 않으십니다. 죄는 근본적으로 싫어하십니다. 하나님께서는 악을 미워하시고 악을 무저갱 속으로 던질 준비를 하고 기다리신다는 것을 알아야 할 것입니다.

어찌 사랑 없는 마음으로 사랑하라고 말하며 계속 악을 쌓고 있습니까? 악을 진리인 듯 가장하나 세월이 흘러가면 결국에는 악이 드러나고 심판을 받아 패망에 이르게 될 것입니다. 이기적이고 어리석은 신자들은, 그 많은 세월 동안 여러 가지 체험을 하고서도 변화되지 않을 것이며, 하나님을 속이는 배반적인 심령을 가지고 계속 악을 쌓아가게 될 것입니다. 끝까지 하나님 말씀을 거역하며 하나님 나라를 흐트러지게 만드는 도구로서 살아갈 것입니다. 진정으로 다시 새로운 영으로 거듭나기를 원하십니까? 새로운 영으로, 정직의 영으로 거듭나기를 원한다면 즉각 선한 양심으로 하나님께로 돌이키기를 원해야 합니다. 여러분, 누구나 1사망(육의 죽음)을 맞이하게 되어 있습니다. 그러나 우리는 육의 죽음을 두려워할 것이 아니라 영의 죽음인 2사망(지옥)을 두려워해야 합니다. 우리의 영혼을 지옥불못에 던져 버리실 하나님을 두려워하며 경외해야 합니다.

여러분, 인생은 영원하지 않습니다. 그러므로 누구나 마지막 심판을 피할 길이 없습니다. 돌이키십시오. 지금은 자기의 영혼을 위하여 돌이킬 때입니다. 자기중심적인 심령에서 하나님 중심적인 심령으로 돌이키십시오. 반드시 그리하여야만 됩니다. 그리스도를 믿어 성령님의 통치하심 안에 들어와야 하는 중요한 시점에서 악의 잔을 더 채우지 마시기 바랍니다. 여러분, 가장 지혜로운 자는 그리스도를 믿는 것입니다. 가장 어리석은 자는 자신을 믿고 사랑하며, 돈을 믿고 사랑하며, 자기의 능력을 믿고 사랑하며 과시하는 자들입니다. 그들은 결코 천국을 소유할 수가 없을 것입니다. 그들의 결국은 패망으로 이어지게 될 것입니다. 그들이 사랑하는 모든 것들은 썩고 멸망할 것들입니다. 헛되고 헛된 것을 향하여 좇다가 결국에 그들의 영혼은 유황불못으로 던져지게 될 것입니다. 여러분, 육이 살아 있을 동안 자기의 아집과 고집을 꺾지 못하는 교만함은 결국 하나님께 버리움을 당하게 될 것입니다. 우리의 영혼이 타락하여 자기의 영광을 높이기 위해 하나님을 능가하려는 교만함에 빠지지 않기를 간구해야 합니다. 자기의 어리석은 생각을 의지하며 가증하고 추악한 모습이 되지 않도록 힘써야 합니다. 하나님께서 안된다면 안되는 것이고 된다면 되는 것입니다. 성령님이 교회(우리)들에게 하시는 말씀을 알아듣고 그 말씀을 믿고 악한 심령(하나님을 사랑하지 않는 모든 욕심된 마음)에서 돌이켜야 하는 것입니다. 우리의 영혼은 말씀(하나님)을 잣대로 하여 살아가는 선한 모습으로 변화되어야 할 것입니다.

여러분, 우리의 영혼이 영생을 얻기 위해서는 그리스도를 믿어야 하며 물과 성령으로 반드시 거듭나야 합니다. 성경에서도 물과 성령으로 거듭나야 하나님 나라를 볼 수 있다고 전하고 있습니다. 물과 성령으로 거듭나는 것은 선택 조건이 아니고 필수 조건입니다. 그래야만 생명력과 하나님 나라에 대한 소망을 가질 수 있는 것입니다.

여러분, 성경에는 니고데모와 예수님과의 대화가 기록되어 있습니다. 니고데모는 하나님을 믿는 사람입니다. 그는 랍비이고 산헤드린 공의회의 의원 중에 한 사람이었습니다. 그는 또 바리새인이었습니다. 바리새인이라 하면 위선자로 생각합니다. 바리새인들은 유대인들의 종교적인 지도자였습니다. 그런 자리에 있는 사람이 영생에 대한 갈증이 있어서 예수님을 찾았습니다. 당시의 상황으로 그런 위치에 있는 사람이 예수님을 찾아왔다는 그 자체만 해도 대단한 일입니다. 그만큼 영생에 대한 소망과 영적인 갈증이 있다는 것입니다. 니고데모는 다른 바리새인들보다 신실하고 영적인 사람이었습니다. 니고데모는 영생에 대하여 질문을 하였습니다. 예수님께서 하신 말씀은 "너는 거듭나야 한다"는 것이었습니다. 요한복음에서도 거듭나야 한다는 말이 계속해서 나오는 것을 볼 수가 있습니다. 같은 말씀을 여러 번 되풀이 한다는 것은 그것이 필수적인 것임을 의미하는 것입니다. 더 말씀 하시기를 거듭나지 않으면 하나님 나라에 들어갈 수가 없다고 경고하셨습니다. 뿐만 아니라 거듭나지 않으면 하나님 나라도 볼 수가 없다고 하셨습니다. 그러므로 반드시 거듭나야 합니다. 오늘날 자칭 그리스도를 믿는다고 자부하는 자들 중에는 바리새인들처럼 경건이 없고 경건의 모양만 내는 이들이 많이 있습니다. 경건은 없고 경건의 모양만 갖추는 이 시대가 참으로 안타깝습니다. 하나님의 일은 큰 교회, 대 교단, 교세로 해결되지 않습니다. 예수님께서는 처음부터 굉장한 사람들을 불러 모으지 않았습니다. 평범한 사람들과 사람들로부터 외면당하는 사람들을 훈련시켜 사랑으로 하나 되기를 원하셨습니다. 이제 우리 모두는 생명의 말씀으로 거듭나 인류 모두에게 영생의 소망이 있음을 부르짖어야 합니다. 그런데 어떻게 지내고 있습니까? 거듭남을 강조하신 하나님 말씀을 버린 채 우리의 배를 채우기 위한 신앙이 아니었습니까? 그렇다면 즉시 돌이켜야 합니다. 하나님 나라에 들어가기를 소망하며 신실한 마음으로 하나님을 경외하고 두려워하도록 돌이켜야 하는 것입니다. 이 세상은 잠시 있다가 사라져 버리게 될 것뿐입니다. 썩어 버릴 것에 대한 인간의 욕망은 끝없이 진행되고 있습니다. 마지막 때가 임박했음을 기근과 지진으로도 알 수가 있고 성경의 말씀을 통해서도 예언을 하고 있는데도 불구하고 돌이키려 하지 않고 썩어질 것에 대한 집념만 강해지고 있습니다. 즉시 하나님께로 돌이켜야 할 것입니다. 하나님께로 돌이키기 위해서는 그리스도를 믿고 물과 성령으로 거듭나야 합니다. 그리고 올바르고 정직한 신앙을 바탕으로 마음밭을 잘 관리해야 합니다.

물은 말씀이요, 말씀은 하나님이시며, 성령은 하나님이시므로 물과 성령으로 거듭나야 한다는 의미는 하나님으로 거듭나야 한다는 뜻입니다. 즉, 자기 영혼에 하나님 나라가 임하여야 된다는 의미이고 육신이 성전이 되기를 소망해야한다는 의미인 것입니다. 여러분, 물과 성령으로 거듭나야 합니다. 물과 성령으로 거듭나야 하나님 나라에 들어갈 수가 있는 것입니다. 물과 성령으로 거듭나지 아니한 자는 세상의 착한 행실을 수없이 많이 하고 자기중심적인 관점에서 하나님을 주님이라 수없이 부른다 하여도, 하나님 나라에 들어갈 수가 없습니다. 하나님의 관점에서 물과 성령으로 거듭나지 아니한 자들은 돌보아 주시지 아니하실 것입니다. 그들은 헛되고 헛된 인생에서 자기 착각 속에 취해 살다가 멸망하게 될 것입니다. 하나님이 개입하지 않고서는 거듭날 수가 없다는 사실도 깨달아야 할 것입니다.

오늘날 많은 사람들은 거듭남을 강조합니다. 거듭남이란 단어가 세상에 너무 남발이 되어 사용되어지고 있습니다. 그러나 그리스도를 믿고 물과 성령으로 거듭나지 않는다면 진정한 거듭남이라 할 수 없을 것입니다.

모든 것이 하나님으로부터 왔음에도 불구하고 사람들은 그것을 깨닫지 못하고 자신의 노력과 힘으로 되는 것인 냥 착각하는 경우가 많습니다. 그리스도를 아는 자들이라면 그런 세상과 발맞추는 것이 아니라 적극적으로 말씀을 토대로 한 삶을 살기 위해 노력하며 구원이 하나님으로부터 왔음을 증거하는 자로 살아가야 할 것입니다. 그런 모습은 하나님을 사랑하는 모습이며 이웃을 사랑하는 모습이기에 어찌 하나님께서 그리스도를 믿게 하지 않을 수가 있겠습니까? 어찌 그리스도께서 보혜사 성령님을 우리 안에 보내시지 않겠습니까?

많은 사람들이 하나님 나라를 사모하고 성령 받기를 소원 하지만 여전히 썩어갈 것에, 육의 것에 전심을 다하는 모습을 봅니다. 성경을 전하는 자들이나 하나님을 말하는 자들 역시 육의 일에 전전긍긍하는 모습을 볼 때 "정말 진정으로 천국을 모르는 자들이구나" 하는 안타까움이 있습니다. 입과 생각으로는 하나님을 찾으나 자기의 영혼은 하나님을 받아들이지 않는 것입니다. 그러한 자들은 성령님을 인정하지 않는 자들이며 아직까지 하나님에 대해서도 모르는 자들로 물과 성령으로 거듭남과는 거리가 먼 자들 입니다. 사람들은 누구나 이기적이고 개인적인 모습이 있습니다. 그러나 우리의 믿음은 반드시 하나님께 의지하고 의뢰하여 하나님의 도우심을 받아야 할 것입니다. 하나님의 도우심이 없이 나의 힘으로 나의 의로 어찌 물과 성령으로 거듭날 수가 있을 것입니까? 스스로의 힘으로는 하나님을 믿는 믿음이 생겨날 수 없습니다. 그래서 성령으로 거듭나야 한다는 것입니다. 물과 성령으로 거듭나면 어떠한 위급한 현실 속에서도 성령께서 우리의 영혼을 안내 하시며, 우리의 영혼이 하나님을 배반하는 일이 없도록 하실 것이기 때문인 것입니다. 지금까지

지나온 시간들을 돌아볼 때 우리 스스로는 늘 하나님을 배반하는 삶을 살았으나 성령께서 우리 안에 임하시게 되면 절대로 하나님을 배반하시지 않으시므로 우리도 어려운 환경 속에서도 이기적이고 개인적인 신앙의 모습이 되는 것이 아니라 우리의 영혼은 하나님을 배반하지 않게 되는 것입니다. 그러한 자들은 그리스도의 의로 말미암아 항상 하나님 자녀로서의 자태를 저버리지 않기에 물과 성령으로 거듭날 수가 있고 거듭났기에 하나님 나라를 볼 수가 있는 것입니다.

23

말씀을 잣대로 세상(하나님을 알지도, 믿지도 못하는 자들)을 분별할 줄 알아야 합니다

태초에 말씀이 계시니라 이 말씀이 하나님과 함께 계셨으니
이 말씀은 곧 하나님이시닐 그가 태초에 하나님과 함께 계셨고 만물이
그로 말미암아 지은 바 되었으니 지은 것이 하나도 그가 없이는 된 것이
없느니라 그 안에 생명이 있었으니 이 생명은 사람들이 빛이
어둠에 비치되 어둠이 깨닫지 못하더라

(요한복음 1:1~5)

지금 세상에 일어나는 모든 일들을 돌아보십시오. 성경이 말하는 마지막 때가 임박하였음을 보여 주는 일들이 세상의 일들 속에서 보이고 있습니다. 전쟁과 질병, 기근과 지진으로 말미암아 세상은 온통 애곡하는 소리로 덮혀 있습니다. 하나님의 경고하심을 듣지 못하는 세상 (그리스도를 알지도, 믿지도 못하는 자)은 여전히 성령님과 대적 관계에 있음을 깨닫지 못하고, 노아 때와 같이 세상의 풍습과 유전을 따라 살아가고 있습니다. 그들(자칭 하나님을 믿노라하는 종교의 영을 가진 자들)은 이미 오신 성령님의 임재를 알아보지 못하고 도리어 성령님을 근심케

하고 성령님의 사역을 훼방하는 일에 앞장을 서고 있습니다. 이미 오신 성령님을 알아보지 못하는 이유는 자기의 심령이 악에게 장악되어 영적 눈이 어둡고 영적 귀가 멀어져 버렸기 때문입니다. 성령님이 오셨다는 가장 확실한 증거들이 성경과 기독교 역사를 통해 분명히 보임에도 불구하고 사단의 손아귀에 잡히고 영적 눈이 어두워져 그것을 알아보지 못하는 것입니다. 여러분, 불순종의 자녀요 진노의 자녀였던 악인의 삶에서 하나님께로 돌이키기 위해 즉시 회개해야 합니다. 물과 성령으로 거듭나서 하나님의 양자가 되어야합니다. 여러분들은 뉴스를 통하여 세상의 흐름을 보며, 마지막 때가 임박하였음을 생각하고 그에 대한 준비를 하고 있습니까? 얼마나 주님의 재림을 사모하며 회개하는 심령으로 주의 날을 맞이할 성도로서의 준비를 하고 있습니까? 여러분, 주의 날을 맞이하기 위하여 성도로서의 준비를 하고 있는 것이 아니라, 아직도 하나님의 역사에 대적하는 행위를 하고 있지는 않습니까? 성경 말씀 그대로 하나님의 계획이 이루어져 가는 것을 보고도 알지 못하고, 들어도 깨닫지를 못하고 있는 것은 아닌지 자기의 영을 분별을 해 보아야 할 것입니다.

여러분, 시간이 쏜살같이 흐르고 있는데도 망설이고 있는 준비되지 않는 자들의 최후는 비참하게 임하게 될 것입니다. 주의 날을 맞이할 준비가 되지 않은 자들은 멸망의 길을 재촉하고 있는 자신의 영적 상태를 깨달아 알고, 불순종하는 영혼을 지옥에 던지실 하나님을 두려워하며, 회개하여야 할 것입니다. 그리고 얼마나 경건한 삶을 살아왔는지를 되돌아보며 죽기까지 겸손하게 회개하며 살아야 할 것입니다. 여러분, 경건한 삶이란 세상(그리스도를 모르는 자)과 구별되는 삶을 말합니다. 경건한 삶이란 거룩한 삶을 말하는 것입니다. "거룩하다"는 것은 바로 "구별되다"라는 의미입니다.

여러분, 하나님 말씀을 듣고도 "그저 그렇구나, 예언이 맞구나" 하면서 경시하고 있었던 것이 아닙니까? 만약 건성으로 듣고 무시해 버린다면 반드시 그 대가가 따르게 될 것입니다. 여러분, 무서운 보응을 당하기 전에 즉각 자기의 악을 끊어 버리고 하나님께 굴복하는 겸손함으로 나아가야 할 것입니다. 여러분, 자신들의 영적 상태가 얼마나 심각한지 모르고 여전히 자기의 육을 위해 하나님을 자기 삶의 수단으로 이용하는 자로 전락해 버리지 말아야 할 것입니다. 그것은 스스로 자기 영혼을 팔아먹는 행위라는 것을 반드시 알아야 합니다. 하나님께서 진정으로 우리의 가식에 속아서 아직까지도 우리가 그리스도를 믿게 하시기 위해 기회를 주고자 하는 줄로 아신다면 큰 오산입니다. 하나님은 우리의 중심과 생각까지도 알고 계신다는 것을 반드시 알아야 할 것입니다. 우리의 현재 영적 상태가 구원과 거리가 멀다면, 죄에 대한 보응을 반드시 받게 될 것임을 잊지 말아야 할 것입니다. 우리가 영적 몰락 직전에 있다는 사실을 분명히 깨달아야 할 것입니다. 그러므로 성령님을 찾고, 바라고, 구하는 몸부림을 쳐야 합니다. 하나님을 떠난 자들은 입으로는 "주여", "아버지여"라고 부르나 하나님의 은혜에서는 먼 자들입니다. 자기 악으로 말미암아 하나님께 대적하는 자들은 하나님을 부른다고 해도 하나님께서는 응답해 주실 턱이 없을 것입니다. 자기의 심령의 악을 버리고 전심으로 회개하여야 할 것입니다.

여러분, 우리의 참된 주인을 찾고자 한다면 먼저 우리가 주인의 이름을 부를 수 있는 자격을 갖추어야 합니다. 이웃의 부모를 보고 "아버지"라고 자꾸 불러 보세요. 그 이웃의 아버지는 "그 아이 정신이 이상하네. 자기 아버지가 없나? 어디 갔나? 내 자식이 아닌데?" 하면서 자기 아버지를 찾

당신의 영혼은 안녕하십니까?

아가라고 말하지 그 아이의 아버지가 되어 주겠다는 자들은 없을 것입니다. 지금 우리가 이러고 있다는 것입니다. 그리스도를 주인으로 영접하지 않고 우상을 숭배하고 있습니다. 여러분, 성령님을 훼방하는 자는 성령님께 대적하는 사단에 속한 자들이라는 것을 분명히 알아야 할 것입니다. 사단은 하나님과 원수 관계라는 것을 분명히 알아야 할 것입니다. 사단은 영원히 하나님과 영원히 단절된 원수 관계, 대적 관계라는 것을 분명 알아야 할 것입니다. 진정으로 하나님을 하나님으로 부르고 싶다면 성령님의 인도하심을 받아야 하며 하나님의 뜻을 좇아 살아가는 삶이 되어야 합니다. 먼저 악을 끊고 자복하고 회개하는 삶이 되어야 하는 것입니다. 하나님께로 돌이키는 삶이 되지 않으면 그 반대로 더 무서운 화를 당하게 될 것입니다. 하나님의 말씀을 아는 것은 악을 끊고 하나님께로 돌아오는 것인데, 하나님의 말씀을 듣고 하늘의 비밀을 알고도 그 모든 말씀을 무시하고 성령님을 대적하며 하나님 나라가 세워지기를 싫어하는 훼방꾼으로 지낸다면 하나님에 의해 죽임을 당할 것입니다. 근본이 악한 자들은 그 근본을 바꾸기가 힘든데 하나님께서 돌이키기 위한 기회를 주고자 말씀을 부르짖고 있지만 끝까지 하나님의 말씀을 무시한다면, 결국 사망에서 건짐을 받지 못하게 될 것입니다. 다시 한 번의 기회를 무시하는 삶을 살아간다면, 영원히 불 속으로 사라질 수밖에 없을 것입니다. 입으로는 매일 아멘 아멘을 하면서 실재로는 자신의 뜻대로 행동하면 무서운 심판을 당할 것입니다. 입으로 아멘이라고 먼저 말을 하지 않아도 마음으로 그리스도를 믿는다면 입으로는 저절로 아멘이라 말하게 될 것입니다. 악한 옛 모습을 깨뜨리고 하나님께서 원하시는 대로 그리스도를 믿고 섬겨야 합니다. 하나님 말씀에 순종하지 못하는 자들은 세상이 원하는 대로 살아갈 뿐 하나님과는 아무 상관이 없음을 알아야 합니다. 하나님의 하시는 말씀과 성령님과 그리스도를 믿지 못한다면 영원히 사망을 이길 수가 없습니다. 하나님께서는 우리를 마냥 기다려 주시지 않습니다. 속히 회개하고 하나님께로 돌아와야 합니다. 여러분, 언제까지 악의 자리에 머물러 있을 것입니까? 언제까지 성령님과 대적 관계에 서서 심판의 때를 기다리고 있을 것입니까? 언제까지 악을 행하며 지옥으로 향할 때를 기다리고 있을 것입니까? 얼마나 더 악의 잔을 채우는 삶으로 성령님을 짓밟으려 합니까? 기회가 지나가니 세월을 아끼라고 누누이 말했는데도 불구하고 우리는 그 말씀을 무시하면서 하나님을 진정으로 진노케 하고 있습니다. 하나님을 진정으로 두려워하는 자들은 자기의 고집과 아집을 버리고 하나님께로 돌이키기 위해 몸부림 칠 것입니다. 모든 일에는 정해진 때가 있고 기회가 지나면 다시 그 기회를 잡을 수가 없다는 것을 알아야 합니다. 항상 성령님을 믿을 기회가 주어지는 것이 아니라는 것입니다. 타락한 자들은 영원히 하나님 나라에 들어갈 수가 없을 것입니다.

때가 되면 자기가 심은 대로 거두게 될 것입니다. 자기가 뿌린 악은 악으로 망하게 되며 자기가 심은 선은 선으로 흥하게 될 것입니다. 여러분, 세월을 아껴야 합니다. 악에서 돌이키며 성령님을 바라며 구하는 삶으로 몸부림을 치며 살아가라는 말입니다. 악을 행하는 자들은 악의 잔을 채울 것이고 선을 행하는 자는 선의 잔을 채우게 될 것입니다. 그리고 그 잔을 다 채운 뒤에 개개인의 심판의 때가 올 것입니다. 개인적인 종말이 오면 악의 잔이 넘치는 자들은 심판을 당하고 음부에 보내질 것입니다. 그러나 그리스도를 믿는 삶을 살았던 자들은 그 심판의 때에 영원한 부활로 인하여 영원한 생명을 얻는 축복된 삶을 살게 될 것입니다.

사람들은 처음에는 예수 그리스도를 전하였으나 오늘날에는 건물적인 교회를 증거하고 목회자들의 이름을 증거하는 종교인으로 타락해 버렸습니다. 본질을 버리고 이제는 하나님과 상관없는 건물적인 교회와 목사님을 또 다른 신으로 추앙하고 있습니다. 사람들은 절대로 그렇지 않다고 부인을 하겠지만 성경을 잣대로 그들의 실상을 들여다보십시오. 그들이라 말하니 자기는 쏙 빼놓고 다른 이들을 판단하는데, 자기의 모습을 돌아보시면 알 수 있을 것입니다. 우리의 모습이 현재 바로 교인이라하는 사람들의 모습이니까요. 말씀을 잣대로 자기의 모습을 들여다보고 한군데라도 하나님과 상관없는 자임을 알게 된다면 즉시 회개해야 합니다. 오늘날 교인들은 말씀이라 하면 그리스도의 일들을 알아듣지 못하고 문자가 곧 성경을 말씀이라 여기는 자들이 대부분입니다. 성경을 자세히 보아야 합니다. 성경은 시대마다 하나님의 사람들이 하나님을 증거하기 위해 기록해 놓은 것입니다. 말씀은 문자를 뜻하는 것이 아니라 하나님이십니다. 문자적인 성경책이 말씀이 될 수는 없습니다. 성경책은 하나님을 증거해 놓은 책입니다. 성경책은 그리스도를 증거해 놓은 책입니다. 성경책은 성령님을 증거해 놓은 책입니다. 성경을 읽고 그리스도를 알고 믿고 섬기기를 다하여야 할 것입니다. 말씀은 바로 하나님이시라는 것을 다시 한 번 더 말합니다. 여러분, 성령님으로부터 너무나 멀리 떨어져 있다는 사실을 분명히 알아야 할 것입니다. 자기의 영적 위치를 모른 채 자기의 가치관으로 하나님의 이름을 망령되이 일컫는 자들은 화를 당하게 될 것입니다. 여러분, 우리의 영적인 상태는 극도로 저하되어 있음을 알고 즉각 악행을 멈추고 선한 일을 하여야 할 것입니다. 현재 온 나라 온 세상에 죄가 득실거리는 곳에서 하나님의 말씀을 들을 수가 있다는 것을 축복으로 여겨야 할 것입니다. 그리스도인들이라 여기는 사람들이 과연 그리스도인으로서의 생활을 얼마나 하는지를 의심하여 보아야 할 것입니다. 그런 가운데 하나님의 말씀을 듣고도 하나님이 기뻐하시는 삶을 얼마나 살고 있는지 자기를 돌아보아야 할 것입니다. 우리의 진정한 과제는 하나님 나라의 확장에 있습니다. 복음을 증거하기 위해 얼마나 자기를 부인하고 영혼 구원을 위하여 최선을 다하였는지 아니면 하나님의 뜻을 무시하면서 지내왔는지를 돌아보아야 할 것입니다. 무서운 죄를 짓고 있으면서도 마음에는 화인을 맞아 아무렇지도 않게 두려움마저도 잃어버린 자들이 되었는가 말입니다.

아무리 부유한 나라인 미국이라 할지라도 성령님의 통치하심을 받지 않는다면 모두가 멸하게 될 것입니다. 하나님 중심이 아닌 사람 중심으로 살아간다면 결국에는 버림을 받는 신세가 되어 멸망으로 달려갈 것입니다. 그때에 "오, 주여 용서하소서"라고 아무리 불러 보아도 소용이 없는 일이 될 것입니다. 여러분, 하나님을 망각하며 죄가 가득 찼을 때에는 모든 힘을 잃어버리게 될 것입니다. 이러한 상황을 이겨 나갈 수 있는 힘은 오직 성령 충만함 외에는 아무것도 없다는 것을 분명히 알아야 할 것입니다. 성령 충만함을 받아 변화를 받아야 합니다. 그러면 성령 충만함을 받으려면 어떻게 해야 하는지를 알아야 할 것입니다. 많은 사람들은 성령 충만함을 받기 위하여 전심으로 많은 기도를 하면 된다고들 하지만 기도보다도 먼저인 것이 있다는 것을 알아야 할 것입니다. 그것은 먼저 죄 문제를 처리해야 할 것입니다. 만일 우리의 삶이 하나님이 보시기에 올바르지 못하고 우리의 심령의 악이 먼저 해결되지 않는다면 아무리 밤

당신의 영혼은 안녕하십니까?

을 새고 기도를 해도 문제는 해결되지 않을 것입니다. 하나님께서는 우리가 하나님의 도구로 변화되어 가기를 간절히 바라시고 계시지만 우리의 죄로 말미암아 하나님과의 관계가 단절되었음을 알고 즉각 악을 끊고 선한 마음으로 돌이켜야 할 것입니다. 먼저 자신의 심령을 쳐서 자기의 악을 버리지 않는다면 차라리 기도를 그치고 일어서서 그곳을 떠나는 것이 나을 것입니다. 하나님께서는 우리의 마음을 감찰하시고 지켜보시고 계신다는 것을 분명히 알고 자기의 죄악을 반드시 회개하고 선한 양심으로 착한 행실로 나아가야 할 것입니다. 선한 자들은 누가 지켜보지 않는다고 하여도 선한 마음으로 착한 행실이 저절로 마음에서부터 일어날 것입니다. 여러분, 자기의 심령을 들여다보고 하나님을 속이며 몰래 품고 있는 우상을 반드시 버려야 할 것입니다. 하나님께 무엇을 감추고 있는지 자기의 심령을 돌아보아야 하며 그 감추고 있는 모든 악들을 버려야 합니다. 여러분, 먼저 죄를 회개하고 난 뒤에 기도를 하여야 할 것입니다. 악을 중단하고 회개하고 난 뒤에 기도로 하나님께 간절히 구할 때에 하나님께서는 우리들을 긍휼히 여기실 것입니다. 문제는 하나님께 있는 것이 아니라 우리들에게 있는 것입니다. 바로 우리 자신들의 심령의 악함에 있다는 말입니다. 하나님께서는 기꺼이 행하시고자 하나 우리의 정욕으로 말미암아 스스로 웅덩이를 파 놓고 그곳으로 들어가고 있다는 것을 잊지 말아야 할 것입니다. 그렇게 준비되어 있지 못할 뿐 아니라 더 큰 악으로 인하여 하나님과 멀어짐을 알아야 할 것입니다. 지금도 하나님께서는 우리들에게 기회를 허락하시고 하나님께로 돌아오기만을 간절히 기다리고 계십니다. 이 기회의 때에 하나님의 인자하심 안으로 당당히 들어올 수 있는 자격을 갖춘 자들이 되기를 간절히 소원합니다.

24

지금은 성령시대입니다

내가 아버지께 구하겠으니 그가 또 다른 보혜사를 너희에게 주사
영원토록 너희와 함께 있게 하리니 그는 진리의 영이라 세상은 능히 그를 받지
못하나니 이는 그를 보지도 못하고 알지도 못함이라
그러나 너희는 그를 아나니 그는 너희와 함께 거하심이요
또 너희 속에 계시겠음이라

(요한복음 14:16~17)

현재는 성령시대입니다. 수많은 사람들이 하나님을 부르고 있지만 진정으로 하나님이 누구신가를 모르고 있는 실정입니다. 왜냐하면 그리스도께서 보내신 보혜사 성령님의 존재를 모르고 있기 때문입니다. 모든 이들이 그리스도께서 보내신 보혜사 성령님을 자기 영혼에 모시어 들이기 위한 영적 몸부림이 있어야 하는데, 영적 눈이 캄캄하여 그저 입으로만 성령 충만하기를 바랄 뿐이지 그들의 영혼은 성령님과 아무 상관이 없는 모습으로 지내고 있습니다. 여러분, 성령님을 자기의 영혼에 모시어 성령님의 인도하심을 받으며 하나님을 알고 믿고 섬기며 살아가는 것이 우리의 목적이 되어야 합니다. 그런데 우리의 영혼이 성령님

을 외면하면서도 자기 자신은 성령님을 외면하고 있다는 사실조차도 모르고 있다는 것이 큰 문제입니다.

지금 현재 성령님께서는 자칭 그리스도를 안다고 자부하는 자(교인들, 성경을 지식으로 아는 자들)들에게 조롱을 당하고, 무시를 당하고, 핍박을 당하고 계신다는 것을 분명히 알아야 합니다. 오늘날 성경을 지식으로 아는 자들로 인하여 성령님께서는 조롱을 받고 계십니다. 우리 자신이 바로 그러한 자들이 아닌지 우리의 심령을 점검해 보아야 합니다. 여러분, 예수님을 십자가에 못 박아 죽이라고 군중을 선동시킨 제사장들과 같이, 오늘날에도 성경을 지식으로만 알고 하나님을 알고 자칭 믿는 자라고 자부하는 자들이 자기의 이름을 높이기 위하여 성령님을 조롱하고, 핍박하고, 멸시하고 있습니다. 그리고 성령님을 핍박하는 행위는 바로 예수 그리스도를 핍박하는 것임을 알아야 합니다. 진정으로 성령님이 누구신가를 안다면 성령님께로 돌이키기 위해 회개하는 몸부림을 쳐야 합니다. 성령님께서는 권능과 함께 우리들에게 오셨지만, 우리의 영혼은 성령님의 도움을 받아 말씀(하나님)에 순종하는 삶을 살기를 꺼려하고 있습니다. 자기의 아집과 욕심을 벗어 버리기 싫어하고 자기 죄가 드러날까봐 두려워 성령님을 외면하고 있는 것은 아닌지요? 성령님이 왜 믿고 싶을까요? 그것은 자기 죄가 드러나는 것이 두렵기 때문입니다. 그러나 자기 죄를 드러내지 않으면 성령님과 함께할 수 없음을 분명히 알아야 할 것입니다. 자기의 죄와 자기의 수치심을 드러내어 놓는 일들이 회개에 있어서 가장 기본적인 것이기 때문입니다. 자기의 죄를 드러내는 것을 싫어하는 자들은 자기가 죄인임을 인정하기가 싫은 것입니다. 그리고 성령님을 모시고 섬기는 일보다 자기의 삶이 먼저 우선이 되어서 살아가기 때문에 성령님과의 교제하는 법을 알지를 못하고 있는 것입니다. 아니 자기의 규칙이 깨져 버릴까봐 성령님의 임재하심을 거부하고 있는 것입니다. 그래서 영적 고아와 같은 홀로된 삶으로 방황하며 영악한 삶을 살아가고 있는 것입니다.

여러분, 불확실하고 급변하는 이 시대에 살아가면서 우리의 중심에 영원히 흔들리지 않는 반석과 같은 사람이 되려면 성령님을 섬기는 믿음이 있어야 합니다. 우리의 영혼이 성령님을 진실로 모시어 들일 수만 있다면 우리는 사망의 음침한 골짜기를 다닐지라도 해를 두려워하지 않게 될 것이며 기쁨으로 충만할 것입니다. 여러분, 그리스도를 우리의 심령에 모심으로써 반석 위에 든든히 서야 합니다. 수많은 기독교인들이 하나님의 임재하심을 체험하기 위하여 갈구하고 있습니다. 그리고 이미 수많은 체험을 하였습니다. 그럼에도 불구하고 믿음이 없음으로 인하여 하나님을 떠난 악한 삶을 살고 있습니다. 그리스도의 사랑에 실제적으로 접근하지 못하고 그저 성령님의 하시는 일을 구경꾼으로만 지켜보고 있습니다. 우리가 인격적이지 못하기 때문에 인격적이신 성령님을 만날 수가 없습니다.

그리스도인들이 그리스도인답게 살아가고 있는가를 보여 주는 가장 근본적인 잣대는 섬김이라는 것을 분명히 알아야 합니다. 예수님께서도 제자들에게 섬기는 훈련부터 먼저 가르치셨다는 것을 아는 자는 자신도 먼저 섬기는 자가 되기를 소원할 것입니다. 창조의 빛보다 더 밝은 생명의 빛으로 가기를 원한다면 먼저 성령님을 알고, 믿고, 섬겨야 합니다. 그래서 생명의 빛을 넘어서 영광의 빛을 받아 야 합니다. 영광의 빛을 받은 영계는 마귀의 참소를 받지 않게 될 것입니다. 이들은 마귀 역사의 지배

당신의 영혼은 안녕하십니까?

를 받지 않고 분별 있는 영적 사람으로서 사단들에게 그리고 미혹의 영들에게 속지 않게 될 것입니다. 여러분, 성령님을 모시어 들이지 않고 언제까지 어두움의 세력에 잡히어 사단의 종으로 살아가려 합니까? 어찌 계속 악에 속하여 성령님과 대적하며 후퇴하는 신앙생활을 하려고 합니까? 사단이 자기의 심령을 장악하게 되면 흑암에 덮이게 된다는 사실을 알아야 할 것입니다. 어둠의 권세가 자기의 영혼을 지배하게 되면 짜증, 원망, 신경질, 낙심과 좌절 속에 살게 될 뿐입니다. 그러나 영광의 빛을 받게 된다면 성령님의 인도하심을 받아 감사와 찬송과 영광을 하나님께 돌리는 마음으로 살아가게 될 것입니다. 그래서 그리스도의 마음을 본받아 더 밝아진 마음으로 살아가게 될 것입니다. 예수님의 마음을 받은 종들은 겸손히 성령님이 하시는 말씀에 순종하며 그리스도를 믿기 위하여 성령님을 섬기는 삶을 살게 될 것입니다. 성령님의 인도를 받는 자들은 그리스도의 사랑으로 진정한 기쁨을 얻게 될 것입니다. 영광이 가득한 마음에는 비진리를 찾아볼 수가 없고 거룩한 마음만 있게 될 것이기 때문입니다.

그리고 또 한 우리는 표정 관리를 잘하여야 합니다. 어두운 표정에는 황충들이 놀기를 좋아하여 우리의 영적 파괴를 가져다 줄 것입니다. 성경은 황충에 대하여 이렇게 말하고 있습니다. "노략물을 취하러 나온 악한 사람, 하나님의 인맞지 않는 사람만 해한다. 악한 사람이 소리를 높이며 나온다, 모든 것을 먹으러 나온 대적자다"라고 전하고 있습니다. 성령님을 배반하는 자로 황충에게 먹힘을 당하는 존재로 전락되기를 원하십니까? 황충으로 믿는 자들의 신앙을 파멸시키는 일을 도맡아 하는 악의 종이 되렵니까? 황충은 사나우며 강퍅한 자들을 뜻하기도 하는 것을 알고, 자기의 심령이 과연 어디에 속하는지를 깨닫고 성령님이 미워하는 일들을 단번에 중단하여야 할 것입니다. 여러분, 무저갱으로부터 올라오는 흑암을 마시면 누구라도 악이 가득하여져서 황충으로 변해 버리게 될 것입니다. 악이 가득한 자들은 황충으로 변한 자들도 있고 변해 가는 자들도 있을 것입니다. 어떠한 모양이라도 악을 더 받아들인다면 결국은 다시 무저갱에 갇히는 신세가 될 것입니다. 차라리 태어나지 않았으면 좋으련만, 어찌하여 악을 중단하지 못하고 성령님을 대적하는 황충으로 살아가려 하는 것입니까? 황충에게 쏘임을 당한 자들은 그 괴로움으로 죽고 싶어도 죽지를 못할 것입니다. 전갈이 사람을 쏠 때와 같은 고통을 받게 될 것입니다. 여러분, 황충의 피해를 입지 않는 하나님의 인맞은 종으로 거듭나야 할 것입니다. 하나님의 인정을 받으면 황충이나 그 어떤 어둠의 권세들도 모두 피해갈 것입니다. 그러나 하나님의 인을 맞기 위하여는 반드시 악을 끊고 성령으로 거듭나야 합니다. 물과 성령으로 거듭나지 않는 자들은 영원히 멸망으로 가게 될 뿐입니다.

이론적으로는 그리고 생각으로는 아는 듯하나, 우리의 영혼은 알지 못하고 깨닫지를 못하기 때문에 아직 성령님을 인정하지 못하고 외면하고 있습니다. 영적 체험을 아무리 많이 하여도 감각 없는 죽은 자들은 돌이킬 방법을 알지 못하여 영원불못에 떨어질 준비를 하고 있다는 것을 알아야 합니다. 성령님을 경외하고 두려워하지 않는 삶은 자기의 영혼을 황충에게 넘겨주는 삶임을 알아야 합니다. 황충으로 변해 버리고 난 뒤에는 아무리 주여 주여 외쳐 불러도 아무 소용이 없을 것입니다. 우리의 본분은 하나님을 영화롭게 하고 즐거이 하는 것인데 그 본분을 잃어버리고 살았기 때문에 황충에게 해를 입게 된 것입니다. 성령님의 명령에 복종하는 심령이 되어야 합니다. 좌로나 우로나 치우치지 말고 오직 성령님의 통치하심 안에 거하기를 진심으로 소원하여야 합니다.

여러분, 죄가 무엇입니까? 그것은 성령님의 인도를 거부함으로써 하나님 말씀에 불순종 하는 것입니다. 말씀(하나님)에 불순종함으로 황충이 달려들고 흑암에 둘러싸이고 멸망으로 향하게 되는 것입니다. 하나님께서는 교만한 자들을 버리신다는 것을 분명히 알아야 합니다. 교만한 자들을 패망으로 이끌기 위하여 성령님을 훼방케 하고 성령님의 하시는 사역들을 미워하게 하십니다. 사람들은 성령님보다 더 높이 서려는 교만함으로 인하여 수단과 방법을 가리지 않고 악을 행하고 있습니다. 하나님께서는 술수와 거짓과 교만들이 꽉 찬 자들의 중심을 모두 알고 계신다는 것을 분명히 알아야 합니다.

여러분, 바벨론은 그 당시 세계에서 가장 크고 강성한 나라였습니다. 바벨론왕 느브갓네살은 세상에서 가장 큰 권세와 영광을 가진 왕이었습니다. 그러나 느브갓네살왕은 바벨론의 영광과 권세를 생각하며 교만에 빠져 있을 때에 하늘에서 소리를 들었습니다. "이젠 나라의 위가 네게서 떠났다"라고 말입니다. 그 말을 듣는 즉시 왕은 정신이 변하고 사람이 사는 세상에서 쫓겨나서 소처럼 풀을 뜯고 몸이 이슬에 젖고 머리털은 독수리 털같이 되고 손톱은 새발톱과 같이 되어 7년 동안이나 들판에서 짐승처럼 지내게 되었습니다. 그리고 7년이 지나 다시 왕의 자리에 앉게 된 느브갓네살은 세상 나라의 권세는 자기 것이 아니고 오직 하나님의 것인 줄을 깨닫고 하나님께 감사하며 하나님께 영광을 돌리는 삶을 살았습니다. 느브갓네살왕의 사건에서 한 가지의 진리를 깨달아야 합니다. 하나님은 교만한 자를 물리치시고 겸손한 자들에게 은혜를 주신다는 사실입니다. 사울왕도 보십시오. 사울왕도 겸손함이 있었기에 이스라엘 왕으로 삼으신 것이었으나 사울이 왕이 된 후에 그의 삶을 돌아보십시오. 왕이 된 후에 그는 너무나 교만하여져서 하나님의 명령을 거역하였습니다. 심지어는 제사장이 제사를 드려야 되는데 자기가 제사장을 대신하여 하나님께 번제를 드리는 교만에 빠지기까지 하였습니다. 이 교만 때문에 마지막에는 블레셋과 싸우는 길보아산 전투에서 자기의 아들 요나단과 같이 비참하게 죽게 되고 왕위는 다시 다윗에게 넘어가고 말았습니다. 여러분, 여호와 하나님께서는 교만한 자들의 집을 헐어 버리실 것입니다. 오늘날 성령님께서도 교만한 자들을 무너뜨리십니다. 우리의 심령이 교만함과 더러움에 차있다면 성령님께서 하늘의 집을 무너뜨려 버립니다. 성령님께서는 교만한 자들을 향해 무서운 심판을 하실 것입니다. 그러나 성령님께서는 겸손한 자들을 사랑하십니다. 성령님께서는 겸손한 자들을 사랑하시기 때문에 교만한 자들을 하늘나라에 들어갈 수 없도록 문을 닫아 버리실 것입니다. 천국에 들어가기 원한다면 성령님의 도움을 구하고 두드려야 합니다.

여러분, 진정으로 비진리를 따르지 않고 영원한 빛의 길을 가기를 원하십니까? 그러려면 반드시 고난의 길을 통과해야만 합니다. 진정으로 천국을 소망하며 영광의 길을 가고자 원하는 자들은 즉시 악을 중단하고 선한 양심으로 착한 일을 행하시는 성령님의 인도하심을 받아야 합니다. 성령님의 인도를 거부하는 자는 지옥불못으로 가게 될 뿐 천국을 소유할 수 없다는 사실을 명확히 알아야 합니다. 천국에 들어가기 위해서는 선한 일을 하시는 성령님을 따라 선한 양심으로 착한 일을 하는 성도들이 되어야 합니다. 입으로 아무리 천사의 말을 한다 할지라도 행함 없는 믿음은 죽은 믿음입니다. 여러분, 죽은 믿음에 머물러 있는 것이 아니라 진리의 영이신 성령님의 인도를 받아 악을 멀리하고 선한 마음으로 착한 행실을 하시기 바랍니다. 누구든지 성령님으로 거듭나지 않고서는 하나님 나라에 들어갈 수가 없습니다.

25

천국과 지옥

한 번 죽는 것은 사람에게 정해진 것이요 그 후에는 심판이 있으리니
이와 같이 그리스도도 많은 사람의 죄를 담당하시려고 단번에 드리신 바 되셨고
구원에 이르게 하기 위하여 죄와 상관 없이 자기를 바라는 자들에게
두 번째 나타나시리라
(히브리서 9:27~28)

안개와 같이 금방 사라질 이생이 끝나면 또 다른 시작이 있습니다. 그리고 이생의 삶이 끝나고 나면 반드시 하나님의 심판을 받게 될 것입니다. 이 심판에서 멸망당하지 않고 영생을 선물받기 원한다면 이 생의 삶을 살고 있는 동안에 선한 양심으로 진실된 회개를 하고 하나님의 품으로 돌아와야 합니다. 하나님과 가까이하기 원하는 자들은 반드시 선한 마음과 착한 행실로 성령님의 인도하심을 받아야 합니다. 성령님의 인도하심은 예수 그리스도를 믿게 하기 위한 하나님의 계획이십니다. 우리의 영혼이 그리스도를 믿게 되면 하나님께서는 그 보증으로 보혜사 성령님을 보내 주십니다. 그리하여 그리스도를 믿는 자는 성령의 인도

를 받아 천국 백성이 될 것입니다. 내세에서의 새로운 삶은 천국이나 지옥 둘 중 어느 하나에서 시작하게 될 것입니다. 장차 자기의 영혼이 어느 곳을 향하여 가게 될 것인지 이 세상에서 사는 동안에 잘 점검해야 할 것입니다. 성경은 심는 대로 거둔다고 선포합니다. 악(그리스도를 믿지 않는 것과 성령 훼방 죄)을 심으면 악(사단, 지옥)으로, 선(그리스도를 믿는 믿음과 사랑 실천)을 심는다면 선(그리스도, 천국)으로 거두게 될 것입니다. 사람들을 위하여 아무리 좋은 일을 많이 하고 훌륭한 일을 많이 하여 좋은 업적을 남겼다고 하여도, 하나님을 알지 못하고, 그리스도를 믿지 않으며, 물과 성령으로 거듭나지 않으면 헛된 인생이 되는 것이며 결국은 버려짐(지옥)을 당하게 될 것입니다.

오늘날 참 성도가 되지 못한 교인들은 건물적인 교회에만 나가면 무조건 하나님이 자기와 함께하실 것이고 성령을 받으며 천국을 소유한 것으로 믿고 있습니다. 그들은 하나님의 뜻과 상관없이 자기중심적이고 자기 도취에 빠진 종교 생활에 젖어 있습니다. 종교 생활을 잘한다고 해도 그리스도께서 보내신 성령님을 믿지 않는다면 그러한 자들은 하나님과 상관이 없는 자들이며 결국에는 2사망(지옥)을 벗어날 수가 없을 것입니다. 여러분, 건물적인 교회에서나 신학대학교에서는 삼위일체이신 하나님을 가르치지만 정작 사역현장에서는 삼위일체를 부인하고 있는 목회자들이 수두룩합니다. 입으로는 삼위일체를 말하나 그들의 영혼은 삼위일체 되시는 하나님을 인정하지 않고 있는 것입니다. 그들은 오늘날 역사하시는 성령님을 부인하고 배운 지식이나 자기 가치관이나 목회철학으로 사람들을 끌어 들이기 위한 이벤트, 쇼를 벌이며 사람들의 기분 맞춰 주는 말을 복음이라 말합니다. 하나님을 증거하고 그리스도를 증거하고 성령님을 증거하는 자들이 과연 얼마나 되는지 깊이 회개해야 합니다.

성경은 하나님 말씀이 영원히 변치 않을 것이라고 기록하고 있는데, 말씀을 변질 시키고 있는 자들은 결국 버려짐(지옥)을 당하게 될 것입니다. 여러분, 우리의 영혼이 예수 그리스도를 믿는 근본적인 목적이 무엇인가를 확실히 알아야 합니다. 에덴동산에서 하나님과 아름답게, 평화롭게 지낸 아담과 하와의 모습을 그려 보십시오. 아담과 하와의 불순종함이 없었더라면 온 인류는 1사망을 겪지 않아도 되었을 텐데, 하나님 말씀에 불순종하여 먹지 말라고 하셨던 선악의 열매를 따먹는 죄를 범함으로 인해 인류(아직 태어나지 않는 어린아이까지도)는 1사망의 저주를 받게 되었습니다. 타락한 인간을 보시며 인간을 창조하신 것을 후회하신 하나님 이시지만 자비와 사랑으로 독생자 예수님을 이 땅에 보내셨습니다. 예수님은 온갖 수치를 당하시고 십자가에 달려 돌아가셨습니다. 십자가에 달려 돌아가신 후 삼일 만에 부활하시고 승천하시어 사망 권세를 이기셨습니다. 그리고 하나님께서는 누구든지 예수 그리스도를 믿는 자에게는 영생을 얻게 하셨습니다. 우리는 교인으로 머물러 있을 것이 아니라 성도로서 그리스도를 믿어 2사망(지옥)에서 벗어나야 합니다.

오늘날 일부 건물적인 교회에서 여러 가지 사람 중심적인 이벤트를 통해 교회에 찾아 온 영혼들을 모두 소경으로 만들어 지옥으로 끌고 가는 모습을 봅니다. 건물적인 교회, 사람중심적인 교회들은 하나님 말씀을 변질 시키고 있고 호화로운 건물과 장터 같은 쇼행사들로 보암직하고 먹음직하게 위장을 하여 사람들을 미혹하는 터전이 되어 버렸습니다. 또 그런 소경을 따르는 무리들은 귀만 커다랗게 하여 교만만 늘어나고 하나님을 알지 못하면서도, 얕은 성경 지식을 가지고 하나님을 아는 것처럼 위장하며 하나님께서 쓰시는 일꾼들을 업신여기고 핍박하는 일에 앞장을 서고 있습니다. 여러분, 하나님의 사람들을 핍박하는 일은 성령님을 핍박하는 일에 속한다는 것을 알아야 합니다. 그러한 자들은 자신의 불쌍한 처지를 모르고 아주 못된 뱀의 혀로 자기의 편리대로 말하고 온갖 거짓과 술수를 동원하여 억울한 사람들을 만들고 있습니다. 이러한 자들의 주인은 분명 사단이며, 하나님과 대적 관계에 있음을 분명히 알아야 합니다. 인생을 살아가면서 선(그리스도)을 심은 삶은 천국으로, 악을 심은 삶은 지옥 불 못으로 갈라지게 될 것입니다. 많은 사람들이 천국과 지옥에 대한 감각이 하나도 없이 현실에 만족하며 육만을 위한 삶으로만 세월을 허비하고 있습니다. 천국과 지옥에 대한 감각이 없어졌다는 것은 그만큼 악에 물들어 영적 감각이 무뎌졌다는 의미입니다. 악한 세상에 물들어 자기 육을 위해 전심을 다하고 세상과 타협을 하며 살고 있습니다. 천국과 지옥이 있다고 생각한다면 그리스도를 믿고 선한 마음과 착한 삶을 살아야 합니다. 그리고 성령님을 두려워하고 경외하는 삶으로 살아갈 것입니다. 그러나 자기의 정욕과 자기의 뜻에 초점을 맞추어 사는 자는 천국과 지옥을 부인하는 자입니다. 성경에도 천국과 지옥은 분명 기록되어 있는데 육의 것만 좇는 자들은 천국과 지옥을 부인하는 자이며 하나님도 부인하는 자들인 것입니다. 그러한 자는 하나님께서도 낯을 피하시며 천국을 소유할 수 없는 자로 전락시켜 버리실 것입니다. 지금까지 당연히 성령님이 함께하신 줄로만 알았지만, 실재로는 우리의 영혼은 성령님을 외면하고 있었다는 것을 알아야 합니다. 그리고 성령님이 하나님이시라는 것을 인정하지 않았음을 회개해야 합니다. 성령님을 두려워하지도 않았고 경외하지도 않았고 양심에 따라 선한 마음도 착한 행실조차도 없었던 삶이었음을 돌아보아야 합니다. 성령님을 아주 가벼이 여기고 무시하면서도 내가 원하기만 한다면 바람같이 찾아와 주시는 존재로 아는 신앙이었음을 회개해야 합니다. 입술로는 성령님을 불렀지만 게으르고 미련하여 자기 욕심이 가득한 마음으로 다른 신(우상)을 부르고 섬기면서 살아가는 인생이 아니었는지 돌아보아야 합니다. 이들은 불순종의 자녀, 진노의 자녀입니다. 오랜 세월 동안 하나님의 이름을 망령되이 일컬으며 온갖 악행으로 성령님을 배역해왔음을 회개하여야 합니다. 육신의 어려움이나 고난을 당하면 어떻게 해서든지 문제를 해결하려고 합니다. 그러나 영의 일에는 그다지 관심 없이 하나님의 이름을 망령되이 일컬으면서 배역한 삶을 살고 있음을 회개해야 합니다. 우리의 육신은 썩어질 것인데 썩어질 것의 욕심을 채우는 삶이라면 결국은 허무한 인생이 되어 버릴 것입니다. 그 나라(하나님 나라)와 의(그리스도)를 위하여 살고 있습니까? 자기 목숨(육)을 위해 살고자 원한다면 반드시 죽게(영) 될 것입니다. 그러나 진실로 그 나라(하나님 나라)와 의(그리스도)를 위해 자기 목숨을 내어 놓는 자는 분명히 살게(영생) 될 것입니다. 여러분, 즉각 악을 선으로 돌이키며 회개하는 삶이 되어야 합니다.

성령님을 만나고도 변화되지 못하는 삶이 되면 성령님은 떠나 버리시게 될 것이며 악의 지배를 받게 될 것입니다. 여러분, 성령님을 내 안에 모시기를 갈망하며 깊은 회개와 겸손함으로 나아가야 합니다. 그렇지 않으면 자존심과 고집과 아집으로 인하여 입을 꽉 다문 채 자기 영혼을 위해 하나님을 붙잡지 않고 이리저리 피하며 우선 위기만 넘기려고 할 것입니다. 하나님께서 우리를 버리신다면 영원한 음부에 갇혀 버리게 될 것입니다. 성경 지식을 아무리 많이 알아도 소용이 없습니다. 기도를 많이 하

당신의 영혼은 안녕하십니까?

고 찬양을 아무리 불러도 소용이 없을 것입니다. 자기 심령이 성령님의 통치를 받지 않는다면 아무 소용이 없는 것입니다.

　말씀에 순종하지 않는 자들은 겉으로 믿음이 있는 듯하나 실상은 자기 심령에는 더러운 악들로 꽉 차 있어, 하나님을 속인 죄만 더 첨가될 뿐입니다. 하나님은 우리 입의 말을 듣는 것이 아니라 우리의 중심을 보십니다. 성령님은 순결한 영이시므로 우리도 순결해야 성령님을 내 안에 모시어 들일 수 있습니다. 그 중심을 보시고 성령님께서는 하나님께 우리를 대신하여 중보자로, 변론자로 기도해 주실 것입니다. 중보자이신 성령님의 기도와 간구를 들으신 하나님께서는 우리의 믿음을 인정해 주실 것입니다. 하나님께서 우리의 믿음을 인정하시는 것이지, 우리가 스스로 믿음이 있다고 인정할 자격이 없습니다. 자기 스스로가 믿음 있다고 자부하는 교만함은 하나님을 속이는 짓입니다. 하나님을 속이는 자는 자기의 거짓된 술수에 자기가 스스로 웅덩이를 파고 빠져 들어가게 될 것입니다. 이러한 자들은 하루 종일 무거운 죄책감에 짓눌려 살게 될 것입니다. 성령님을 대적하고 말씀을 버린 자들은 악신의 지배를 받게 되는 것입니다. 악신은 결국 우리들을 사망으로 끌고 가고 영원한 음부로 밀어넣을 것입니다. 이러한 무서운 일들이 기다리고 있는데도 여전히 이생의 삶으로 끝인 줄로 알고 또 악을 범하고 있다면 정신을 차려야 랍니다. 자기는 열심히 한다고 했는데…… 그리고 애쓰고 힘썼는데……라고 말하겠지만 그것은 자기 생각일 뿐 하나님과는 하나도 연관이 없는 교만한 삶이 아니었는지 돌아보아야 합니다. 진정으로 하나님을 섬겨 왔던 것이 아니라 하나님을 배반하며 악하기 그지없는 진노의 자녀, 불순종의 자녀였다는 것을 깨닫고 회개해야 합니다. 하나님의 양자가 되지 못한 진노의 자녀들은 자기 스스로 선택한 지옥의 세계에 들어가서 악을 심은 잔을 다시 마시며, 악의 무게에 따라 영원히 심판을 받게 될 것입니다. 인생의 목적이 하나님을 영화롭게 하는 것이라는 사실 조차도 모르고 살아가는 그런 사람들은 인생이란 원래 "희노애락"대로 살아가는 것이라고 단정을 지워 버리고 영혼의 문을 닫아 버리고 맙니다. 위기에 처해 있으면서도 위기임을 느끼지 못하고 악을 끊지 못하는 자는 멸망의 문으로 들어가게 될 것이라는 사실을 분명히 깨닫고 두려워해야 합니다. 그런 자들은 천국과 상관없는 자로 만들기 위하여 돌이키지 못하도록 강퍅함을 먼저 집어넣으신 것이 아닌지 깊이 생각해 보고 속히 회개하고 하나님께로 돌이켜야 할 것입니다. 사단의 종으로 전락되어 버렸고 마음에 화인을 맞아 현실적으로 선악을 구별하지 못하는 무딘 감각이 되어 버린 이유는 끝없이 하나님과의 관계가 멀어졌기 때문입니다. 원래 그런 것이 아니라 모두가 죄 때문에 그렇게 된 것을 분명히 알아야 합니다.

입으로는 한순간이라도 성령님의 인도 없이는 살아갈 수가 없다고 습관적으로 말을 내뱉고 있으나 우리의 심령으로는 감사할 줄 모르고 자기의 의지대로 살아가고 있으며 성령님을 자기 삶의 수단으로 이용하고 있다는 것을 알아야 합니다. 성령님의 통치 안에 들어오면 우리의 육체와 생각까지도 우리 것이 아님을 알고(자기를 부인하고), 하나님의 도구로서 하나님을 영화롭게 하기 위한 삶(오직 그리스도를 높이는 삶)으로 살아가게 될 것입니다. 그러나 성령님의 통치 밖에 있는 자는 그 생각하는 것과 품은 마음이 무엇으로 보나 하나님과는 관계없이 자기의 육의 쾌락을 위한 삶으로 살아가게 될 것입니다. 자기의 뜻과 성령님의 인도하심이 맞지 않는다면 성령님을 향하여 대적하는 삶을 살아간다는 것입니다. 그러한 자들은 아무리 발버둥을 쳐도 성령님의 통치함 안에 들어올 수가 없는 것입니다. 자기의 기분에 맞게 하나님의 말씀이 자기의 생각에 적중이 된다면, 아멘 아멘하며 편리를 좇아 살아가면서 자기의 죄와 허물을 알고 회개하라고 꾸짖으며, 말씀을 전하면 자기 악으로 말미암아 분해하고 성령님과 대적으로 돌아서 버리는 인생들은 사람의 형상을 갖추었으나 사람이 아니라 짐승이며 사단의 종입니다. 사단의 종이기 때문에 성령님을 대적하는 것이지 그렇지 않는 자는 절대로 성령님과의 대적하지 않을 것입니다. 아니, 성령님과 대적하는 일들을 생각지도 못하고 만들지도 않을 것입니다. 아직까지도 성령님의 말씀에 순종하지 않는 삶은 천국과 지옥을 인정하지 않고 성경도 하나님도 부인하는 것입니다. 그리스도를 믿지 않는 이방인들조차도 지옥이라는 것이 있을 것이라 여기며 자기들의 믿는 우상들에게 기도하고 선한 마음으로 선한 일하기를 힘쓰고 있는데, 성도들은 천국과 지옥이 반드시 있음을 알고 더 선한 마음으로 착한 일을 행하여야 할 것입니다. 그리스도를 믿고 섬기며 순종하는 삶을 살아야 합니다. 하나님의 살아 계심을 믿는다면 하나님의 말씀을 믿고 천국이 있음을 확실히 알아야 합니다. 천국이 확실히 있다는 것을 아는 자들은 분명 이 땅에서도 하나님을 영화롭게 하기 위하여 구별된 삶으로 살아가며 하나님을 경외하는 삶을 살아갈 것입니다. 성령님을 믿으며 말씀에 순종하고 하나님을 기쁘게 하는 삶을 살아갈 것입니다.

어리석은 자들은 이 세상을 살아갈 때에 "나"라는 기준을 두고 모든 인생의 흐름을 자기 기준에 맞추어 살아가면서 자기 기준에 맞으면 옳은 일이고 자기기준에 맞지 않는 일이라면 틀리다고 판단합니다. 자기가 속해 있고, 자기가 만지고 있고, 자기가 보는 것에 모든 잣대를 맞추어 끝없이 자기를 높이려는 교만함으로 가득 찬 생활을 합니다. 그런데 이들은 가장 큰 한 가지를 모르고 흘러 보내 버리고 맙니다. 그것은 "나"라는 존재가 하나님과 동등한 위치에 서거나 하나님보다 더 높이서려는 교만함이 하나님과 대적하는 것임을 모른다는 것입니다. 자기를 너무 사랑하다 보니 성령님을 외면해 버리고 하나님을 떠난 영적 타락자로 지금껏 지내 온 것을 분명히 알아야 합니다. 자기를 너무 사랑하다보니 성령님과 원수 되었음을 알아야 합니다. 하나님과 원수된 자의 종으로 살아가면서도 자기는 정말 진정으로 성령님을 사랑했노라며 선한 마음으로 살아가고 있다는 착각 속에 빠져 있다는 사실을 알아야 합니다. 원수된 자들에게 성령님께서 임재하실 것은 천부당 만부당한 일입니다. 자기의 마음을 선한 마음으로 돌이키어 자기의 악을 회개하며 성령님이 원하는 삶을 살아가는 것이 아니라 성령님을 미워(살인)하고, 간악한 마음으로 지내고 있으면서도 입으로는 "용서하소서, 용서하소서"라고 말을 하고 있다는 것을 깨달아야 합니다. 여러분, 하나님께서는 원망과 불평만 하던 이스라엘을 치신 것과 같이 오늘날 자기중심적인 삶으로 살아가다가 성령님을 근심케 하는 그리고 성령님을 모르는 자들을 모두 멸하실 것입니다. 사단의 종이 되어 움직이며 성령님의 사역을 방해하는 자들은 하나님께서 어찌 하실지 돌아보아야 합니다. 사단의 종이 된 자들은 영원히 무지갱 속으로 던져지게 될 것입니다. 악인은 지옥에 가고 사단은 무저갱에 갇힌다면 과연 어떠한 곳이 더 비참한 곳인지를 짐작을 할 줄 알아야 합니다. 사단의 종으로 사단의 앞잡이 노릇을 하면서도 자기의 생각으로 사랑의 하나님 구원의 하나님이시니 늘 참으시고 구원해 주실 것이라 스스로를 위로하면서도 끝까지 자기를 버리지 않고 하나님중심적인 삶으로 돌아가기를 꺼리고 있지는 않습니까? 악한 자들은 깨끗하고 성결한 마음과 선한 생각이 없이 욕심으로 가득 차게 살아갑니다. 그리고 성경을 인용하여 위장의 탈을 쓰고 하나님의 자녀인 것처럼 살아갑니다. 착각은 오만과 교만을 더 없이 높이며 성령님과의 대적 관계로 만들어 버립니다. 하나님의 뜻은 그것이 아닌데 사람들은 성경 지식을 좀 안다고 하여 하나님의 뜻까지도 자기가 판단해 버리고 결정해 버립니다. 자기 기준으로 자기 결정으로 성령님의 사역을 함부로 말하며 정해 버리고 실천하는 삶은 성령님과는 아무 관계가 없을 뿐 아니라 성령님의 진노하심만 더 쌓게 될 것입니다. 어찌 되었든 간에 성령님을 노엽게 하지 마십시오.

성경 지식을 조금 안다고 하여 하나님의 일을 전부 알 수는 없는 것입니다. 성경은 지나온 일, 이루어진 일, 그리고 앞으로 될 일들을 전하고 있습니다. 그리고 앞으로 될 일들은 성령님의 도움 없이는 그 비밀한 말씀의 뜻을 깨닫지를 못하게 될 것입니다. 하나님은 영적 눈이 떠지고 영적귀가 열린 자들에게만 말씀의 비밀을 깨닫게 하십니다. 여러분, 현재 우리에게 역사하시는 성령님을 믿어야 합니다. 그리고 앞으로 되어질 일에 대하여 알아야 하며 그 일에 속하기 위하여 성령님을 자기의 영혼에 모시어 들이는 믿음이 되어야 합니다. 재림의 주님을 기다리며 성도로서의 자격을 갖추어야 할 때임을 잊지 말아야 합니다. 지난날의 잘못된 훈련 방법으로 성령님을 재어 보고 판단한다면 그들은 하나님 나라와는 전혀 상관없는 자임을 알아야 합니다. 그들은 사람들이 보기에 믿음 있는 듯하고 성경을 아는 듯 보이나 실상은 성경도 모르는 자들인 것입니다. 성경을 문자 그대로 본다면 소경일 수밖에 없습니다. 성경에 기록된 예수님의 하신 말씀의 비유를 깨닫기 위해서는 반드시 성령님의 인도하심을 받아야 합니다. 그리고 건물적인 교회에서 제자 훈련을 받았다고 할지라도 말씀의 비유를 깨닫지를 못한다면 일반 서적을 읽었던 것과 별다를 것이 없게 될 것입니다. 성경은 이스라엘 역사를 말하고 있는 것이 아닙니다. 성경을 통하여 하나님에 대하여, 그리스도에 대하여, 성령님에 대하여 알아야 하고, 믿어야 하고, 그리고 우리의 입의 말이 하나님 나라를 증거하는 증인으로 다시 태어나야 할 것입니다. 성경을 잣대로 성령님을 알고 믿어 섬기며 자기 삶에 적용하여 살아야 합니다. 그냥 머리로만 알고 실천이 없다면 그것은 죽은 믿음이고 성경을 아는 것이 아니라 인식만 하고 있는 것임을 알아야 합니다. 인식하고 있는 것은 그대로 머리에 두고 있는 것이지만 그 인식을 반드시 실행을 하여야만 자기 영혼의 움직임이 있다는 것을 분명 깨달아야 합니다. 자기의 영혼을 깨우지 못하는 것은 그것을 인식만 하고 자기 영혼을 위한 삶으로 살아가지 않는다는 것입니다. 오직 성령님을 믿음으로 그리스도께 인정을 받아 그리스도를 믿는 것이 확정되는 것이며 하나님께 인정받을 수가 있습니다. 우리의 생각으로 마음으로 소원을 한다고 하여 그리스도를 믿을 수는 없습니다. 그리스도를 믿는 증표로 반드시 성령님으로 거듭난 것이 나타나야 합니다. 행함이 있는 믿음으로 나아가야 한다는 것입니다. 성령으로 거듭난 자들은 천국을 소유한 자가 되는 것입니다. 그러나 죽은 자로 살아가면서 아직 자신이 성령님께 속한자로 여기시면 곤란 합니다. 결국은 자기의 보응을 반드시 받게 될 것입니다. 돌이키지 않는다면 그들은 지옥으로 던져짐을 당하게 될 것입니다. 여러분, 돌이키십시오. 기회의 때가 얼마 남지 않았습니다. 하나님 기뻐하시는 심령과 구별된 삶이 되지 않는다면 영원한 불행에서 헤어 나오지 못 합니다. 그리고 마지막이 오는

당신의 영혼은 안녕하십니까?

날에는 심판을 피해 갈수도 없으며 결국에는 불사름을 당하게 될 것입니다. 불사름은 지옥을 말합니다. 여러분, 선한 자들이라면 이렇게 천국과 지옥을 외치지 않아도 선한 일을 행합니다. 악인은 이렇게 가르쳐 주고 부르짖고 말려도 자기중심적인 모습들을 버리지 못하여 악의 길과 멸망의 길로 가게 될 것입니다. 여러분, 성령님을 훼방하고 근심케 하는 자들은 죄사함이 없을 것을 분명히 알고 성령님을 거스리는 일을 하지 않기를 간절히 원합니다.

26

그리스도를 알고만 있는 것이 아니라
반드시 그리스도를 믿어야 합니다

그러므로 형제들아 내가 하나님의 모든 자비하심으로 너희를 권하노니
너희 몸을 하나님이 기뻐하시는 거룩한 산 제물로 드리라
이는 너희가 드릴 영적 예배니라 너희는 이 세개를 본받지 말고
오직 마음을 새롭게 함으로 변화를 받아 하나님의 선하시고 기뻐하시고
온전하신 뜻이 무엇인지 분별하도록 하라

(로마서 12:1~2)

죄 많고 각박한 세상에서 그리스도인으로 승리하며 살아갈 수 있는 힘은 성령님의 인도하심 때문입니다. 성령님을 통해서만 곤하고 지친 우리의 심령을 바로 세워 다시 그리스도께로 전진할 수 있으며 우리의 죄악을 깨닫고 회개하며 더럽혀진 우리의 영혼이 새롭게 될 수 있습니다. 모두 죄악된 세상 속에서 일방적인 하나님의 은혜로 부르심을 받은 자입니다. 그런데 예수 그리스도를 믿도록 인도해 주신 성령님의 은혜를 알지 못하고 우리의 영혼을 구원하여 주실 예수 그리스도를 다시금 핍박하며 죄악 속에서 살아가고 있습니다. 우리의 힘과 의지로 또는

당신의 영혼은 안녕하십니까?

우연히 성령님을 믿게 되어 이 순간까지 오게 된 것이 아니라 하나님의 미리 아시고 택하신 예정 속에서 우리들을 불러 주신 것입니다. "하나님 이 미리 아신 자들로 또한 그 아들의 형상을 본받게 하기 위하여 미리 정하였으니 이는 그로 많은 형제 중에서 맏아들이 되게 하려 하심이니라 또 미리 정하신 그들을 또한 부르시고 부르신 그들을 또한 의롭다 하시고 의롭다 하신 그들을 또한 영화롭게 하셨느니라."(롬 8:29~30) 하나님 께서는 하나님의 기뻐하시는 뜻 가운데서 태초부터 각 사람들의 인생에 대한 계획을 설계하시고 창조하셨습니다. 인생의 모든 발걸음은 하나님의 주권 속에, 하나님의 섭리 속에 있습니다. 여러분, 현재의 삶 속에서는 이것을 깨닫지 못하나 지나온 과거들을 뒤돌아본다면, 지나온 삶들이 모두 하나님의 뜻 가운데서 인도되어져 왔다는 것을 깨달을 수가 있을 것입니다. 거룩한 하나님의 자녀로 삼으시고 예수 그리스도 안에 있는 영생을 얻게 하기 위하여 이방인이었던 우리를, 진노의 자녀였던 우리를, 불순종의 자녀였던 우리를, 태초부터 미리 택하시고 불러 주신 것을 감사 드려야 합니다.

하나님의 부르심의 근본 목적은 바로 우리의 영혼 구원과 구원 받을 백성들을 통하여 하나님을 알고, 믿고, 섬기게 하기 위함인 것입니다. 사람들을 창조하신 것은 하나님을 영화롭게 하기 위함이며 하나님을 섬기게 하기 위함입니다. 하나님께서는 하나님의 형상을 따라 지으심을 받은 사람들을 통하여 감사와 찬송을 받으시고 경배와 영광을 받으시기를 원하십니다. 그런데 사람들은 하나님을 찬양하며 하나님만 섬기며 영광을 돌려 드려야 하는 자신의 본분을 잊어버린 채 우상을 숭배하거나 또는 자신을 숭배하고 사랑하며 하나님의 곁을 떠나 버렸습니다. 지금 현재 하나님을 섬기기보다 공중 권세 잡은 악한 영인 사단, 마귀를 섬기며 죄악으로 타락하여 가기 시작했습니다. 우리의 심령은 마음의 욕심을 따라, 육체의 정욕에 따라, 음란과 살인과 미움과 도적질과 거짓과 온갖 추한 것을 좇으며 하나님을 떠나고 있었습니다. 우리의 마음은 점점 하나님의 곁을 떠나 사단, 마귀를 닮아가며 우리의 영혼은 죄악으로 더럽혀져 더욱더 강퍅하고 악독하며 사나워져만 가고 있습니다. 하나님께서 처음 우리들에게 주셨던 하나님의 형상(인격)을 잃어버린 것입니다. 그렇게 마음으로부터 범죄를 하며 하나님의 곁을 떠난 우리의 마음과 우리의 영혼은 사단에게 빼앗겨 어두워져만 가고 있습니다. 사단에게 사로잡힌 영혼은 하나님의 말씀을 깨달을 수도 없도록 어두워졌습니다. 하나님 말씀을 알아듣지 못한다면 음부에 갇히는 신세가 될 것입니다. 그래서 거룩하시며 전능하신 하나님을 섬기며 하나님께 영광을 돌려드리기 보다, 흙으로 돌아갈 사람을 높이며, 섬기며, 숭배하며, 보지도 못하는 돌이나 나무나 여러 가지 우상에게 절을 하며, 그것을 섬기는 가장 비참한 존재가 되어 버린 것입니다. 하나님을 떠난 자들은 이같이 비참한 존재로 몰락이 되어 버릴 것입니다. 우상을 자신의 마음속에 두고 하나님을 섬기는 것이라고 말들을 하지만 성령으로 거듭나지 않는 심령에는 참 하나님이 계시지 않는다는 것을 알아야 합니다. 여러분, 아무리 성경을 달달 외우고 입에 발린 말을 잘한다고 할지라도 성령님을 통하지 않고는 하나님을 알지 못할 것입니다. 이런 자들은 하나님을 섬기는 것이 아니라, 하나님을 대적하는 공중 권세 잡은 악한 영인 사단을 섬기고 종노릇 하며, 사단과 함께 하나님의 말씀을 변질 시키게 됩니다.

여러분, 우리가 섬기고, 모든 영광을 돌려 드리며 높여야 할 분은 우리

당신의 영혼은 안녕하십니까?

를 구원하시기 위하여 영생의 길을 열어 주신 그리스도 한 분뿐이십니다. 그런데 우리가 그리스도를 믿지 아니하고 우상숭배를 하는 것을 하나님께서는 가장 싫어하시며 진노하실 것입니다. 여러분, 이스라엘의 아합시대 때에 하나님의 사람 엘리야를 통하여 바알을 섬기던 장로를 멸하시는 하나님을 보십시오. 갈멜산에서 엘리야와 바알의 선지자들이 대적할 때에 바알의 제단에는 불이 떨어지지 않아 그 제단은 무너졌고 여호와 하나님을 위한 제단에는 하늘에서부터 불이 내려와 제물과 그 주위에 있는 불들을 다 살라 버려 하나님께서 살아 계신 전능하신 분이심을 증명하였습니다. 그때에 우상을 섬기며 하나님을 대적하던 팔백 인이 넘는 바알의 선지자들이 한꺼번에 모두 죽임을 당했습니다. 이스라엘 백성들이 출애굽한 후 호렙산에 이르렀을 때에 모세가 호렙산에 올라가 하나님께로 부터 십계명을 받는 사이 그 백성들은 금송아지를 만들며 우상을 숭배하였습니다. 하나님께서는 애굽땅에서 열 가지 이적을 행하셨고 홍해를 가르는 기적을 보이시며 그 백성들을 구원하셨지만, 백성들은 하나님을 믿지 않았습니다. 하나님을 믿지 아니하고 도리어 우상을 숭배하였던 이스라엘 백성들은 (신앙의 순결을 지켰던 레위 지파를 제외한) 하나님께 심판을 받고 멸망을 당하였습니다. 이와 같이 하나님께서는 지금도 예수 그리스도를 믿지 아니하고 우상을 숭배하는 자들에게 심판을 내리신다는 것을 깨달아야 합니다. 하나님중심적인 믿음이 아니라 자기중심적인 신앙관에 물들어 있는 자들은 예수 그리스도를 영접하지 아니하고 자신들의 죄악으로 말미암아 심판을 받게 될 것입니다. 예수 그리스도보다 더 사랑하는 것은 무엇이나 우상입니다. 우리가 그리스도보다 자녀를 더 사랑한다면 자녀가 우상이 되는 것입니다. 우리가 아직까지도 죄악된 삶을 사랑하여 악을 버리지 못하고 있다면 사단이 우상이 되어 있는 것입니다. 악이란 하나님을 모르는 것이 바로 악입니다. 하나님은 선이시기 때문에 하나님을 대적하는 모든 것들이 악입니다. 우리의 마음은 죄인인 나를 위하여 십자가에 못 박히신 예수 그리스도 한 분만을 사모하고 성령님을 사랑해야 할 것인데 자기의 마음속이 세상을 사모하며 세상이 주는 물질로 채우고, 사람으로 채우고, 음란과 시기와 살인으로 채워져 있다면 그것이 바로 우상숭배라는 것입니다. 그 모든 것은 한 치 오차도 없이 심판을 받게 될 것입니다. 하나님의 말씀에 순종하지 아니하고 그리스도를 믿지 않는 삶을 살게 된다면 반드시 그 죗값을 치르게 될 것입니다. 그 죄의 값은 우리 육체의 죽음(1사망)과 영혼의 죽음(2사망)밖에 없으며 완전한 파멸입니다.

예수님께서는 십자가를 지심으로 자신을 속죄 제물로 단번에 드림으로써 죄인들의 죗값을 치러 주셨고, 누구든지 예수 그리스도를 믿는 자마다 죄에서 해방되며 그동안 죄로 인하여 단절된 하나님과의 관계가 회복되어 영생에 이르게 하셨습니다. 예수 그리스도께서 십자가에 달리심으로, 자신의 목숨을 희생하심으로, 죄로 인하여 죽을 수밖에 없고 지옥에 갈 수밖에 없는 우리에게 멸망 받지 아니하고 살아갈 수 있는 생명의 길을 열어 주신 것을 잊어버리면 안 됩니다. 세상의 헛된 소망과 욕심을 다 버리고 예수 그리스도 안에 있는 생명의 길로 향하여야만 합니다. 마음속에 그리스도보다 더 사랑하였던 것들을 이제는 다 버리고 하나님께로 돌이키는 삶이 되어야 합니다. 그렇지 않는다면 하나님과 상관이 없고 구원과는 상관이 없는 교인으로, 구경꾼으로 머무를 수밖에 없는 것입니다. 여러분, 껍데기만 그리스도인이 아니라 우리의 심령이 성령님을 통하여 변화 받아 참 그리스도인, 참된 성도가 되어야 합니다. 아무리 호박에 줄을 긋고 수박처럼 치장을 한다고 하더라도 속이 수박이 아니면 그것은 호박이지 수박이 아닌 것입니다. 이와 같이 우리의 심령이 예수 그리스도를 믿는 자답게 변화되어져야 하나님께서는 우리를 믿는 자라 인정하여 주실 것입니다. 아무리 겉모습이 경건하고 봉사를 잘하고 그럴듯하게 그리스도인처럼 꾸몄다 할지라도, 그의 심령 속에 예수 그리스도께서 계시지 않고, 그의 삶이 변화되지 않는다면, 주님 재림하신 후 심판대 앞에 섰을 때에 하나님께서는 그에게 "나는 너를 모른다"라고 말씀하실 것입니다. 예수 그리스도를 믿는다는 것은 세상을 섬기던 육적인 모습이 예수 그리스도를 믿고 변화되어 살아 계신 참 하나님을 섬기는 영적인 사람으로 변화되는 것을 뜻합니다. 영적인 사람으로 거듭나면 더 이상 육체의 욕망과 세상의 유혹에 순응하지 않을 것이며 하나님께 영광을 돌려 드리는 삶이 되는 것입니다.

하나님께서는 우리가 예수 그리스도 안에서 하나님을 예배하는 거룩한 성도로 변화되기를 원하십니다. 하나님께서 하나님의 종 모세를 통하여 이스라엘 백성을 출애굽시킬 때에도 그들을 하나님께 경배를 드리며 하나님을 섬기게 하시기 위한 목적으로 선민으로 부르셨습니다. 그래서 그들에게 율법을 주시고 하나님께 예배를 드릴 수 있는 제사 제도를 세밀하게 정하여 주셨습니다. 그리고 레위지파를 구별하여 제사를 드리는 데 섬기는 자들로써 구별 하시고 하나님께서 택하신 대제사장으로 하여금 제사를 집행하도록 하셨습니다. 회막 뜰에서 백성들은 하나님께 찬송과 기도를 드리고 대제사장은 성소에 들어가 제사를 지내며 하나님과의 교제를 가졌습니다. 이때만 해도 제사를 드리며 하나님 앞에 나아갈 수가 있는 자들은 제사장으로 제한되어 있었습니다. 더군다나 제사장에게 속죄되지 못한 죄가 있다면 제단으로부터 불이 나와 즉시 죽임을 당했기 때문에 제사장들은 정결 의식을 통하여 자신을 정결케 한 후에 두려운 마음으로 하나님 앞에 나아가야 했습니다. 그러나 세월이 지나면서 제사는 형식화되어 갔고 제물을 드리는 백성들의 마음은 변질되어 자신이 쓰지 못하는 절뚝발이나 귀가 멀거나 눈이 먼 흠이 있는 짐승으로 제물을 드리며 제사장들은 백성들로부터 부당한 이익을 취하며 사리사욕을 챙기기 시작했습니다. 하나님의 말씀에 불순종하여 마음속에 죄악과 탐욕으로 가득 채운 이스라엘 백성들은 그들의 죄악으로 말미암아 하나님과의 관계가 단절이 되어 버렸습니다. 하나님께서는 수많은 선지자들을 이스라엘 백성들에게 보내셔서 회개를 추구하시고 그들이 돌이키기를 원하셨지만 대제사장들과 장로들은 선지자들을 돌로 쳐서 죽이며 그들에게 베풀어 주신 하나님의 은혜를 거절해 버렸습니다. 그들의 죄악으로 인하여 그들이 아무리 제사를 드려도 하나님께서는 응답을 하지 않으셨고 하나님과 단절된 관계 속에서 이스라엘 백성들은 수백 년간 영적인 암흑기를 지나게 되었습니다. 그것이 바로 구약시대 마지막 선지자인 말라기 선지자로부터 예수 그리스도께서 오시기 전까지의 시대인 중간시대인 것입니다. 성경에서는 수백 년간의 중간시대에 대해서는 아무런 언급도 하지 않으셨습니다. 그만큼 오랜 세월 동안 하나님께서는 잠잠히 침묵만 하신 것입니다. 하지만 하나님께서는 죄인들을 그대로 멸망 가운데 버려 두지 않으시고 예수님을 이 땅에 보내신 것입니다. 예수님께서는 천국 복음을 전파 하시며, 병든 자를 고치시며, 귀신들린 자들을 고치시고, 죽은 자를 살리시는 수많은 이적을 일으키시며, 자신이 하나님의 아들, 메시야이심을 증명해 보이셨습니다. 그러나 대제사장들과 바리새인들 서기관들, 수많은 유대인들은 예수님께서 하나님의 능력을 행하심을 보고도 믿지 아니하며 영접하지 아니했습니다. 죄악으로 인하여 강퍅해지고 사단, 마귀로 가득 찬 그들의 마음속에는 진리이신 그리스도께서 들어가실 자리가 없었던 것이었습니다. 그들의 죄악이 그들의 눈을 멀게 하였고 자신들이 그토록 기다려 왔던 메시야를 직접 못 보게 하였습니다. 그들은 아무 죄도 없으신 예수님께 누명을 씌웠으며 십자가에 못 박았습니다. 하나님을 섬기기 위하여 대제사장이라는 택하심을 받은 그들이 살아 계신 하나님을 섬기지 아니하고 사단, 마귀를 섬기며 죄의 종으로 살다가 결국에는 이러한 엄청난 죄를 짓고 하나님께 버림을 받게 되었습니다. 하나님께서는 끝까지 하나님께 순종하지 아니하며 하나님을 대적하며 그리스도를 영접하지 않는 유대인에게서 이방인에게로 복음의 촛대를 옮기시고 거룩하신 하나님을 섬길 수 있는 특권을 이방인인 우리에게 열어 주신 것입니다. 범죄한 제사장 나라 이스라엘은 이방인의 구원 받은 자 수가 차기까지 구원의 축복에서 제외되며 그 나라가 황폐하여 버린 바 되는 비참한 결과를 맞이하게 된 것입니다. 여러분, 이들의 모습을 우리의 거울로 삼아야 합니다. 혹여나 우리들도 이들과 같이 하나님의 선택을 받았으나 버림을 받는 자가 되지 않도록 사단의 미혹에 빠져 본분을 잊고 죄의 길로 빠지지 않도록 조심하며 우리의 믿음을 지켜 나가야 할 것입니다.

여러분, 예수 그리스도를 믿는 자로서의 마땅한 삶은 우리의 영육을 그리스도의 종으로 드리며, 우리의 삶을 통하여 하나님께 예배드리는 모습이 되어야 합니다. 하나님께서는 예수 그리스도를 믿는 자들에게 하나님께 예배를 드릴 수 있는 특권을 허락하여 주셨으며 하나님과 교제하며 화목한 관계로 들어갈 수 있는 축복을 허락하여 주셨습니다. 이것은 예수 그리스도께서 우리를 위하여 십자가에 못 박힘으로 가능하여진 것입니다. 예수님께서 우리의 모든 죄악을 홀로 짊어지시고 십자가에 못 박혀 돌아가셨을 때에 성소의 휘장이 위에서부터 아래로 찢어져 둘로 나뉘어 졌습니다. 예수님께서 흠이 없으신 속죄 제물이 되셔서 십자가 위에서 죄인들을 위한 영원하신 속죄 제사를 드림으로써, 누구든지 예수 그리스도를 믿으면 죄사함을 받고 정결케 되어 하나님 앞에 나아갈 수 있게 된 것입니다.

구약시대의 이스라엘 백성들은 제물로 드린 동물의 피에 의지하여 죄사함을 받았으나 신약시대에 와서는 우리는 완전하시고 흠이 없으신 속죄 제물이 되어 주신 예수 그리스도의 보혈을 의지함으로 죄사함을 받으며 하나님께 예배드리며 하나님과 화목한 관계를 이루게 되었습니다. 우리는 주일마다 건물적인 교회에 모여서 예배를 드립니다. 그러나 우리의 삶을 통하여 예배를 드리지 않습니다. 건물적인 교회에 모여서 찬양을 드리고 헌금을 하고 말씀을 듣고 여러 가지 봉사를 함으로써 자신의 몫을 다했다고 생각하고 있습니다. 그러나 예수님을 아는 것으로 구원을 받는 것이 아니라 예수 그리스도를 믿음으로 구원을 받는다는 것을 알아야 합니다. 우리의 삶이 예수 그리스도를 믿는 삶이 되어야 하며 우리의 삶이 바로 영적인 예배의 삶이 되어야 합니다. 물론 우리의 예배 의식도 중요하지만 그것보다도 더 중요한 것은 삶의 예배인 것입니다. 삶이 뒷받침 되지 않는 예배는 하나님과 만나는 하나님과 교제의 시간이 되는 것이 아니라 일주일에 한 번씩 갖는 종교적 행사일 뿐입니다. 여러분,

우리의 삶이 예배가 되어야 합니다. 삶의 예배는 예수 그리스도를 통하여 우리에게 부어 주시는 하나님의 은혜에 대한 감사의 헌신으로 이루어집니다. 사단의 종노릇을 하며 죄와 허물로 인하여 죽을 수밖에 없던 우리들, 멸망 길로 갔던 우리들을 예수 그리스도의 구속의 은혜로 말미암아 생명 길로 가게 해 주신 하나님께 날마다 감사와 기쁨으로 찬송을 드려야 할 것입니다.

여러분, 우리가 그리스도 안에서 누리고 있는 평강과 하루하루의 삶이 우리의 것이 아님을 기억해야 합니다. 만일 우리가 범죄하여 그리스도를 배반하고 하나님을 떠나 버린다면 어둠의 권세에 지배를 당하고 또다시 죄와 허물 속에서 우리의 영혼은 억눌리고 곤고하고 메마른 심령으로 죽을 수(2사망)밖에 없는 것입니다. 하나님의 은혜로 말미암아 삶을 영위해 가고 있습니다. 죄악으로 인해 죽어야만 하는 우리가 예수 그리스도 안에서 새 삶을 허락 받고 살아가면서 우리가 해야 할 일은 크신 은혜를 우리들에게 베풀어 주신 하나님께 감사하며 온전히 순종하는 삶을 살아가는 것입니다. 예수 그리스도를 믿음으로 십자가의 보혈로서 정결하며, 영과 정결해진 마음으로만 하나님께 경배 드리는 삶, "나"를 온전히 하나님께 드리며 하나님을 섬기는 삶을 살고 싶다 하더라도 예수 그리스도를 믿지 않고는 불가능합니다. 오직 예수 그리스도를 믿음으로만 우리의 죄악으로 인해 잃어버렸던 하나님의 형상(인격)이 회복되어질 수가 있으며 하나님과의 교제 속에서 하나님을 섬기는 삶을 살아갈 수가 있는 것입니다. 죄악으로 더러워진 우리의 심령이 정결케 되어지며 우리의 영혼이 회복되기 위해서는 예수 그리스도를 믿는 삶이 되어야 합니다. 하나님의 말씀에 순종하여 죄악을 멀리하며 예수 그리스도를 믿는 자답게 예수님의 형상(인격)을 닮아가는 삶을 살아야 하는 것입니다. 우리의 마음속에서 형제와 이웃을 미워하는 마음이 생기고 혈기가 올라올 때마다 하나님께서는 우리에게 그러한 마음을 품지 말라고 말씀을 하셨기에 "나"를 부인하고 말씀에 복종하여 그러한 마음을 품지 않아야 합니다. 그리고 음란한 마음과 생각이 떠오르고 음란의 유혹이 찾아올지라도, 음란을 행한 자는 천국에 들어갈 수가 없다는 하나님 말씀을 가슴에 새겨야 합니다. 그리고 말씀에 순종하여 음란을 품지 않고 마음을 정결하게 지키려고 애쓰는 삶을 살아야 하는 것입니다. 그리고 예수님께서 우리에게 본을 보여 주신대로 하나님을 사랑하며 이웃을 사랑하는 삶을 살아야 하는 것입니다.

예수님께서는 육신으로 오셔서 자신의 생명을 다하시기까지 하나님을 사랑하시며 사람들의 영혼을 사랑하셨습니다. 예수님께서는 하나님을 사랑한다는 것이 어떠한 것인지 자신의 삶을 통하여 우리에게 보여 주셨습니다. 하나님을 사랑한다는 것은 하나님의 말씀에 온전히 순종하는 것이며 하나님께서 사랑하시는 자들을 사랑하는 것입니다. 예수님께서는 십자가에 달려 피흘리심으로써 하나님의 뜻을 완전히 이루셨으며 하나님의 말씀을 따라 온전히 순종하는 삶을 사셨습니다. 유대인들과 바리새인들이 예수님을 모욕하며 조롱하며 귀신들린 자로 취급하며 심지어 돌로 쳐서 예수님을 죽이려고 할 때에 하나님의 능력으로 예수님께서는 그들을 심판하실 수도 있으셨고 자신의 결백을 증명하고 그 모든 핍박에서 벗어날 수도 있었습니다. 그러나 그것은 하나님의 뜻이 아니셨기에, 죄인들을 구원 하시려는 하나님의 뜻을 온전히 이루시기 위하여 예수님께서는 그들을 피해 다니시며 고난을 감수하셨습니다. 가룟 유다에

당신의 영혼은 안녕하십니까?

팔리셔서 대제사장들과 바리새인들의 손에 넘겨져 빌라도의 법정에 서셨을 때에 예수님께서는 아무런 항변도 않으시고 하나님의 뜻에 순종하여 십자가의 길을 가셨습니다. 가시면류관을 쓰시고 피를 흘리시며 골고다 언덕까지 십자가를 지신 예수님께서는 십자가에 못 박히시어 온몸에 물과 피를 다 흘리시기까지 하나님의 말씀에 순종하시며 자신을 제물로 드린 것이었습니다. 여러분, 우리가 예수 그리스도를 믿어 영생을 얻기 위해서는 예수님께서 걸으셨던 십자가의 길을 가야 합니다. 하나님께서 우리에게 주신 모든 말씀에 온전히 순종하며 성결한 영(성령님)으로 하나님께서 기뻐 받으시는 영적 예배를 드려야 하는 것입니다.

여러분, 아직까지 "내"가 살아 있어서 고난 받기를 싫어하고 하나님의 말씀에 복종하기를 싫어하며 내 마음대로 내 뜻대로 살고자 하면 안 되는 것입니다. 예수님께서는 우리를 미워하는 원수가 나의 뺨을 때리거든 다른 뺨까지도 돌려 대며 그들을 용서하라고 말씀 하셨지만 그들에게 복수하고 싶고 그들에게 똑같이 분과 혈기와 미움으로 대응하려고 한다면 아직까지도 "나"를 부인하지 못하는 자일 뿐입니다. 아직까지 "나"의 자아가 마음속에 살아 있기에 그들을 용서하지 못하고 마음속에서 악이 나오고 말씀에 불순종하게 되는 것입니다. "나"의 마음속에 살아 있는 아집과 고집, 자아가 죽어져서 십자가에 못 박힐 때에 순전한 모습으로 돌이키고 성령님의 인도하심을 받아 하나님의 뜻대로 나아갈 수가 있는 것입니다. 이것은 단번에 우리의 힘으로 되어지는 것이 아닙니다. 우리의 마음속에 있는 죄의 뿌리는 너무나 깊고, 우리가 생각하고 있는 것보다 훨씬 더 심각하게 퍼져 있습니다. 끊임없는 영성 훈련과 성령 하나님의 도우심으로 죄악된 우리의 자아는 소멸되고, "나"를 미워하는 이들을 용서하며 그들을 긍휼히 여기며 사랑할 수 있는 사랑과 온유의 심령이 솟아 나오며, 그리스도의 형상을 닮아 가게 되는 것입니다. 마음속에서 하나님의 뜻을 거역하는 죄악된 마음들이 일어나며 죄의 욕망이 다시 나를 지배하려고 할 때에 성령 하나님의 도우심을 간절히 구하며 말씀에 순종하여 죄악된 마음을 버리고 예수님을 좇아 새로운 마음을 가지기 위한 몸부림을 쳐야 합니다. 죄를 좋아하고 세상 쾌락을 좇아 육체의 욕망을 좋아했던 "나"는 십자가에 못 박고 예수님과 같이 정결한 마음, 거룩한 마음을 가지려고 애를 쓰며 예수님께서 우리에게 본을 보여 주신 대로 영혼들을 사랑하는 삶을 살아가시기를 소원합니다. 형제와 이웃들을 사랑으로서 돌아보고 좀 더 양보하며 좀 더 배려하며 참고 인내하며 마음에 악이 아닌 사랑을 키워 나가야 하는 것입니다. 사랑하지 않는 자는 하나님을 알지 못하며 하나님을 만날 수도 없습니다. 하나님 자신께서 바로 사랑이시기 때문입니다. 우리가 하나님께서 사랑하시는 영혼들을 사랑하며 하나님 말씀에 온전히 순종한다면 우리의 심령에 보혜사 성령님을 보내 주실 것입니다. 그리하여 성령의 생명의 법의 통치함을 받을 수가 있게 되는 것입니다. 성령님께서 우리의 심령에 오시면 우리를 참된 성도로서 예수 그리스도를 믿는 자의 심령으로 변화시켜 주시며 거듭나게 한다는 의미입니다. 성령께서 우리의 영으로 거듭났기 때문에 사람들의 영혼을 진심으로 사랑하며 긍휼히 여기는 선한 마음이 생기며 범사에 감사하는 겸손한 마음과 선하고 아름다운 성령의 열매가 가득 차게 되는 것입니다. 그래서 점점 더 성화 되어가며 예수님의 형상(인격적)에까지 이르며 구원의 반열에 서게 되는 것입니다. 하나님께서는 예수 그리스도를 믿음으로써 이와 같이 거듭난 성도의 예배를 기쁘시게 받으십니다. 거듭난 성도들의 예배는 성령님을 통한 예배이기 때문입니다. 하나님께서는 성령으로 하나 된 성도들이 서로 모여 교제하며 하나님을 찬양하며 기도하며 하나님께 헌신하며 드리는 영적 예배를 기쁘시게 받으십니다. 그리고 그들을 통하여 영광을 받으시고 그들을 축복해 주시며 그들이 영원토록 하나님께서 베풀어 주시는 복락을 누리며 행복하게 살아갈 수 있도록 허락해 주실 것입니다. 하나님께서는 삶을 통해서 신령과 진정으로 드리는 우리의 영적 예배를 받으시기를 원하십니다. 자신을 버리고 하나님 말씀에 순종하며 하나님을 인정하고 하나님을 높이는 자들, 예수 그리스도를 믿음으로써 변화 받아 하나님께 영광을 돌려 드리는 자들을 인내하시며 기다리시고 계신다는 사실을 알아야 합니다. 태초부터 미리 아시고 택하셔서 그리스도 안에서 우리를 불러 주신 하나님의 부르심에 응답하여 그리스도로 말미암아 자신을 하나님께 드리는 삶을 살아가기를 원합니다. 자신을 거룩한 성도로 구별하여 하나님께 드리며 죄악으로 멸망 당하여 가는 이 세대에 하나님의 영광을 나타내기 위한 성령의 도구로서 쓰임을 받는 축복된 삶을 살아가기를 원합니다. 자신을 하나님께 드리는 것만큼 하나님께서도 한량없는 은혜로서 우리들에게 풍성히 채워 주실 것입니다. 하나님께서 우리에게 주시는 말씀을 마음에 새기고 날마다 말씀에 자기의 심령을 쳐서 말씀에 복종시키며 하나님을 높이며 예배하는 그리스도인의 삶을 살므로 영원토록 하나님과 동행하며 하나님께서 베풀어 주시는 은혜를 받아 누리며 살아가는 삶이 되기를 원합니다.

27

우리가 믿을 이는 오직
예수 그리스도뿐이십니다

진리가 예수 안에 있는 것같이 너희가 참으로 그에게서 듣고 또한
그 안에서 가르침을 받았을진대 너희는 유혹의 욕심을 따라 썩어져 가는 구습을
따르는 옛 사람을 벗어 버리고 오직 너희의 심령이 새롭게 되어
하나님을 따라 의와 진리의 거룩함으로 지으심을 받은 새 사람을 입으라

(에베소서 4:21~245)

오늘날 교회들이 예수 그리스도를 증거하지 아니하고 건물적인 교회 성장에 초점을 맞추어 기업을 만들어 가는 곳이 수두룩합니다. 이들은 율법적 유전만 중시하고 그리스도를 전하지 않는 변질된 모습으로 천국의 모형과 그림자만을 전하고 있습니다. 영적 눈과 영적 귀가 캄캄하여 진정한 하나님 나라를 알지 못하며 유형적인 건물적 교회당을 건축하는 일에 몰두하는 모습들뿐입니다. 영혼 구원을 위하여 그리스도를 증거해야 하는 장소가 변질된 술수와 속임수의 터전으로 변해 가고 있다는 말입니다. 하나님을 알지 못하여 진정한 그리스도를 전하지 않는 교회들이 전반적으로 타락으로 물들어 가고 있으며, 변질된 자신들과 협

력하지 않으면 도리어 이단이라 칭하며 억누르고 정직한 자들의 영들을 파괴시키려고 하는 악랄함으로 물들었습니다. 무엇이 옳고 그른지를 알지 못하고 무조건 자기가 생각하는 것이 옳고, 자기의 생각과 다른 의견이 나오면 틀리다고 정죄해 버리는 오만함을 회개해야 합니다. 우리가 예수 그리스도를 믿으려는 이유는 나의 영혼 구원을 위하여 하나님을 알고 믿고 섬기기 위한 것임을 알아야 할텐데, 영혼 구원의 목적을 잊어버리고 엉뚱한 방향으로 가고 있습니다. 이런 어리석음에서 벗어나려면 먼저 자기의 죄의 문제를 해결 받아야 합니다. 하나님이 기뻐하시는 일 가운데 제일 첫 번째 되는 일은 우상을 섬기지 않으며 그리스도를 믿는 것입니다. 그러나 사람들은 그리스도를 믿기보다는 건물적인 교회를 성장시키는 것이 하나님을 기쁘게 하는 것으로 착각합니다. 건물적인 교회의 성장이 아니라 우리의 육신이 교회가 되고 참된 성도들이 늘어나는 것이 진정한 교회 성장임을 알아야 합니다.

성경에 대해서도 잘못 가르치고 있습니다. 성경은 그리스도를 증거해 놓은 책으로 읽고 그리스도를 더 알아 가는 것에 목적을 두는 것이지, 글자의 모음으로서의 성경 자체를 진리로 알면 안 됩니다. 진리는 하나님이시며 그리스도이시며 성령님이십니다. 즉, 하시는 일은 달라도 한 분이신 하나님께서는 진리되심을 알아야 합니다. 우리가 믿을 이는 예수 그리스도뿐이시고 그리스도만이 진리가 되시기 때문입니다. 그리스도께서 보내신 자이신 성령님이 진리의 영이심을 알아야 합니다. 성경은 진리이신 그리스도를 증거해 놓은 책일 뿐입니다. 사람들은 진리이신 그리스도를 망각해 버리고 성경 자체를 믿기 시작하여, 그리스도 안에 성경이 있음을 말하는 것이 아니라 성경 안에 그리스도가 계신 것으로 잘못 알고 있습니다. 태초에 하나님께서 사람에게 "선악을 알게 하는 열매를 따 먹지 말라 따먹으면 정녕 죽으리라" 하셨을 때 사단은 사람에게 "아니다 정녕 죽지 않는다"라고 말했던 것과 같이 말씀은 하나님이신데 사단은 말씀은 성경이라 말하며 사람들을 미혹하고 하나님을 알지 못하게 하는 술수를 쓰고 있습니다. 오늘날에는 결국 성경이 그리스도보다 더 높아져 있습니다. 정말 안타까운 일입니다. 가르치는 자들이 너무 무지하여 성령의 생명의 법을 알지 못하고 자기의 지식과 철학과 목회관에 근거하여 전하기에 많은 사람들이 하나님이 누구신가를 모르고 지내는 실정이 된 것입니다. 어떤 목회자들은 성경을 말하지 않으면 이단 소리를 들을까 봐 성경을 말하는 것 같으나 그들은 실상 하나님을 알지 못하는 사단의 노예일 뿐입니다. 다른 술수와 수법으로 자기 배를 채우기 위한 것이 탄로날까 봐 성경을 인용하고 달콤한 말씀만 빼어 내어 사람들을 현혹시키고 믿게 하고 있습니다. 오늘날 교회들을 돌아다녀 보아도 예수 그리스도를 증거하는 현장을 찾아보기는 정말 어려울 정도입니다. 그것은 진정한 교회가 무너졌다는 의미가 되는 것입니다. 예수 그리스도께서 안 계시면 진정한 교회가 될 수 없기 때문입니다. 진정한 교회는 그리스도께서 계시는 곳입니다. 그리스도가 없는 교회는 사업장이고 하나님을 팔아 장사하는 장사꾼들의 집단밖에는 되지 않습니다. 현대판 가룟 유다라는 것입니다. 전부 겁쟁이고 자기 변론만 하는 거짓 선지자들의 세상이 되었다는 것입니다.

여러분들은 과연 얼마나 그리스도에 대하여 정확히 알고 있습니까? 우리가 어찌 하나님을 전부 알 수 있느냐 말입니다. 자기의 머리카락의 수도 모르는 어리석은 자들이 교만한 마음으로 하나님을 안다고 말하며 자기의 잘못된 성경 지식에 근거하여 하나님의 이름을 망령되이 일컬으며 하나님을 조롱하는 삶을 살아가고 있습니다. 이러한 자들은 자기의 신분을 알고 왕이신 그리스도의 보좌를 침범하는 행위를 당장에 멈춰야 합니다. 자기의 계산과 생각으로는 하나님과 함께할 수 없기 때문에 성령님의 인도하심도 없고 영원히 하나님 나라에 들어갈 수가 없습니다. 자기의 오만함과 독선에 이거하여 성령님의 사역들을 부정하는 신앙생활은 하나님께 심판받을 것입니다. 성령님의 사역을 부정하는 자들은 성령님을 훼방하며 근심케 하는 일을 반복하면서도, 자기의 악한 모습을 돌아보지 못하고 구원 받을 가능성을 기대하고 있는지 자기 심령을 분별해 볼 줄 알아야 합니다. 자기의 심령까지도 분별하지 못한다면 그것은 자기 악으로 말미암아 영적 소경이 된 것이기 때문입니다. 하나님께서 회개할 기회를 주셨지만 타락한 천사 루시퍼처럼 하나님보다 더 높아지려는 교만함으로 인하여 또다시 타락한 행위를 되풀이 하고 있지는 않은지 자기의 영을 분별해 볼 줄 알아야 합니다. 하나님의 인치심은 하나님의 백성들에게 해당이 되는 언약이지 다른 신과의 언약이 아닙니다. 자기의 악한 심령을 말하지 않고 감추고 있다고 하여 하나님께서 그것을 모르고 계실 것이라고 여기는 사람들은 참으로 하나님을 알지 못하며 도리어 하나님의 진노의 대상이 된다는 것을 알아야 합니다. 천국의 비밀을 듣고도 성령님의 사역을 훼방하는 행위를 어찌 감당 하려는지, 안타까운 인생에 머물러 있으면 안 되는 줄을 알아야 합니다. 자신들의 악으로 말미암아 피해를 보는 자는 바로 자기 자신이라는 것을 알아야 합니다. 성령님께서는 악인들에게는 연연해 하시지 않으시며 뒤돌아보시지 않으시고 하나님 나라의 확장을 위하여 계속 운행하실 뿐입니다. 사람의 생각대로 되지 않는다고 성령님의 사역하심이 헛되어져서 하나님 나라의 확장이 더디 이루어지는 것은 아닙니다. 악인의 방해가 있다고 하여도 다른 어떤 도구들을 사용하여서라도 하나님 나라를 이루기 위한 성령님의 사역은 계속 되어질 것입니다. 우리가 성령님의 일하심과 진행하심을 알지 못할 뿐이지 성령님께서는 현재에도 계속 하나님 나라의 확장을 위하여 일하시고 계신다는 것을 알아야 합니다. 그래서 성령님의 사역에 전심으로 협력하는 도구로 선택받기를 소망하여야 합니다.

여러분, 하나님 나라가 이루어짐을 알지 못하는 영적 소경들의 꼿꼿하고 굳은 심령을 두려워해야 합니다. "나"에 대한 자기중심적인 사상 속에 머물러 있고 자기 규칙을 깨지 못하고 스스로 틀 안에 갇힌 신세로 전락하고 있음을 애통해야 합니다. 자기중심적인 사고를 버리기를 애써야 하며 성령님의 뜻을 거스르지 않고 성령님의 사역에 동참할 수 있어야 합니다. 여러분, 우리의 옛 습관에 젖어서 성령님의 통치를 벗어난 모습과 자기 꾀로 자기 웅덩이를 파 놓은 일들을 모두 기억해야 합니다. 그리고 즉각 회개하고 하나님께로 돌이켜야 합니다. 선한 일은 세상이 말하는 선함이 아니라 그리스도를 믿기 위해 몸부림치는 것입니다. 선한 일은 하나님을 영화롭게 하기 위하여 하나님 기뻐하시는 구별되는 삶을 사는 것입니다. 선한 이들은 성령님과 교통할 수 있기를 바라며 성령님과의 교제가 끊이지 않도록 노력하는 것입니다. 옛사람의 습관에 미련을 둔다면 성령님과는 아무 상관이 없을 뿐 아니라 하나님과의 관계는 더욱더 멀어지게 될 것입니다. 우리는 우리의 영혼과 자녀들의 영혼을 위하여 울어야 합니다. 울어야 한다는 것은 육적 눈물을 흘려야 한다는 의미가 아닙니다. 자기의 심령을 분별하여 악을 끊고 성령님을 인정하며 하나님께로 돌이키라는 말입니다. 성령님을 사모하는 마음으로 자기의 악함(하나님을 거역하는 행위들)을 끊는 훈련을 하여야 된다는 것입니다. 그러나 어리석고 무지한 인생들은 육적 눈물을 흘리며 자기의 스트레스를 풀고 큰 소리로 "주여"라고 부르짖는 것을 하나님께 드리는 기도라고 착각하고 있습니다. 하지만 하나님께서는 말씀(하나님)을 준행하지 않으면서 입으로 하는 중언부언의 기도는 듣지 않으신다는 것을 알아야 합니다.

여러분, 육체의 생각으로는 하나님을 만날 수 없습니다. 이전의 세상을 사랑하였던 그 모습을 가지고는 하나님을 섬길 수는 없는 것입니다. 두 주인을 섬길 수 없습니다. 자기 마음을 속이고 하나님을 사모하는 듯 가장하고 육체의 눈물을 흘리며 부르짖어도 우리의 속 사람이 물과 성령으로 거듭나지 않는다면 아무 소용없는 일임을 알아야 합니다. 그리고 그러한 자는 아직 하나님의 위대하심을 모르는 것뿐만 아니라 하나님의 냉엄한 성품을 모르고 있는 것입니다. 여러분, 항상 좋으신 하나님, 사랑의 하나님이라 생각했지 냉엄하게 심판하시는 하나님은 생각지도 못했을 것입니다. 그러나 악인들에게는 냉엄한 하나님의 손이 기다리고 계신다는 것을 명심하고 하나님이 싫어하시는 미운 짓을 멈춰야 합니다. 여러분, 아직까지 세상에 대한 미련을 버리지 못하고 뒤를 돌아본다는 것은 육체의 생각에 아직 사로잡혀 있다는 것을 의미합니다. 육체의 생각에 사로잡혀 있다는 것은 성령님을 영접하지 못하고 썩고 부패한 묵은 것에 얽매여 있다는 것입니다. 그러한 자들은 패배에 이르게 될 것이며 비참한 죽음(영적 죽음)을 맞이합니다. 여러분, 사람들은 세상이 무슨 좋은 것이라도 가지고 있는 줄 알고 세상에 목숨을 걸고 살아갑니다. 그러나 세상에는 얻을 것이 없고 세상은 이미 저주 받은 곳이라는 것을 알아야 합니다. 저주받은 세상에 우리가 미련을 가지고 욕심을 부린다면 과연 무엇을 취할 수가 있겠습니까? 거짓과 술수와 살인과 도적질과 음행과 당 짓는 일 등, 멸망으로 인도하는 것 외에 무엇이 있겠습니까? 세상은 사망 아래에 있다는 말입니다. 그러한 세상에 사람들은 목숨을 걸고 있는 것입니다. 우리가 육체의 생각에 머물러 있다면 하나님으로부터 멀어지며 결국은 하나님께 버림을 받게 될 것입니다. 하나님의 뜻을 위해 전심을 다하기 보다는 하나님을 자기 삶의 수단으로 이용하려 든다면 결국은 버려짐을 받게 될 것입니다. 하나님으로부터 버림을 받는다는 것은 멸망을 당한다는 것입니다.

여러분, 아직까지도 성령님으로 만족하지 못하고 하나님을 기쁘게 하기 위한 삶을 살지 못한다는 것은 세상에 속해 있기 때문입니다. 우리의 영이 물과 성령으로 거듭나지 않으면 결국에는 멸망의 종말이 다가올 것입니다. 여러분, 이 세상을 사랑하여 육의 것에 집착하지 말고, 성령의 열매를 맺기 위해 노력해야 합니다. 자기 영혼을 위하여 성령님을 찾으며 구하며 두드리는 영적인 삶이 되어야 하는 것입니다. 정직하고 신실하게 성령 하나님의 사역을 위해 자기 목숨을 버리는 자는 반드시 영원한 생명을 얻을 것입니다. 여기 모인 모든 사람이 한 사람도 실족함이 없도록 선한 양심으로 성령님을 높이는 삶을 살기를 간절히 소망합니다. 성경에도 기록되었듯이 착한 일을 행하시는 분은 바로 성령님이십니다. 즉, 그리스도께서 보내신 자를 믿는 것이 그리스도를 믿는 것이라 말씀하셨으므로 그리스도께서 보내신 성령님을 믿고 그분의 인도를 따르는 자만이 진리의 길로 나아갈 수 있게 되는 것입니다.

당신의 영혼은 안녕하십니까?

28

구원의 기쁨을 누리자

한 번 빛을 받고 하늘의 은사를 맛보고 성령에 참여한 바 되고
하나님의 선한 말씀과 내세의 능력을 맛보고도 타락한 자들은 다시 새롭게 하여
회개하게 할 수 없나니 이는 그들이 하나님의 아들을 다시
십자가에 못 박아 드러내 놓고 욕되게 함이라

(히브리서 6:4~6)

하나님께서는 성령의 역사를 통해 택한 자를 환란과 재앙 가운데서 건져 내시기 위한 계획을 가지고 계십니다. 이러한 구원의 계획은 하나님의 마지막 계획이시라는 것을 알아야 합니다. 그렇기 때문에 택함 받은 자들은 하나님의 뜻을 이루기 위해 끝까지 영성 훈련을 해야 합니다. 교인으로서 머물러 있는 것이 아니라 성도로서의 영성 훈련을 반드시 받아야 하는 것입니다. 그러나 택함을 받았으나 타락한 자들은 영원히 새롭게 될 수가 없다는 것을 알아야 합니다. 타락한 자들은 다시 그리스도를 십자가에 못 박아 현저히 욕을 보였기 때문에 영원히 성령님의 통치하심 안에 들어갈 수가 없다는 것을 알아야 합니다. 여러분, 주님의 재림을 맞이하기 위하여 성도로서 준비된 자가 되기 위한 몸부림이 없

다면, 말씀이 있는 곳에 함께 있어도 거듭난 성도의 길을 가지 못하게 될 것입니다. 주님의 재림을 맞이할 성도로서의 자격을 갖추지 못하는 자에게는 하나님의 진노하심만 기다리고 있을 것입니다. 그냥 안일한 종교관으로는 주의 재림을 맞이할 성도가 되지 못한다는 것을 알아야 합니다. 그런 자들은 결국에는 버려짐을 당하게 될 것입니다. 버려짐을 당할 때에는 아무리 "주여 주여" 불러 보아도 구원의 문은 닫힌 후가 될 것입니다. 버려짐을 당한 후에는 "주여 주여" 불러 보아도 모든 기회는 사라지고 성령님의 통치하심 밖으로 버려짐을 당하여 슬피 이를 갈며 울고 있게 될 것입니다. 우리가 스스로 아무리 성령님과 상관있는 자가 되려고 애를 쓴다고 하여도 하나님이 싫어하시는 악을 끊지 못하면 아무 소용이 없음을 알아야 합니다.

악이란? 하나님을 모르는 것이며 말씀을 어기는 마음을 말하는 것입니다. 성경에 기록되었던 자들 중에서 하나님을 격노케 한 자들이 누구였습니까? 모세를 좇아 애굽에서 나오던 이스라엘 백성들이 아니었습니까? 성경에 기록되었듯이 하나님께서는 40년 동안 누구에게 노하셨는지를 알아야 합니다. 하나님을 섬기지 않는 이방인들에게 진노하신 것이 아니라 하나님을 섬기는 이스라엘 민족이었다는 사실을 깨달아야 합니다. 이와 같이 오늘날에는 자칭 하나님을 믿노라 하면서 하나님의 뜻을 어기는 삶으로 살아가는 자들에게 하나님의 진노가 있음을 예고하신 것이라는 것을 성경을 통하여 분명히 깨달아야 합니다. 하나님께 범죄한 이스라엘 백성들은 하나님의 진노하심으로 인해 광야에 엎드러진 것이 아닙니까? 그리고 하나님의 안식에 들어오지 못하게 하셨습니다. 하나님의 안식에 들어오지 못하는 자들은 하나님께 순종하지 않는 자라고 말씀하고 계십니다. 만일 우리도 성령님이 교회(사람)들에게 하시는 말씀을 버리고 성령님의 인도하심을 거부하는 심령이 되면, 진정한 하나님의 안식에 들어갈 수가 없게 될 것입니다. 물과 성령으로 거듭나지 아니하면 하나님 나라에 들어갈 수 없을 뿐만 아니라 이스라엘 백성들이 하나님의 진노하심으로 말미암아 광야에 시체가 엎드러진 것과 같이 영원한 사망(지옥)에 이르게 될 것임을 경고하신 말씀이라는 것을 깨달아야 합니다. 영원한 사망은 지옥의 유황불못에 던져진다는 의미입니다. 영적 죽음(2사망)을 말하는 것입니다. 이로 보건대 누구든지 그리스도께서 보내신 성령님을 믿지 아니하면 하나님 나라에는 들어갈 수가 없는 것입니다.

사람들은 성령님의 전하시는 말씀을 버리고 사는 삶을 살아가고 있습니다. 성령님이 교회(사람)들에게 하시는 말씀을 무시하며 하나님의 말씀을 알아듣지도 못하고 깨닫지도 못하고 있습니다. 사람들은 하나님을 떠난 삶으로 살아가면서도 성령님께서 자기 안에 오시기를 기다리고 있습니다. 사람들은 성령님의 통치함 속에 벗어난 삶을 살아가면서도 자기의 생각으로는 성령님의 통치함을 받고 있다고 우쭐거리는 교만함으로 살아가고 있습니다. 그리고 성령님의 말씀에 불순종을 하면서도 성령님께서는 항상 자신들과 함께하신다고 자기도취증에 빠져 지내고 있습니다. 또 하나님께서는 자기를 절대로 버리시지 않을 것이라는 착각 속에서 하나님 나라와 상관이 전혀 없는 헛된 것을 좇으며 살아가고 있습니다. 용서 받지 못할 범죄를 저지르고 있으면서도 하나님께서는 한없는 사랑으로 자기를 당연히 용서하시리라고 여기는 착각 속에서 살아가고 있습니다. 자기 착각에 젖어 사는 자들은 망상 속에 머물다가 신비주의로 전락하게 될 것입니다.

우리가 아무리 기도를 많이 하고 자기 생각으로 아무리 결단을 많이 하여도 심령의 악을 끊지 못한다면 주님의 재림을 기다리는 준비된 성도가 될 수는 없는 것입니다. 악이 가득한 자는 그 심령이 변화될 수가 없고 도리어 하나님 앞에 거짓말쟁이로 타락해 버릴 것입니다. 악이 가득한 자는 악인의 길로 갈 수밖에 없습니다. 악인은 천국의 소망을 가지고 아무리 성령님의 말씀을 듣고자하나 그 심령이 악이므로 진리를 알지 못하고 깨닫지 못하며, 자기중심적인 삶으로 살아가다가 결국에는 파멸로 이어질 뿐입니다. 그리고 그렇게 살아가는 삶속에서는 사단의 앞잡이 노릇만 하다가 사단의 종으로 쓰임을 받게 될 것입니다. 사단의 앞잡이는 주님 재림 하실 때에 준비된 자로서의 자격이 박탈이 되었으므로 하나님과는 아무 상관이 없는 존재가 될 것입니다. 사단의 앞잡이는 때가 되면 다시 무저갱 속에 갇히어 결박당하게 될 것입니다. 사단의 앞잡이가 여호와 하나님을 "주여"라고 부르짖는다고 하여도 하나님께서는 응답하시지 않을 뿐만 아니라 도리어 외면하시어 진노의 잔을 부어내리실 것입니다. 여러분, 하나님의 말씀은 일점일획도 틀림이 없음을 알아야 합니다. 하나님의 언약하심은 반드시 이루어지게 될 것입니다. 순종의 보응도 불순종의 보응도 반드시 내려질 것이며 이루어지게 하실 것입니다. 순종에 대한 언약도 불순종에 대한 언약도 하나님의 언약이시기 때문입니다. 악인은 바람에 나는 겨와 같이 흩어 버리신다는 언약을 반드시 이루실 것입니다.

달콤하고 우리 귀에 듣기 좋은 말들을 많이 들어왔고 또 듣기를 원하고 있습니다. 그런 듣기에 좋은 달콤한 말들이 실상은 우리 영혼을 파괴시키는 요인이었음을 이제는 알아야 합니다. 우리의 영혼에 유익이 되는 성령님이 하시는 말씀을 들은 것이 아니라 우리 영혼을 파멸시키는 악의 말을 듣고 있지는 않았는가? 자기의 영혼을 위하여 사단의 미혹함을 발견하고 즉시 성령님이 교회(사람)들에게 하시는 말씀에 귀를 기울여야 합니다. 뱀의 혀의 놀음에 놀아나고 미혹의 영에 미혹되어 하나님을 자기 삶의 수단으로 이용하는 교만함을 더 키워오지 않았는지를 의심해 보아야 합니다. 악인들과 함께 그리스도를 십자가에 다시 못 박고 현저히 욕을 보이지는 않았는지를 돌아보아야 합니다. 영적 귀머거리와 영적 소경이 되면서까지 자기가 알고 있는 성경 지식이 전부인 냥 성령님이 교회(사람)들에게 하시는 말씀은 버리고 자기가 옳다고 생각하는 악을 범하고 있습니다. 아직 고개를 빳빳이 들고 성령님을 대적하는 심령으로 있습니다. 여러분, 그리스도를 믿지 않는 사람들이 건물적인 교회에 다니면 구원을 받게 된다고 착각하고 있습니다. 하나님께서 인정해 주시지 않았는데도 스스로 구원 받았다고 생각하는 자들은 참으로 교만한 자들입니다. 그리고 이들은 사단의 계략에 빠진 자들입니다. 그것은 타락한 자들의 자아도취증으로 신비주의적 신앙관에 불과할 뿐입니다. 하나님께서 그러한 자들의 믿음을 인정하시지를 않는데 자기 멋대로 판단하고 하나님이 자기의 믿음을 인정하여 주실 것이라는 결론을 내리고 지냅니다. 여러분, 우리의 믿음은 사람에게 인정받는 것이 아니라 하나님께 인정받아야 하는 것입니다. 하나님께서는 누구든지 그리스도를 믿기만 하면 영생을 얻을 것이라 말씀을 하셨습니다. 그리스도께서는 그리스도께서 보내신 성령님을 믿는 자는 그리스도를 믿는 자가 될 것이라고 인정하시겠다고 언약을 하셨습니다. 그러나 오늘날에는 건물적인 교회에 들어와 6개월에서 1년을 등록하여 다니면 그들이 그리스도를 믿든 믿지 않든 물로 세례를 주며 믿음을 인정해 버립니다. 그리고 세례를 받은 자들은 그리스도를 믿는 자가 된 것이고 성령을 받은 것이라고 말을 합니다. 구원을 받았다고 말을 합니다. 그들의 심령이 회칠한 무덤과 같이 더러운 악의 소굴인데 말입니다. 더러운 심령을 청소할 시기도 주지도 않고 회개하지 않아도 입으로 "믿습니다"라고 말하면 모든 악이 그리스도의 보혈로 씻김 받았다고 선언합니다. 그러한 것은 정말 하나님을 모르는 자들이 하나님을 자기 삶의 수단으로 이용하는 자들인 것입니다. 성경에도 분명히 누구든지 예수 그리스도를 믿어야만 구원이 있을 것이라고 말씀하셨고 마음으로부터 그리스도를 믿어 입으로 시인하라고 하셨는데, 오늘날 건물적인 교회에 등록만 하면, 마음으로부터 믿는 믿음은 떼 버리고, 입으로만 "아멘"하면 그리스도를 믿는 것으로 인정해 주는 모습은 정말 위험한 일인 것입니다. 그것은 그리스도를 믿는 믿음이 아닙니다. 하나님의 인정하심은 성령세례를 부어 주시는 것으로 나타날 것입니다. 성령세례를 받음은 그리스도를 믿는 표적이 될 것입니다. 물로 세례를 받은 것도 중요하지만 반드시 성령세례를 받아야 합니다. 물세례를 받음으로써 참 그리스인이 되었다고 자부하며 지내온 세월을 후회하며 회개해야 합니다. 그동안 하나님을 떠난 삶으로 교만한 마음이 가득하여 죄가 죄인 줄을 모르고 악이 무엇인지를 모르는 가운데 살아왔음을 깨닫고 회개해야 합니다.

소경된 자의 말을 듣고 하나님께서 그들을 통하여 하나님 나라를 이루실 것이라고 믿으며 살아왔던 것을 깊이 회개하여야 합니다. 그러한 사역들이 바로 사단의 사역이란 것을 이제는 깨달아야 합니다. 하나님께서는 에덴동산의 선악을 알게 하는 열매를 따먹으면 "정녕 죽으리니 따 먹지 말라"고 하셨으나 뱀은 사람에게 선악을 알게 하는 열매를 따 먹으면 눈을 뜨게 하고 "정녕 죽지 않을 것이라"고 미혹한 것과 같이 오늘날 거룩한 곳에 가증한 것들이 서서 말씀 그대로를 전하지 아니하고 왜곡하고 있음을 깨달아야 합니다. 오늘날 많은 삯꾼 목자들, 사단의 종들이 에덴동산에 들어온 뱀의 역할을 담당하고 있다는 것을 깨달을 줄 알아야 합니다. 그러한 뱀의 말을 듣는 순간 성령님의 인도를 받을 수가 없으며 하나님께 버림을 받게 될 것임을 알아야 합니다. 뱀의 꼬임을 받아 아담과 하와가 범죄한 것처럼 가증한 것들의 달콤한 말에 속아 그에 순종하며 살아왔다는 것을 분명히 알고 애통해야 합니다. 성경에 분명히 기록되었으나 성경을 볼 생각 없이 그저 입의 말로 전하는 변질된 미혹의 말만 듣고, 그들의 말들을 믿고 추종하며 따라간 삶을 두려워해야 합니다. 그리스도를 믿는 자들은 세상과 타협할 수가 없고 세상과 타협을 하지 않습니다. 거룩한 곳에 가증한 자들이 진을 치고 있는 세상이 되어 있는 것을 애통해하고 가증한 말씀을 이제까지 들어왔음을 후회하며 하나님을 모르고 살아온 어리석음을 깨뜨리고 회개하며 돌이켜야 합니다. 거룩한 곳은 하나님의 말씀이 선포되는 곳이어야 합니다.

여러분, 이 세상에는 여러 모양의 지도자들이 많이 있습니다. 그러나 진정으로 자기를 부인하고 십자가를 지고 주를 따르는 지도자는 매우 드뭅니다. 즉, 성령으로 거듭난 지도자를 찾기가 드물다는 의미입니다. 옳은 지도자들이라 함은 사람이 세운 종이 아니라 하나님이 세운 종으로 참으로 그리스도를 믿는 자, 성령님이 임한 자를 말하는 것입니다. 여러분, 잘못된 성경 해석과 성경 지식을 가졌다면 이제는 즉시 하나님을 바로 아는 마음으로 구별된 삶을 살아야 합니다. 누가 더 잘났고 누가 더 높은 것이 무슨 소용 있겠습니까? 하나님 나라는 높고 낮음이 없는 곳

입니다. 잘나고 못남이 없는 곳이며 슬픔과 분쟁이 없는 곳입니다. 우리
는 그동안 소용없는 썩을 것에 열심을 내었고 목숨을 내어 주었습니다.
하나님은 뒷전으로 밀어내고 자기 교회당의 지도자들을 높이고 앞세우
며 지내온 세월이었습니다. 자기의 악을 알지 못하고 남의 허물만 손가
락질 하면서 진실을 위장하는 삶을 지니고 살아온 것은, 말씀을 인용한
사단의 계략에 속았기 때문입니다. 그런 자들은 반드시 버려짐을 당하게
될 것입니다. 여러분, 하나님의 계획은 전능한 방법으로 이루실 것입니
다. 사단의 모략은 망하게 되나 하나님의 계획은 승리하게 될 것입니다.
어찌하여 교묘한 술수로 자기 육의 삶을 위하여 전능하신 하나님 앞에
목이 곧으며 악을 그치지 못하고 있는 것입니까? 어찌하여 성령님께 범
죄한 자들이 성령님의 하시는 일을 알지 못하고 여전히 자기중심적인 삶
으로 악을 행하고 있습니까? 사단의 술수와 거짓은 반드시 멸망에 이르
게 된다는 것을 명심해야 합니다. 마음에 화인을 맞아서 영적 귀머거리
와 영적 소경이 되어 갈 길을 알지 못하고 허둥대고 있는 악인들에게, 하
나님께서는 진노의 검을 내리칠 때를 기다리시고 계신다는 것을 알아야
합니다. 여러분, 우리의 심령이 하나님 말씀을 들을 때 마음으로 말씀에
대적하며 콧방귀나 뀌는 자는 자기 스스로가 파 놓은 웅덩이에 스스로
빠지는 영적 자살을 맞이하게 될 것입니다. 아무에게도 피해가 없고 자
신만 다칠 뿐입니다. 성령님께 대적하는 행위는 반드시 패망을 당하게 될
것입니다. 즉, 하나님은 영이시니 성령이 임한 사명자를 대적한 자들은
반드시 패망에 이르게 될 것입니다. 대적들을 패망시키는 것은 하나님의
무시무시한 계획이십니다. 지금 마지막 때가 임박하였음을 알리는 하나
님의 경고의 표적들이 곳곳에서 일어나고 있음을 알아야 합니다. 하나

님의 진노하심으로 인해 세계 곳곳에 애곡하는 소리가 넘쳐나고 있습니다. 그럼에도 불구하고 아직까지 성령님을 경히 여기고 하나님의 이름을 망령되이 일컬으며 악을 범하고 있는 모습들은 단번에 끊고 회개하여야 합니다. 하나님을 두려워하는 자는 그리고 하나님의 거룩하심을 믿는 자는, 성령님을 믿고 섬김으로써 살길을 찾게 될 것입니다. 하지만 그 반대로 여호와 하나님을 경외하지 않는 자는, 즉 아직도 악에 속한 자는 반드시 망하게 될 것입니다. 자기중심적인 신앙으로 하나님의 이름을 망령되이 일컫는 자는 영원한 패망에 이르게 될 것입니다. 성령님의 인도하심은 이제 구원이 없는 자들에게는 거듭난 자가 보는 크고 비밀한 하늘의 것을 봉함으로부터 시작될 것입니다. 여러분, 목숨을 연장할 수 있는 기회를 허락하신 것은 회개의 시간을 가지게 하기 위함입니다. 그러나 아직도 회개를 하지 않고 계속 악을 범한다면 결국은 그는 버려짐을 받게 될 것입니다. 여러분, 하나님의 말씀을 때가 될 때까지 봉하라고 하신 것은 여호와의 말씀을 듣지 않는 자에게 깨닫지 못하도록 하시고, 뜻이 있는 자에게만 깨닫도록 열어 주실 것이라는 말씀이었습니다.

끝까지 여호와를 바라보고 경외하는 자는 성령님이 함께하시며 심판에서 구원 받는 역사가 있을 것입니다. 말씀 이외에 다른 것에 빠지는 자는 흑암 가운데 빠지고 말 것입니다. 하나님의 종말의 역사가 올 때에는 신접한 자와 마술사는 영원히 불속으로 버려짐을 당하게 될 것입니다. 겉으로는 외식을 하며 성령님을 믿는듯하지만 자기의 심령으로는 다른 신을 받아들이고 점을 치고 있다는 의미입니다. 그것이 바로 신접하는 자(신비주의자)인 것입니다. 신접하는 자(신비주의자)는 그들의 입술이 성령을 논하며 성령이 하시는 일을 위장을 하고 있다는 사실을 분명히 알아야 합니다. 성령님의 통치 밖에 있으면서도 성령님의 통치를 받는 것처럼 위장하고 영혼들을 속이며 하나님의 법과 말씀을 좇지 않고 신접한 이들은 영원히 흑암의 세력에서 이끌리어 저주 가운데 떨어지게 될 것입니다. 여러분, 우리는 사망의 백성들이었는데 예수 그리스도를 통하여 생명의 빛을 알게 되었습니다. 그리고 누구든지 그리스도를 믿어야 구원을 얻을 수 있습니다. 이방인이었던 우리가 은혜의 시간을 얻어 하나님의 말씀에 순복할 수 있는 자라면 영원한 천년왕국을 세우게 될 것입니다. 사람의 통치나 사람의 지도, 그리고 사람의 정치는 그 한계가 있고 불완전하지만 성령님의 통치는 완전합니다. 성령님의 통치하심은 사람의 통치와는 다릅니다. 공평과 정의로서 하나님의 자비하심으로 다스리는 영원한 통치인 것입니다. 성경을 묵상하다 보면 여호와의 열심으로 이루어진 이들이 많이 있습니다. 엘리야에게 여호와의 열심을 주어서 역사를 하였고, 모세에게도 여호와의 열심을 주어서 역사를 하였고, 바울에게도 여호와의 열심을 주어서 역사하였듯이 우리들도 여호와의 열심을 받기를 소망해야 합니다. 그 소망은 여호와 하나님을 대적하는 행위를 반드시 끊고 여호와 하나님을 두려워하며 경외하는 것입니다. 여호와의 열심이란 여호와가 하고자 하시는 일을 택한 종들의 심령에 격동을 주어 충성을 다하게 하시는 것입니다. 악인들이 아무리 하나님 나라를 막으려고 하여도 여호와의 열심으로 모든 일들이 하나님의 계획하심 그대로 이루어 질 것입니다. 하나님께서는 지금껏 말씀과 진리를 보여 주었으나 우리는 너무나 교만하고 완악하여져 있습니다. 무너질 것을 보여주어도 악을 돌이킬 마음은 하나도 하지 않고 있습니다. 다만 아직까지도 자신의 잘못으로 말미암아 고통 받고 있는 육신을 어떻게 성령님께서 한 번쯤 돌아보아 주시지나 않을까 하는 육이 살기 위한 바람만 가지고 있을 뿐입니다.

하나님께서는 우리가 계속해서 악을 행한다면 우리의 원수들을 격동시켜 우리를 삼켜 버리도록 하실 것입니다. 오늘날 하나님의 말씀을 인용하는 뱀의 집단들은 그리고 미혹의 영은 다른 곳에 있는 것이 아니라 바로 우리 심령에 있는 악령들이라는 것을 알아야 합니다. 우리가 성령님의 통치하심을 벗어나 자기 철학, 자기 신앙관의 잣대에 젖어 성령님을 찾지도 않으므로 하나님의 진노하심이 그치지 않을 것임을 명심하여야 합니다. 그러한 자들은 자기 심령을 장악하고 있는 무당신(신비주의)을 따라 살아가는 자들입니다. 성령님의 진노하심이 악행하는 자들에게 진노의 검을 휘두를 준비를 하고 계신다는 것쯤은 알고 있어야 합니다. 여러분, 우리의 심령은 공평과 정의로 영원한 성령님의 통치하심 안에 거하기를 원하지 않으십니까? 하나님께서는 사망의 그늘 아래에 있는 우리들에게 그리스도를 통하여 생명의 빛을 주실 것을 언약해 주셨습니다. 그러므로 누구든지 그리스도를 믿어야 생명을 얻게 되는 것입니다. 그리고 그리스도께서 보내신 성령님을 믿어야 합니다. 여러분, 우리들에게 성령님께서는 그리스도의 말씀과 진리를 알게 하여 주셨으나 우리가 교만하여 완악하여졌음을 알고 회개하여야 합니다. 무너질 것을 보이고 듣게 하여 주셔도 우리는 돌이키려 하지 않고 있습니다. 그런 자들은 원수들을 동원시켜 우리들을 삼켜 버리게 하실 것이라고 재차 말씀 드립니다. 오늘날 교회(사람)들은 부패하여 하나님께서는 그들도 망하게 하실 것입니다. 거짓된 장로와 선지자들은 거짓말로 미혹함으로써 인도를 받는 백성들은 다 망하게 될 것입니다. 그들은 여호와 하나님께 돌아오지 않으며 여호와 하나님을 찾지도 않으므로 여호와의 진노가 그치지 않을 것입니다. 오늘날에는 미혹 받는 백성들이 악을 행하며 입으로 하나님의 이름을 망령되이 말하니 여호와의 진노는 악행을 행하는 백성들을 불살라 버리실 것입니다. 하나님께서는 악을 행한 자들에게 진노의 막대기와 악의 몽둥이를 쓰시는 것을 깨달아야 합니다. 하나님께서는 우리가 하나님을 두려워하는지, 대적을 두려워하는지를 판단하실 것입니다. 그 것은 알곡과 쭉정이, 즉 성도와 거짓성도를 구별하기 위함입니다. 전능하신 하나님께로 즉시 돌이키고 그리스도를 믿으면 성령님의 인도하심에 따라 모든 악에서 건짐을 받을 수가 있습니다.

여러분, 자기 자신의 악한 마음을 깨뜨리고 하나님께로 돌이키기를 간절히 간구하십시오. 죄와 허물 가운데서도 불의를 버리고 성령님의 임재하심을 원하는 마음 밭이 되기를 힘쓰고 몸부림치는 시간들이 되십시오. 말로 원하는 것이 아니라 신령과 진정으로 원하십시오. 택한 자들은, 즉 하나님의 자녀는 반드시 돌아오겠지만 하나님의 자녀에 속하지 않는 자는 영원히 버져짐을 당하게 될 것입니다. 여러분, 악을 계속 행한다면 하나님께서는 기회를 다 허락하신 후에 꺾어 버리신다는 것을 알아야 합니다. 성령님의 말씀을 듣고도 순종하지 아니하고 계속 악을 행한다면 그들은 하나님의 자녀가 아니라는 것을 알아야 합니다. 그리고 진흙같이 짓밟히게 될 것입니다. 스스로 자기를 높이고 자기 손으로 재물을 채우며 욕심이 가득한 자는 심판을 받을 것입니다. 여러분, 보리떡 다섯 개와 물고기 두 마리로 오천 명을 먹이셨던 하나님이셨습니다. 먹고 간 자들에게는 아무 역사가 없었고, 열두 바구니에 남은 것까지 담은 열두 제자를 통해서 하나님께서는 역사를 이루셨습니다. 이와 같이 우리가 아무리 하나님을 통한 많은 체험을 했고 은혜를 입었다하나 하나님께서는 하나님의 도구를 통해서만 역사하신다는 것을 알아야 합니다. 누구나 가능성이 있다는 것은 착각일 뿐입니다. 성경에도 말했듯이 분명히 하나님의 백성이 되어야 하나님과 함께할 수 있는 것입니다. 출애굽하여 나온 많은 이스라엘 백성들이 있지만 그들은 광야에서 다 쓰러지고 결국 갈렙과 여호수아 두 사람만이 남은 것과 같이 말입니다. 열두 제자 중에서도 사도요한을 끝까지 남겨서 요한계시록을 기록하게 하셨고 기드온 군대도 처음에 모집할 때에는 수가 많았으나 결국에는 남은 자 300명만 쓰임을 받은 것을 기억해야 합니다. 이 시대에 정말로 끝까지 잘 참고 기다리는 삶으로 끝까지 남은 자로 택함을 받아야 합니다. 여러분, 구원의 기쁨을 누리기 위하여 구별된 삶으로 성령님을 믿고 섬겨야 할 것이며 반드시 성령님의 통치하심을 받아야 합니다. 여러분, 하나님께 인정받는 택함 받은 종은 과연 어떠한 자가 될 것인지 자기의 믿음에 따라 달라지게 될 것입니다. 그의 나라와 의를 위하여 하나님 영광을 위한 삶으로 살아가는 끝까지 남은 자를 말하는 것입니다. 끝까지 남은 자는 성령님의 통치하심 안에 속한 자가 될 것이며 구원의 기쁨을 누리게 되는 것입니다.

29

악은 반드시 끊어야 합니다

너희는 너희가 하나님의 성전인 것과 하나님의 성령이
너희 안에 계시는 것을 알지 못하느냐 누구든지 하나님의 성전을 더럽히면
하나님이 그 사람을 멸하시리라 하나님의 성전은 거룩하니 너희도 그러하니라
(고린도전서 3:16~17)

한 치 앞도 모르는 우리의 심령은 하나님을 배반하는 간악한 마음에 젖어 살아가고 있습니다. 우리 자신을 스스로 높이며 사람들에게 인기를 얻기 위하여 거룩함을 위장하며 살아온 지난날들을 "참"이라 여기며 그리고 "진실"이라 말하고 있습니다. 그리고 지금 이 시간까지도 우리 스스로는 하나님 앞에 거짓됨이 없고 신실함으로 주를 경외한다고 거짓되고 가장된 마음을 말하고 있습니다. 현재 우리의 마음은 영혼과 상관이 없이 입술로만 하나님을 사모한다고 습관적인 말을 하고 있습니다. 우리의 심령과 입술이 따로 놀아나는 것은 성령님의 인도하심이 없고, 말씀에 순종하지 않는 술수와 거짓된 마음 때문입니다. 하나님께서 우리의 믿음을 인정하시는 것과는 아무 상관없이 그냥 우리의 생각과

당신의 영혼은 안녕하십니까?

가치관에 맞춰 자기중심적인 잣대로 말하며, 우리 스스로가 자칭 예수 그리스도를 믿고 있는 신앙임을 자부하고 있는 교만에 빠져 있다는 사실을 깨달아야 합니다. 그리고 현재 그 교만함으로 인하여 결국에는 자신이 스스로 자칭 하나님의 자녀이고 천국을 소유했다고 주장하고 있습니다. 자신이 옳다고 생각하면 옳은 것이고 자신이 아니라고 하면 아닌 것이라고 말하며 자신의 잣대로 하나님을 평가하는 무서운 악을 범하고 있습니다. 하나님은 평가의 대상이 아니고 우리가 믿어야 하고 경외해야 하는 대상입니다. 오늘날 대부분의 교인들은 자기의 가치관으로 성경을 말하고 하나님을 말하고 있습니다. 하나님으로부터 우리의 신앙을 인정받는 것이 아니라 자기 스스로 하나님께서 자기의 믿음을 당연히 인정할 것으로 착각하는 교만함에 속해 있다는 것을 알아야 합니다.

오늘날 기독교인들은 하나님의 인정하심은 하나도 없이 자기 자신이 자기 신앙을 인정하고 자기 확신에 차서 천국을 소유했다고 생각하면서 살아갑니다. 입으로 "아멘"이라고 하면 그리스도의 보혈로 죄사함을 얻고 축복을 받게 된다고 믿고 있습니다. 자기 자신도 어떠한 존재인지로 모르면서 천국의 백성이 된 것인 냥 으스대며 심한 착각에 빠져 살아갑니다. 하나님과는 아무 상관이 없이 교만함으로 성령을 훼방하며 살아가면서도 하나님과 상관있는 그리스도인이 된 것처럼 살아가고 있습니다. 무엇이 성령님을 훼방하는 것인지, 말씀의 비유를 알지도 깨닫지도 모르고 살아들 가고 있습니다. 오늘날 많은 기독교인들은 그리스도를 영접하지 않았으면서도 그리스도를 영접한 것처럼 다른 사람들에게 성경을 말하고 기독교를 말하며 하나님과 상관이 없는 복음을 전하고 있습니다. 그런 모습이 얼마나 하나님의 진노를 쌓고 있는지도 모르면서 자기의 뜻과 생각을 덧붙이고, 자기 생각을 섞어 성경을 전하고 사람들을 미혹하는 신앙생활을 하고 있는 것입니다. 하나님을 섬기기보다는 사람을 섬기는 일을 하고 있는 것입니다. 자기 해석과 자기 가치관을 사람들에게 전달을 하면서 하나님 이름을 망령되이 일컫는 모습들이 오늘날 대부분의 변질된 교인들의 모습이고 교회들의 모습입니다. 가증한 것들이 거룩한 곳에 서서 말입니다.

여러분, 예수 그리스도와 상관이 없는 복음은 하나님과는 상관이 없는 복음입니다. 보혜사 성령님과 상관이 없는 복음은 하나님과 상관이 없는 복음입니다. 오늘날 많은 교인들이 그 입술로는 "예수 그리스도를 믿으세요, 성령님을 믿으세요"라는 말 한마디 안 하면서, 담임 목사를 잘 섬기면 하나님의 축복을 받는다던지 건물적인 교회나 교육관을 건축하기만 하면 축복을 받는다던지 하는 성경적 교리에 맞지 않는 말을 하면서 영혼들을 거짓 선지자와 삯꾼에게 팔아넘기는 역할을 하고 있습니다. 입으로는 전도한다고 하지만 그 마음에는 다른 목적이 있어, 결국에는 소경들에게 팔아넘기는 역할을 하는 영혼장사를 하는 장사꾼에 불과한 것입니다. 성경은 "하나님을 두려워하고 경외하라"고 하십니다. "두려워하라"의 의미는 "구별되다"의 의미로 믿는 자는 "세상과 구별되어 거룩하라"는 의미인데 현재 사람들은 "두려워하라"를 잘못 해석하여 무섭고 떨림의 의미로 그 뜻을 잘못 해석하든지, 그 뜻의 비유를 깨닫지 못하고 하나님을 두려워하면 안 된다고 말하는 목사들도 있습니다. 하나님은 사랑의 하나님이시고 좋으신 하나님이신데 왜 두려워하고 떨어야 하느냐고 하며 사람들을 혼란시키고 교만만 키워주고 있습니다. 이는 하나님의 말씀을 변질시키면서까지 사람의 비위를 맞추고 자기중심적인 신앙으로 하나님을 자기 삶의 수단으로 사용하는 사상을 심어주는 것으로, 하나님을 경외하는 모습은 어디에도 찾아보기 어렵게 되었습니다. 즉, 잘못된 성경 말씀의 가르침으로 인해 도리어 하나님과 대적 관계를 만들고 있는 것입니다. 그러한 것이 사단의 역할인 것입니다. 옛 뱀, 즉 사단은 우리의 영혼이 하나님을 떠나 살기를 원하며, 하나님과의 관계 회복을 멀어지게 하기 위하여 온갖 술수와 거짓으로 멸망으로 인도해 간다는 사실을 알아야 합니다. 그래서 거룩한 곳에 가증한 것들이 서서 말씀을 변질 시키고 거짓 선지자와 삯꾼이 영혼 사냥을 하고 있다는 사실을 깨달아야 합니다. 올바른 신앙의 자세로 하나님을 바로 알지 못한다면 누구나 할 것 없이 사단의 인도를 받아 사망으로 향하게 될 것이며 그 반대로 신실한 마음으로 예수 그리스도를 믿어 말씀대로 살아가는 거듭난 삶은 영원한 생명을 얻게 될 것입니다.

며칠 전 사단의 삶이 되어 뱀의 역할을 담당하는 사단의 도구가 한 영혼이 죽어 가는 것을 기뻐하는 것을 보았습니다. 그저 영혼이 죽어 가는 것을 보며 그 심령이 흥분을 하며 더 힘을 받는 것을 보았습니다. 남이 잘못되는 것을 기뻐하고 남들의 파괴에 쾌락을 느끼며 자기만 아니면 된다는 모습을 보았습니다. 여러분, 이웃의 불행을 외적으로는 안타까운듯 하며 위장하나 우리의 양심도 이러한 쪽에 치우쳐 있지는 않은지 돌아보아야 합니다. 그러한 악한 마음을 품고서 지금 이 자리에 있지는 않은지 돌아보아야 합니다. 하나님 앞에는 드러나지 않는 것이 없는데 그저 육의 모양으로 자기 마음을 숨긴다고 하나님께서 그런 자들에게 재앙을 뿌리지 않고 그냥 넘어간다고 아는 자는 큰 착각을 하고 있는 것입니다. 공의의 하나님이십니다. 하나님께서는 악인에게는 냉혹한 하나님이십니다.

결코 하나님이 사랑하는 하나님의 백성을 파괴하는 자를 가만히 참고 계시지는 않으십니다. 또한 하나님 나라가 확장됨을 막는 자들은 하나님의 일을 방해하는 사단의 사역꾼이기 때문에 결코 가만히 두지는 않을 것입니다. 입으로는 자신들이 하나님 나라를 위해 살아야 한다고 말하고 있겠지만 실상은 자기를 위해 하나님 나라를 파괴하는 존재임을 알고 즉각 돌이켜야 합니다. 우리의 욕심은 아무 곳에도 쓸 데가 없는 것입니다. 자기의 욕심 때문에 아직도 하나님을 높이는 것이 싫으면 그는 사단의 끄나풀인 것입니다. 자기를 드러내 놓기를 좋아하고 사람들에게 자기를 높이려 하는 자는 하나님을 싫어하는 짐승입니다. 짐승이 하나님의 복음을 듣는다고 하여 천국에 갈 수는 없습니다. 그러나 그 심령이 새로운 영을 받은 자는 새 하늘과 새 땅을 맞이합니다. 새 하늘과 새 땅은 새로운 영, 즉 정직한 영을 받아들이는 마음, 육신이 성전이 됨을 의미합니다. 새 하늘과 새 땅은 물과 성령으로 거듭난 자들이 거할 수 있는 곳입니다.

여러분, 무엇을 소망하며 어떠한 마음밭을 일구며 살아가고 있습니까? 여러 마음밭을 지니고 있으면서 자신들은 하나님 나라에 합당한 옥토밭을 가꾸어 간다고 하는 착각 속에 있지는 않은지 자신의 심령을 되짚어 볼 필요가 있습니다. 여러분, 이 세상을 보십시오. 지난 몇 년 동안 급속히 변한 세상의 재난들을 보십시오. 하나님의 진노와 하나님의 경고가 느껴지지 않습니까? 우리 인간의 교만함과 우리의 악이 차고 넘치므로 하나님의 진노와 재앙이 계속 임하게 될 것입니다. 지금 세상에는 이미 재난의 시작으로 하나님을 배반한 인간들에게 재앙이 임하고 있습니다. 성경 그대로 말씀이 이루어짐에도 불구하고 오늘날 꽤 많은 목회자들까지도 하나님의 경고하심을 깨닫지 못하고 자기들의 육의 목적을 이루며

희희낙락하며 살아가고 있습니다. 전쟁과 테러와 지진과 온갖 재난이 일어남에도 불구하고 마지막 때가 임박하였음을 깨닫지 못하고 노아 때처럼 하나님의 음성을 듣지 못하는 귀머거리와 소경이 되어 시집가고 장가가는 일들을 하며 세상을 좇아 즐기며 살아가고 있습니다. 여러 가지 징조들을 보고도 즉각 성도의 준비를 하여 하나님 나라에 들어갈 준비를 하는 자는 별로 없습니다. 입술로는 그리스도만이 내 구주시라고 부르짖고 있지만 그들의 심령에는 그리스도를 받아들이지 못하고 있는 것입니다. 그리스도께서 자기 안에 오셔서 자기를 세상과 멀리하게 할까 봐 재밌는 세상을 떠나는 것이 싫어서 성령님을 거부하고 있는 자기의 중심을 깨닫지 못하고 있는 것입니다. 하나님을 미워하면서 하나님을 사랑한다는 말을 즐비하게 늘어놓는 오늘날 교인은 하나님 앞에 또 거짓말을 늘어놓고 있는 것입니다. 하나님을 사랑하는 자들은 하나님 말씀에 순종하며 그리스도를 믿고, 섬기며 살아갈 것입니다. 여러분, 오직 그리스도를 믿는 자의 증표는 보혜사 성령님으로 거듭나는 것입니다. 성령으로 거듭나지 않고는 그리스도를 믿는 자라고 할 수는 없는 것입니다. 우리가 예수 그리스도를 믿는다는 것을 우리 스스로가 인정하는 것이 아니라 하나님께서 인정해 주셔야 합니다. 하나님께서 "너는 그리스도를 믿는 자이구나"라고 인정하시어 하나님의 인치심(성령님)을 받아야 교인에서 변화 받아 진정한 성도가 되는 것입니다. 교인은 아직 하나님을 알아가는 단계에 있는 자이며 성도는 그리스도를 믿는 자를 의미합니다. 성도는 하나님께서 인정하신 그리스도인이 되는 것입니다. 하나님께서 우리의 믿음을 인정해 주신다는 것은 물과 성령으로 거듭남을 허락하심이며 그리스도를 믿는 증표로 보혜사 성령님을 보내 주실 것입니다. 그래야만이 우리가 예수 그리스도를 믿는 하나님의 자녀로 택함을 받았다고 할 수가 있습니다. 하나님께서 인정해 주시기 이전에는 건물적인 교회에 나가서 설교와 다양한 교육을 통해 예수 그리스도에 대하여 알고, 믿고, 섬기는 훈련을 받아야 합니다.

오늘날 너무나도 많은 사람들이 건물적인 교회에만 나오면 그리스도를 믿는 자가 되어 천국에 갈 수 있게 된다고 믿고 있는 것을 봅니다. 숫자적으로 교회의 몸집을 키우려고 혈안이 된 교회들이 이런 식으로 잘못 가르치며 사람들을 미혹한 때문입니다. 그리고 더러는 목회자들이 하나님의 말씀을 인용하여 자기 배를 채우기 위해 불쌍한 영혼들을 갈취하기 위해 애를 쓰고 있습니다. 제가 지금까지 여러 곳을 사역하여 보았지만 목회자만큼 자기 것을 아끼는 자가 없었습니다. 목회자만큼 자기 것을 하나님께 온전히 드리지 않는 사람을 보지 못했습니다. 또한 성경 지식을 좀 안다고 하여서 그 심령이 얼마나 강퍅한지요! 오늘날의 바리새인과 사두개인입니다. 하나님께서 제일 싫어하는 자들인 것입니다. 분명 누구든지 예수 그리스도를 믿어야 영생을 얻는다고 성경에 기록이 되어 있음에도 불구하고, 이런 목회자들은 건물적인 교회에 나오면 구원이 있다 영생이 있다고 말합니다. 하나님께서 인정하시지 않으셔도, 그리스도를 믿는 것과는 상관없이 그저 자기의 목회 철학을 고집하며 그렇게 전합니다. 현재 건물적인 교회에서 거짓 복음(하나님의 말씀이 아닌 것)을 전하는 자들은 하나님의 심판을 두려워해야 합니다. 건물적인 예배당에 나오면 천국에 간다, 목사를 섬기면 축복 받는다고 하면서 영혼들을 미혹하는 것은 뱀이 하는 사역입니다. 하나님의 주권을 침범하며 영혼 구원을 방해하는 뱀의 사역을 하고 있는 것입니다. 그것이 진정으로 하나님께서 원하시는 일인 냥 교인들에게 전하면서 사람들을 몰고 다니는 것은 사단의 조종을 받는 뱀의 사역인 것입니다. 하나님 나라에서 쫓겨날 대상인 줄도 모르고 뻔뻔하게 그렇게 거룩한 곳에 가증한 것들이 서서 위장한 채 전하고 있습니다. 하나님의 뜻과는 아무 상관이 없고 하나님의 인정하심과는 아무 관계가 없이 그저 목회자 마음대로 우리가 천국에 가는지 아닌지를 확정 짓는 것은 뱀의 사역이므로 따라가면 안 됩니다. 그리고 하나님 은혜가 아니면 살아갈 수 없음에도 하나님의 은혜를 사모하지 않은 채 살아가면 안 됩니다.

여러분, 우리는 하나님께 아무것도 드린 것이 없습니다. 이제까지 지내오면서 하나님께 드린 것이라고는 우리의 고개 숙이지 못한 강퍅함과 교만함과 가식과 패역함뿐입니다. 우리의 이 모든 모습을 이미 알고 계시는 하나님께서는 그럼에도 불구하고 계속하여 인내하시며, 참고 기다리시며, 성령님을 통하여 돌이켜야 한다고, 마음밭을 고쳐야 한다고 말씀하십니다. 그런데도 불구하고 자신의 악한 심령을 고치지는 않고 악을 범하면서도 살고 있습니다. 하나님의 은혜에 감사하는 것이 아니라 오히려 음흉한 마음을 품고 마귀의 종으로 살아가며 성령님을 무시하고 조롱하고 있습니다. 회개해야 합니다. 성령님께서는 하나님 나라를 증거하시며 하나님의 은혜를 알게 하시고 이 기회의 때에 악한 마음을 돌이키라고 말씀을 하시는데 우리는 여전히 악을 행하고 있습니다. 지금 우리에게 필요한 것은 하나님의 은혜를 받을 수 있는 준비 되어진 삶입니다. 입으로는 "하나님 도와주세요, 하나님 도와주세요"라고 부르짖으면서 우리의 영혼은 어떻게 살고 있습니까? 우리의 심령은 하나님의 은혜를 사모하고 하나님을 두려워하기보다 육적 욕망을 위해 살아오지 않았습니까? 지금 우리에게는 가식된 기도가 아니라 참된 삶의 기도가 필요합니다. 입의 말뿐인 기도가 아니라 우리의 심령이 진실로 하나님의 은혜와 사랑에 감사하며 순복할 수 있는 영혼의 삶이 필요합니다. 준비되어지지 아니한 심령으로는 절대로 하나님 나라에 들어갈 수가 없습니다. 아무리 하나님의 은혜가 크다 할지라도, 아무리 하나님의 사랑이 넘친다 할지라도, 내 영혼이 하나님의 은혜를, 하나님의 사랑을 받지 못한다면 하나님과 상관없는 자임을 알아야 합니다.

우리에게는 하나님의 사랑을 알만한 심령이 없었고 하나님의 은혜를 담을 수 있는 심령이 없었습니다. "하나님께서 부어 주시겠지"하고 배짱을 부리며 기다리겠습니까? 여러분, 하나님의 몫이 있고 바로 내가 감당해야 할 몫이 있습니다. 패역하게 하나님을 떠나 살아왔던 우리의 심령이 하나님 앞에 겸손히 무릎을 꿇고 감사를 드리는 것은 자신이 감당해야 할 몫입니다. 이제는 삐뚤어진 나의 감정들을, 고집과 아집들을 겸손하게 하나님 앞에 내려놓아야 합니다. 삐뚤어진 마음으로는 실패하지 아니하면 소망 없는 세상에서 안주하게 될 뿐입니다. 우리의 아집이 철저히 깨어지게 된다면 그래서 우리의 심령이 이 세상의 통치를 받지 않고 하나님께 거할 수가 있다면 그것은 하나님의 은혜입니다. 성령님께 굴복해야 합니다. 우리의 악으로 말미암아 멀어진 성령님과의 관계를 회복해야 합니다. 성령님의 인도하심을 받아 하나님 나라에 반드시 들어가야 합니다. 이 땅에서 남은 인생동안 선한 양심으로 착한 행실로 성도의 준비를 하여야 합니다. "구원"과 "천국" 외에는 다른 소망은 아무것도 없어야 합니다. 악하고 미련한 인생들을 생명길로 다시 이끌어 주시는 성령님을 사랑하는 심령이 되어야 합니다. 지금까지는 우리의 욕망을 위해 살아왔

당신의 영혼은 안녕하십니까?

으나 이제 눈을 들어 내 영혼을 향하신 성령님을 향하여 눈을 떠야 합니다. 성령님의 인도를 갈망하고 성령님의 인도에 전적으로 순종해야 합니다. 아무리 많은 성경 지식을 가졌다 하더라도 성령님의 인도하심이 없다면 아무 소용이 없는 것입니다. 냉랭한 마음으로는 성경을 안다고 해도 하나님을 경외할 수는 없는 것입니다. 많은 것을 안다고 할지라도 성령님을 믿지 못하면 우리의 생명(그리스도)과는 무관함을 아셔야 합니다.

우리에게 필요한 것은 성령님을 사랑하는 것입니다. 나 같은 죄인에게 생명(그리스도)의 길을 허락해 주신 주님께 진실된 심령을 드려야 되는 것입니다. 이제까지 는 성령님의 인도를 거부하며 우리 마음대로 막 살아왔으나, 이제는 이러한 진노의 자녀였던 우리를 위하여 끊임없이 하나님께로 돌이키라는 부르짖으심에 겸손히 굴복해야 합니다. 하나님께 돌이키지 못하는 심령은 자신이 스스로 멸망의 길을 택하게 되는 것입니다. 성령님께서는 우리의 심령을 다시 에덴동산으로 회복시키기 위해 그리스도께로 인도하려 하십니다. 하나님과 함께하시기를 원하시는다는 것입니다. 성령님이 임재하신 심령에는 하나님이 함께하시므로 에덴동산이 되는 것입니다. 악한 심령이 물과 성령으로 거듭나기를 원하시는 것입니다. 우리의 악한 심령을 즉각 선한 하나님의 백성으로 돌이키시기를 원합니다.

이제는 진정으로 자기를 부인하고 하나님을 인정하며 성령님만을 믿고 사랑해야 합니다. 가난한 심령(겸손한 마음)으로 하나님만을 바라며 살아가는 것이 복된 길로 들어서는 것입니다. 가난한 심령(겸손한 마음)으로 성령님만을 구하며 성령님만을 사모하며 살아가는 것이 일확천금보다, 수많은 지식보다 더 값진 보배인 것입니다. 악을 몰아내어 버리고 예수 그리스도와 함께하는 심령이야 말로 가장 큰 복인 것입니다. 하나님의 은혜로 산다고 해도 나의 영혼이 가만히 있어서는 저절로 행복해질 수가 없습니다. 하나님의 뜻대로 살기 위해 영적인 훈련을 열심히 해야 합니다. 성령님께서는 말씀(그리스도)을 통하여 우리의 영혼이 진정으로 정직한 영으로 태어날 수 있도록 인도해 주시기를 원하십니다. 하나님의 백성들에게 하나님 나라의 일들을 증거해 주시기를 원하십니다. 하나님의 백성이 되기 위해서 이 땅에서 어떻게 살아가야 하는지를 증거하셨습니다. 우리의 영혼이 말씀(하나님) 안에서 깨어서 하나님을 사모하고 세상과 구별되는 삶을 살아야 합니다. 하나님을 간절히 사모하는 심령으로 하나님이 주시는 은혜로 하나님의 자녀가 되기를 힘써야 하는 것입니다. 세상 육적 향락을 버리고 하나님을 사모하는 구별된 삶이 되어야 하는 것입니다. 하나님이 주신 지혜로 스스로 절제하고 자제하는 삶을 살아야 합니다.

하나님의 은혜를 입고도 태만히 지내 왔습니다. 밥이 있어도 숟가락으로 입에 떠서 넣을 생각도 하지 않고, 그래서 입에 넣어 주었으면 씹어 삼켜야 하는데 씹지도 않고 배고픔만 호소하고 있습니다. 우리 자신이 하나님의 은혜를 받을만한 그릇이 되어야 하고 우리가 그 은혜를 받아 누리는 삶이 되어야 한다는 의미입니다. 여러분, 누가 먼저이고 나중이고는 중요하지 않습니다. "먼저이다" 해서 교만해 질 필요도 없으며 "나중이라" 해서 좌절할 필요도 없습니다. 먼저이든 나중이든 예수 그리스도를 믿음으로 말미암아 영생을 소유하는 삶이 되어야 합니다. 우리에게는 예수 그리스도밖에 없어야 합니다. 예수 그리스도를 본받으며 그리스도의 선한 인격을 닮아가기 위한 몸부림이 있어야 합니다. 여러분, 그리스도만이 소망이 되신다는 것을 분명히 믿어야 합니다. 준비된 영혼은 그리스도께서 언제 오시든지 기쁨으로 맞이할 수 있기 때문입니다. 그리스도께서 없으시면 이 땅에는 소망이 없습니다. 잘난 사람은 잘난 대로 만족을 얻고, 못난 사람은 못난 대로 늘 고통 받는 것이 세상이지만 예수 그리스도 안에서는 그 한계를 뛰어넘습니다. 잘났든 못났든, 모든 이들은 오직 예수 그리스도를 믿는 믿음으로 말미암아 영생을 향한 소망 중에 거하게 되는 것입니다.

여러분, 자기 자신의 안일하고 게으른 신앙에 안주해 있지 마십시오. 오직 그리스도를 믿음으로 전진해야 합니다. 하나님께서는 누구든지 예수 그리스도를 믿음으로 구원을 얻기를 원하시고 계십니다. 하나님께서는 어떤 자이든지 간에 악에서 돌이킬 때에 붙잡아 주실 것입니다. 오직 하나님만을 사모하며, 진실로 하나님을 사랑하며, 하나님의 자녀로 준비되어져야 합니다. 하나님께서는 지난 과거를 기억지 아니하시며 선한 심령으로 하나님께로 돌이킬 때 새 일을 행하여 주시겠다고 약속하셨습니다. 새 일을 행하실 하나님을 바라보며 늘 소망 중에 전진하며 나아가야 합니다. 육에 속한 나는 죽고 말씀(그리스도)으로 무장하여 우리의 심령에 하나님의 사랑과 은혜를 받을 수 있는 준비(성도의 준비)를 해야 합니다. 모두가 성령님의 통치하심 안에서 새 생명을 누리는 기쁨을 소망하며 오늘 먼저 내 영혼이 하나님 앞에 바로 서야 합니다. 예수 그리스도를 바라는 모든 자들에게는 하나님 나라에 거하는 축복이 임하게 될 것입니다. 굳이 하나 되려하지 않아도 "나" 하나가 바로 서고, "너" 하나가 바로 서면 "하나"입니다. 오직 한마음으로 진실되게 하나님을 사모하며 조심히 한 걸음 한 걸음 전진하며 나아갑시다. 그래서 훗날에 하나님 나라에 함께하게 될 그날을 소망하며 나아갑시다. 그리고 이제 우리의 남은 삶을 나의 영혼을 위하여 온전히 주께 헌신하며 또한 한 알의 밀알이 되는 삶을 살아야 합니다.

30

악은 사단의 조종에 따라 행하는 것입니다

그러므로 너희는 죄가 너희 죽을 몸을 지배하지 못하게 하여
몸의 사욕에 순종하지 말고 또한 너희 지체를 불의의 무기로 죄에게 내주지 말고
오직 너희 자신을 죽은 자 가운데서 다시 살아난 자같이 하나님께 드리며
너희 지체를 의의 무기로 하나님께 드리라 죄가 너희를 주장하지 못하리니
이는 너희가 법 아래에 있지 아니하고 은혜 아래에 있음이라

(로마서 6:12~14)

성령님의 사역을 방해하는 악한 무리들의 배후에는 사단이 있습니다. 우리가 다니는 건물적인 교회당 안에는 성도들만 있는 것이 아니라 사단의 종으로 살아가는 자들이 많이 있다는 것을 알아야 합니다. 그들은 성도들의 믿음을 짓밟기 위하여, 그리고 신령한 목회자들을 억울하게 만들어 말씀(하나님)을 전하지 못하게 하는 주동자의 역할을 하기 위하여, 은밀하고 치밀한 술수와 거짓으로 사람들을 동원하고 교회당을 어지럽히는 존재로 자리 잡고 있다는 것을 알아야 합니다. 그리고 우리 자신이 그러한 존재가 아니었는지 자기의 영을 분별해 보아야 합니다. 오늘날 세습적으로 타락해 버린 교회들은 입으로는 성령님의 사

역을 말하는 듯하나 실상으로는 성령님의 하시는 사역들을 전혀 알지 못하고 있습니다. 성령으로 하나가 되어 서로 협력하여 선(그리스도)을 이루어 나가야 함에도 불구하고 하나됨이 무엇이며, 협력이 무엇이며, 선함이 무엇인지도 모른 채 영적 무지함 속에서 방황하고 있는 모습뿐입니다. 그 이유는 각자가 자기 자신이 높아지기를 바라고 명예를 얻기를 원하므로 하나 되지 못하고 하나님과 상관없는 흩어지고 어지러운 파괴의 길로 행하고 있기 때문입니다. 오직 그리스도를 높여야 하는 곳에서 사람들의 비위를 맞추고 자기의 자랑과 인기를 얻기 위한 일을 하며 복음을 전해야 하는 시간에 다른 우스꽝스러운 말장난으로 허망하게 시간을 보내는, 그리고 거룩한 곳에 서서 가증한 일들을 전하며 자기 배를 채우기에 바쁜 모습임으로 하나가 되지 못하고 있는 것입니다. 육의 모양으로 아무리 아자아자 하며 하나 된 듯한 모습을 보인다 할지라도 그것은 진정으로 하나 된 모습이 아니라는 것을 알아야 합니다. 사람들이 서로 뭉쳐 아무리 무언가를 해 보려고 한다 할지라도 성령님께서 역사하지 않으면 불가능합니다. 성령께서 도와주실 때 비로소 진정한 하나됨과 협력하여 선을 이룸이 가능해진다는 사실을 깨달아야 할 것입니다.

여러분, 오늘날 기독교 안에는 이단이나 사이비 종교보다 더 무서운 하나님과 대적자인 사단의 앞잡이인 신비주의적 신앙의 모습이 판을 치고 있다는 것을 알아야 합니다. 신비주의적 신앙을 가진 자들이 교회당 안에서 영혼 사냥을 하기 위하여 말씀(하나님)을 인용하여 사람들을 미혹하고 있다는 것을 알아야 합니다. 정말 이 시대에는 이단이나 사이비 종교도 문제가 되지만 신비주의적 신앙을 가진 자들이 더 문제이기 때문에 신비주의적 신앙을 경계하며 두려워해야 합니다. 신비주의자들은 성령님의 역사라는 타이틀을 가지고 기술과 최면으로 사람들의 눈을 속이는 술수를 부리며 영혼들을 미혹시키는 일들만 할 뿐입니다. 그들은 집단적으로 어느 곳에서 교육을 받아 배워 온다든지 악령에 씌워져 횡설수설하는 말들을 예언이라 말하고 있다는 사실을 알아야 합니다. 신비주의적 신앙을 합리화시키기 위하여 어떤 이들은 성경과 영적인 일이 별개라고 말을 하는 자들도 있는데, 성경과 영적인 일은 반드시 일치됨을 알아야 합니다. 성령님은 죄에 대하여, 의에 대하여, 심판에 대하여 말하게 하시며 우리의 영혼을 그리스도께 인도 하시는 진리의 영이시라는 사실을 분명히 알아야 합니다. 마지막 때가 임박해 올수록 신비주의자들이 슬그머니 은밀하게 그 정체를 감추고 기독교에 스며들고 있다는 사실을 알아야 합니다. 항상 영적으로 깨어 있어서 신비주의적 신앙에 물들지 않게 말씀을 토대로 자기의 영혼을 관리하여야 합니다. 성경을 아무리 많이 안다고 하여도 하나님을 자기 삶의 수단(세습적인)으로 이용하기 위하여 말씀을 변질시키며 악령의 인도를 받아 사역하고 있는 것이 더 무서운 것임을 알아야 합니다. 이단은 성경적 가르침에 어긋나는 자들이며, 사이비는 믿지 않는 자들이 믿는 자처럼 위장을 하여 사기를 치는 자들입니다. 신비주의자는 무당들처럼 귀신의 말을 전하며 영혼을 파괴 시키는 자들입니다. 하나님께서 영혼 구원에 목적을 두었다면 사단은 영혼 파괴에 목적을 둔 것인데, 이단이나 사이비종교, 그리고 신비주의적 신앙 중에서 영혼파괴의 위험이 가장 심각한 것이 어떠한 것인가를 분명히 알고 대처해야 합니다. 이단, 사이비에 속한 무리들이라 할지라도 누구든지 예수 그리스도를 믿으면 죄사함을 얻을 수가 있지만, 성령님과 대적하는 사단의 끄나풀인 신비주의자들은 귀신의 말로 사람들을 미혹시키므로 영원히 버려짐을 당하게 될 것입니다. 신비주의자들도 입으로는 그리스도를 부르지만 그들은 그리스도를 믿는 것처럼 위장한 것일 뿐이므로 영원히 죄사함이 없으며 영벌에 처해진다는 사실을 분명히 알아야 합니다. 신비주의자(무당)들은 그 입술이 하나님을 말하고 성령님을 말하는 듯하나 그들의 중심은 신접한 자로 자기 배를 채우기 위한 수단으로 거룩함을 위장하고 있다는 사실을 분명히 알아야 합니다. 신비주의자들은 사람들의 영혼을 흡입하는 영혼 파괴자라는 의미입니다. 자기의 영혼이 파괴 되는 줄도 모르고 오늘날 교인들은 신비한 것을 찾아 이리저리 돌아다니고 있는 것이 정말 문제인 것입니다. 이러한 악의 정체를 분별해 나가야 함에도 불구하고 이 시대 사람들은 영적 눈이 어두워 보이는 것에만 치중하게 되고, 영적귀가 어두워 자기가 듣고 싶은 것만 듣고 있는 것이 문제인 것입니다.

사단은 자기 자신이 우월하다고 생각하기 때문에 근본적으로 충고의 소리를 싫어하고 아부의 소리를 좋아하는 경향이 있다는 사실을 알아야 합니다. 즉, 사단은 각 사람의 죄에 대해서, 의에 대해서, 심판에 대해서 알 수가 없기 때문에 그에 대한 답변은 전할 수가 없다는 것입니다. 사단은 자기의 정체가 드러나기 전에는 거룩함으로 위장을 하며 인자함을 위장하지만 자기의 정체가 드러나면 해코지를 하며 상대를 제거시키기 위하여 사람들을 동원하여 한 사람을 왕따시키는 수작을 한다는 것을 알아야 합니다. 사단의 도구로 쓰임을 받고 있는지 하나님의 도구로 쓰이고 있는지 자기의 영혼 분별을 해 보아야 합니다. 영적 분별을 모르는 자들이라 할지라도 눈으로 보이는 모습만이라도 분별하여 본다면 사단의 노예로 살아가는 자들은 상대를 염려하고 위하는 것처럼 가장을 하면서

슬그머니 나쁜 소문을 내고 남을 헐뜯는 일을 즐거워하며 자기에게 거슬리는 자들에게는 반드시 보복하며 사람들을 동원하여 신실한 성도들을 왕따 시키는 술수를 자주 행하는 모습이 드러날 것입니다. 사단에게 속한 자들은 믿음이 있는 모습으로 위장을 하기 때문에, 그리고 성경을 많이 알고 있기 때문에 많은 교인들은 위장된 모습에 속고 있다는 사실을 알아야 합니다. 사단의 끄나풀들은 믿음을 위장하고 열심을 위장하여 사람들에게 인정을 받고 난 뒤에 그 역할을 시작한다는 것을 분명히 알아야 합니다. 많은 교인들은 그 술수에 넘어져 사단의 끄나풀과 함께 협력을 하여 성도들을 넘어지게 하는 역할을 하고 있다는 사실을 분명히 알고 그러한 짓을 당장 멈춰야 합니다. 많은 교인들이 그 술수에 넘어가는 이유는 아직 세상에 속하여 육의 일을 위하여 육의 이익을 좇아 살아가기 때문에 선을 좇지 못하고 육의 쾌락과 즐거움을 놓아 버리지 못하고 어둠에 속해 있기 때문인 것입니다. 말씀의 비유를 깨닫지 못하여 진정한 그리스도인의 삶을 알지 못하기 때문입니다. 말씀의 비유를 알지 못하여, 깨닫지를 못하여, 섬기지를 못하는 신앙관으로는 결국에는 사단의 앞잡이 노릇을 하다가 파멸로 돌아가게 될 뿐입니다.

아무리 성경 통독을 수백 번을 하였다고 하여도, 아무리 성경을 잘 알고 가르친다고 하여도, 진정으로 자기의 영혼이 하나님을 알지 못하고, 하나님을 믿지 못하고, 하나님을 섬기지 못한다면 이는 하나님의 손에 붙들린바 되지 못한 상태이며 결국에는 사망(지옥)으로 향하게 될 것입니다. 사람들은 흔히 성경을 잘 가르치는 자들을 하나님을 잘 섬기는 자로 착각을 하는데 성경을 가르치는 것과 하나님을 잘 믿는 것과는 천지 차이인 것을 알아야 합니다. 성경을 잘 가르치는 자들이라 할지라도 사단의 종에 속한 자들이라면 말씀의 비유를 알지 못합니다. 말씀의 비유를 깨닫지 못하는 것은 아직 성령님의 임재가 없다는 것이며, 하나님의 자녀가 되지 않았음을 뜻하는 것입니다. 비록 성경 지식이 부족하다고 할지라도, 그 영혼이 말씀의 비밀한 것을 깨닫는 자들은 진정으로 하나님께 속한 자들이기 때문에 성령님의 인도하심이 있는 것입니다. 그러나 사단의 앞잡이로 살아가는 자들은 결단코 하나님 나라의 비밀을 알 수도 없고, 성경을 상고한다 할지라도 말씀의 비밀한 것을 깨닫지를 못하게 될 것입니다. 악에 속하여 성도의 믿음을 파괴시키는 가장 기본적인 술수인 왕따를 시키기에 사람들을 동원하는 자들은 반드시 영벌에 처해질 것입니다. 어렵고 힘든 그리스도인들을 돌아보아 서로 돕고 협력하며 사랑으로 보듬으며 성령으로 하나되기를 간구하는 것이 아니라 자기의 자랑을 내세우며 사람들에게 인정받기를 위하여 인기 작전을 벌이는 자들은 결국에는 패망을 당하게 될 뿐입니다. 그러한 무리들은 시간이 지나갈수록 자기의 악으로 인하여 흉악한 모습으로 변하고, 하나님의 사람이 아닌 사단의 사람이었다는 것이 드러나게 될 것입니다. 그들이 왕따를 시키는 것은 악의 시작에 불과합니다. 여러분, 악을 끊지 못하고 계속 되풀이 한다면 하나님의 보응은 계속 될 것입니다. 모든 악은 악의 구별도 악의 높낮이도 없습니다. 성령님과의 대적은 모두가 악에 속하였고 악을 행하는 악인들의 배후에는 성령님을 미워하는 사단이 우두머리가 되어 있다는 것을 알아야 합니다. 성령님의 인도를 받아 말씀(하나님)에 순종하며 사는 자들을 말씀(하나님)에 불순종하는 자들로 만들기 위하여 미혹하며, 성령님의 사역하심을 방해하여 하나님 나라의 확장을 막는 사명을 수행하는 자들은 사단의 지배 아래 있다는 것을 알아야 합니

당신의 영혼은 안녕하십니까?

다. 성령님을 대적하는 자들은 아직 자신이 사단의 인도를 받고 있다는 것을 깨닫지를 못하고 그냥 자기 생각과 의견을 말하는 것이라며 사단을 비호하고 있는 모습은 패망으로 가는 모습일 뿐입니다. 하지만 시간이 지날수록 사단의 일은 확실하게 구별 되어질 것입니다. 그럴 때에 모든 사람들이 "저 사람은 사단의 인도를 받고 있었구나" 하고 알 수 있지만, 지금 현재 말씀을 토대로 사단의 궤계를 알고 신비주의적인 신앙에서 벗어나야 할 때라는 사실을 알아야 합니다. 입술로 휘파람소리, 바람 같은 소리를 내며, 펄쩍펄쩍 뛰다가 사람들을 드러눕히는 모습들은 100% 신비주의라는 것을 분명히 알아야 합니다. 여러분, 지금 현재 영적 분별을 하지 못하여 사단에 속한 자들과 맞장구를 치다가, 그 후에 사단과 함께 저주를 받게 된다면 무슨 소용이 있겠습니까? 사람의 말을 듣고 지내오는 삶들이 하나님을 떠난 삶으로 사는 신앙생활이었음을 알았을 때는 이미 늦었을 것입니다. 그런 후회의 시간을 맞이하지 않기 위하여 예수 그리스도를 따르는 자들을 모욕하거나 거짓말로 사람들에게서 왕따를 시키는 일들을 즉각 멈춰야 합니다. 악은 무엇이나 벗어 버리고 선을 좇아 살아가려는 착한 일을 행하시는 성령님의 인도하심을 받아 하나님 나라의 확장을 위한 쓰임 받는 도구가 되어야 되지 않습니까?

여러분, 미혹의 영에게 완전히 사로잡혀 버린다면 신비주의적 신앙관으로 악영의 영을 받아 믿는 자를 삼키려 하는 사단의 종이 될 것입니다. 이들은 악인의 길을 가고 있으면서도, 사단의 인도를 받고 있으면서도, 성령님의 인도를 받고 있는 냥 착각에 빠져 살게 될 것입니다. 이들은 자기가 의로운 일이라도 행하는 줄로 알며 믿음 있는 성도들이나 목회자들을 억울하게 만드는 일들을 행하는 저주받은 삶을 살고 있습니다. 그러한 자들은 사단의 앞잡이 노릇을 하고 있는 것입니다. 교회당에 나와서 기도를 하고 찬송을 부르며 전도를 하고 헌금을 많이 한다고 해도 이들은 실상은 사단을 하나님이라 여기며 따르게 될 것입니다. 자기 착각 속에서 하나님을 믿는 듯하나 실상은 열심을 내어 사단을 "주"라 부르며 따르게 될 것입니다. 그들의 결국은 패망으로 가게 될 뿐입니다. 사단을 추종하고 사단의 끄나풀이 되어 믿는 자들을 모함하며 억울하게 하는 말들을 지어내는 역할을 합니다. 사단을 섬기는 자는 구원의 반열에 서려고 안간힘을 쓰지만 구원은 이루어지지 않을 것입니다. 그럼에도 불구하고 아직 하나님을 대적하며 악하게 살아가는 모습이 정말 안타깝습니다. 그런 자들은 죄에 대하여, 의에 대하여, 심판에 대하여 말씀을 전하면 자기를 돌아보며 회개하는 것이 아니라 단번에 악을 끊으려 하지 않고 "두고 보자" 하는 마음으로 이를 갑니다. 이런 태도는 스스로 파 놓은 웅덩이에 자기 자신을 밀어 넣는 것입니다. "두고 보자"고 이를 가는 마음은 사단이 주는 마음이며 악한 마음입니다. 그러한 악한 마음으로는 영원히 지옥불못에 던져지게 될 것입니다. "두고 보자"라는 마음을 품고 있는 한 말씀을 듣는다고 해도 그 심령은 선함으로 회복되기 어려울 것입니다.

　여러분, 누구에게나 그리스도를 믿을 수 있는 기회는 있습니다. 그러나 그 기회를 놓쳐 버리게 되면 그리스도를 믿을 수도 없게 되는 것입니다. 모든 기회는 하나님께서 허락하실 때까지입니다. 하나님께서 그 기회의 시간들을 닫아 버리시면, 자신이 기회를 만들려고 해도 다시는 회복할 수가 없고 돌이킬 수가 없는 것입니다. 기회는 우리들 스스로가 정하는 것이 아니고 하나님께서 정하시는 것입니다. 돌이키라고, 악을 끊으라고, 수없이 말씀을 하시지만 성령님의 하시는 말씀을 알아듣지 못하고 자기의 오만과 교만함 속에 젖어 있으면 구원의 기회를 놓쳐 버릴 것입니다. 거짓된 마음에는 악의 뿌리가 자라나고 있음을 알아야 하는 것입니다. 악의 뿌리를 얼른 베어 버리기 위해 몸부림을 치는 것이 아니라 악의 뿌리를 자라게 하면서 하나님을 아버지라 부르는 자들을 하나님께서는 가증히 여기시며 진노하실 것입니다. 악인들이 광명한 천사로 가장하고 신실한 척 위장을 해도 결국에는 하나님께 내치심을 반드시 받게 될 것이며 무저갱 속에 갇히는 신세가 될 것입니다. 모든 악은 하나님께서 매우 싫어하십니다. 악인은 바람에 나는 겨와 같이 흩어 버리실 것입니다. 하나님께서는 악에게 자기 영혼을 내어 주는 자들을 불쌍히 여기시지 않으십니다. 악인은 사단의 지배를 받기 때문에 절대로 악인에서 벗어날 수가 없는 것입니다. 악인은 선한자(그리스도)와 대적 관계이며 절대로 하나님께로 돌아갈 수가 없습니다. 악인은 하나님께로 돌아갈 수가 없을 뿐만 아니라 하나님의 심판을 반드시 맞이하게 될 것입니다. 여러분, 어떤 모양이라도 악의 편에 서지 말아야 합니다. 아니 악의 편이 아니라 악인이 되어 성령님을 대적하지 말아야 합니다. 성령님을 대적하면 죄사함이 없습니다. 영원히 말입니다. 악의 편에 서는 자는 사단의 종노릇을 할 뿐, 그 어떤 것으로도 하나님의 긍휼하심을 얻지 못 합니다. 당장 먹을 것이 없어서 목숨이 끊어진다고 하여도 성령님을 대적하며 훼방하는 행위는 하지 말아야 합니다. 악을 버리지 못한다는 것은 하나님 나라가 자기 집이 아니기 때문입니다.

말씀(하나님)을 듣지 않는다는 것은 하나님의 백성이 아니기 때문입니다. 하나님의 백성은 반드시 하나님의 말씀을 들을 수 있게 되어 있습니다. 하나님의 백성이 되지 않는 사단의 백성들은 하나님의 말씀을 듣고, 많은 체험으로 하나님의 표적과 기사를 보아도 알지 못하고 깨닫지를 못하는 것입니다. 여러분, 악은 자기의 악함을 고백한다고 하여도 악에서 떠나지 않는다면 더 나아지는 것은 아무것도 없습니다. 악을 고백하는 동시에 그 악을 끊으려고 애를 써야 하는 것입니다. 악을 끊지 못하는 모습은 더럽고 추악한 자기의 자존심과 자기 자신을 교만함과 높이 되기를 원하는 모습을 버리기 싫어하기 때문입니다. 자존심을 챙기기 위하여 자기의 고집과 아집을 버리지 못하는 삶이라면 더 비참하게 악의 형태로 굳어지게 될 뿐입니다. 여러분, 하나님의 은혜를 이용하는 자가 되지 말아야 합니다. 하나님의 눈을 속이고 성령님께 악을 부리는 행위는 하나님을 알지 못하고 사단의 종노릇을 하기 때문입니다. 여러분, 성령님을 대적하는 무서운 범죄를 저지르고 있으면 하나님께서는 낯을 가리실 것입니다. 하나님께서 낯을 가리시면 호흡조차도 할 수가 없는 막막함에 처해지게 될 것입니다. 하나님께서 낯을 가리시면 사단에게 휘둘리게 되고 결국 비참한 모습으로 전락하게 될 것입니다. 그리고 잔머리와 꾀를 지혜라 착각하여, 잔머리와 꾀에서 나온 모든 일들을 하나님의 것이라 여기며, 사람들을 미혹하는 일에 사용하지 마십시오. 잔머리와 꾀를 사용하여 사람들을 미혹시키며 하나님의 이름을 망령되이 일컫는 자들의 삶은 성령님의 인도를 받는 삶이 아니라 자기의 고집과 아집으로 똘똘 뭉쳐진 자기 중심적인 삶이며 옛 습관을 버리지 못한 진노의 자녀의 모습인 것입니다.

여러분, 우리가 아직도 하나님 나라의 일이 먼저가 아니라, 영(성령님)의 일이 먼저가 아니라, 아직 육신(세상)의 일을 우선으로 생각하고 있는 것을 되돌아보며 회개하여야 합니다. 육신(세상)의 일은 사람들에게 보

당신의 영혼은 안녕하십니까?

이기 위한 것이고, 좋은 성과가 있으면 칭찬을 받게 되고 인정을 받게 됩니다. 그리고 눈에 보이는 일입니다. 그러나 육신(세상)의 일은 하나님 나라와 아무 상관이 없고 구원과 아무 상관이 없다는 것을 알아야 합니다. 반대로 영의 일은 그렇지 않습니다. 영의 일들은 눈에 보이지 않는 것이기 때문에 하나님만이 우리의 믿음을 측량하실 수 있는 것이며 오직 믿음으로 수용해야 합니다. 영의 일은 성경 지식만으로는 알 수가 없습니다. 사람들에게 드러나는 일이 아니며 영의 일을 할 때에 고난과 핍박을 받을 때가 많이 있습니다. 영의 일을 할 때에 억울한 누명을 쓸 때도 있습니다. 영의 일을 할 때에 조롱을 당하거나 무시를 당하거나 손가락질을 받을 때도 있습니다. 그러나 영의 일은 반드시 승리합니다. 이미 그리스도께서 승리하셨기 때문에 누구든지 그리스도를 믿기만 하면 그리스도의 의로 말미암아 승리가 보장되어 있다는 것입니다. 하나님께 인정을 받게 되면 성령님의 인도를 받게 되며 악에서 건져 주실 것입니다. 그것이 바로 구원입니다. 반드시 구원 받아야 합니다.

그리스도를 믿는 본질이 구원 받기 위함임을 잊어버리면 안 됩니다. 여러분, 자기 심령안의 악을 즉시, 단번에 끊어 버려야 합니다. 그것이 바로 구원을 사모하는, 그리스도를 믿으려는 애씀이 되는 것입니다. 여러분, 악을 품고 있는 자나 악을 행하고 있는 자들이라면 단번에 모든 악을 멈춰야 합니다. 세월은 속히 흐르게 될 것이며 반드시 그 결과는 치러지게 되어져 있습니다. 악의 심판이 이르게 될 때 그 고통과 두려움은 감당할 수가 없게 될 것입니다. 그때에 이를 갈며 슬피 울며 애통할 것이 아니라, 지금 즉시 악에 속한 자에서 벗어나 하나님께 속한 자로 나아가는 몸부림을 쳐야 합니다. 악은 악으로 망하게 됩니다. 선은 선으로 흥하게 됩니다. 과연 어떤 길을 택하시렵니까? 우리에게는 의지가 있습니다. 그 의지로 말미암아 자기가 가고자 하는 길을 선택할 수가 있습니다. 분명히 성령님을 믿음으로 가는 길이어야 합니다. 그런데 자기의 믿음 없음으로 인해 행하는 모든 악들을 합리화 시키며 사단의 탓으로만 돌리고 있습니다. 자기가 행한 악행들을 사단의 미혹에 넘어져서 부린 것이라고 사단에게 떠넘기지 마십시오. 사단은 우리가 넘어지면 삼키려고 곁에 있을 뿐입니다. 여러분, 우리들에게는 하나님을 알고 믿고 섬기기 위해 많은 말씀을 전해 들었고 체험한 시간들이 많이 있었습니다. 누구든지 그 말씀을 준행하는 삶이라면 선한 그리스도인의 향기가 품어져 나올 뿐만 아니라 모든 악을 미워하고 선을 사랑하는 믿음의 길로 향하게 될 것입니다. 그리고 티끌만큼의 악을 행하는 것도 두려워하며 악을 받아들이는 마음조차도 닫아 버리는 신령한 믿음의 길로 나아가려는 애씀이 있게 될 것입니다. 그러나 악을 행하는 것은 우리의 의지가 악을 사랑하기 때문이고 악의 길을 가기를 원해서 입니다. 성령님을 미워하고 자기가 하나님보다 더 높아 지려고 하는 교만한 자는 아직 하나님이 어떤 분이신가를 모르는 자입니다. 성령님의 통치하심 안에서 하나되어 서로 사랑하며 성령님의 사역하심에 협력하고 선(그리스도)을 이루기(높이기) 위한 하나 됨을 거부하고 성령님의 사역하심을 방해하며 미워하는 것은 그만큼 하나님 나라가 확장되는 것이 싫고 그리스도께서 높이 드러나는 것을 싫어하기 때문이며 자기를 높이 드러내고자 하는 악한 속마음 때문입니다. 우주가 모두 하나님의 주관하심 안에서 이루어지는 것을 싫어하기 때문에 악을 행하는 것이며 하나님의 일을 미워하는 사단의 노예로 살아가고 있는 결과입니다. 성령님을 믿지 못하고 성령님을 외면하는 악한 심령들은 하나님보다 더 인정받고 하나님보다 더 높아지려는 타락한 자이기 때문에 아직도 악을 끊지 못하고 있는 것입니다. 악은 시기와 질투와 자기가 높아지려는 데에서부터 시작이 된다는 것을 분명 알아야 합니다. 입술로는 "아니요"라고 말하지만 실질적으로 그 심령은 사단을 추종하는 악인이라는 것입니다.

사단은 때가 되면 영원히 무저갱 속에 갇히게 됩니다. 그러한 사단을 아비로 인정하고 살아간다면 사단이 무저갱 속에 갇힐 때에 악인들도 함께 멸하여 진다는 사실을 알고 즉시 악을 거두기를 원합니다. 여러분, 성령님의 사역을 방해하기 위하여 성령님의 일하심을 모독하고 조롱하여 영원히 타락의 길로 들어서게 되는 사단의 종자가 되지 않기를 소원합니다. 악인의 길은 패망뿐입니다. 성령님을 노엽게 하는 행위를 당장에 멈추고 성령님께 인정받는 믿음이 되어야 합니다. 성령님의 인도를 받아 그리스도를 믿게 되면 죄에서 자유함을 누릴 수가 있게 됩니다. 그래야 선한 하나님의 사람으로 영원한 생명을 얻게 되는 것입니다. 여러분, 아직도 성령님께서 교회(사람)들에게 하시는 말씀을 듣는 자들에게는 기회가 있습니다. 즉각 모든 악독을 끊고 악인의 길에서 돌이키시기를 간구합니다. 선한 자만이 천국을 소유할 수 있습니다. 천국(하나님 나라)은 침노하는 자들의 것입니다. 천국이 자기 안에 거해야 하는 것입니다. 천국은 침노하는 자들의 것이라고 말하니 신비주의적 신앙을 가진 자들은 옆 사람을 미워하고 그 사람의 믿음을 빼앗으려고 합니다. 그러한 것이 침노하는 것이 아닙니다. 옆 사람의 믿음을 파괴시키는 것이 천국을 침노는 것이라고 하신 말씀이 아닙니다. 옆 사람의 믿음을 파괴시키는 것은 사망으로 가는 길입니다. 남에게 해코지를 하라는 것이 아니라 자기 안의 악을 끊어 버리라는 것입니다. 자기 심령 안의 모든 악을 침노하여 악한 마음과 전쟁을 하여 싸워 승리하라는 의미입니다. 그리스도를 믿고 성령의 도우심을 받아 자기 안의 악을 다 몰아내어 버리고 새로운 정직의 영을 받아들임으로서 천국을 소유하게 되는 것입니다. 자기 안에 하나님 나라가 임하는 것이 천국을 소유하는 것입니다. 모두 성령님을 사랑하며 성령님을 알고 믿고 섬기는 일에 최선을 다하여 천국의 백성이 되기를 사모하는 자로 악을 끊고 선한 마음과 착한 행실로 살아가기를 간절히 원합니다. 모두 다 성령님의 인도하심을 받아 사단의 궤계를 이기고 하나님 나라의 백성이 되어 영생을 누리는 복된 성도들이 되시기를 축원합니다.

31

자기 영혼을 파괴시키는 주범은
자기 망상이고 자기 착각입니다

내가 불렀으나 너희가 듣기 싫어하였고 내가 손을 폈으나
돌아보는 자가 없었고 도리어 나의 모든 교훈을 멸시하며 나의 책망을
받지 아니하였은즉 너희가 재앙을 만날 때에 내가 웃을 것이며
너희에게 두려움이 임할 때에 내가 비웃으리라. 너희의 두려움이 광풍같이
임하겠고 너희의 재앙이 폭풍같이 이르겠고 너희에게 근심과 슬픔이 임하리니
그때에 너희가 나를 부르리라 그래도 내가 대답하지 아니하겠고
부지런히 나를 찾으리라 그래도 나를 만나지 못하리니.

(잠언 1: 24~28)

"주 예수보다 더 귀한 것은 없네"라고 하며 그리스도만이 가장 귀한 분이심을 입을 크게 벌려 찬양을 드리는 모습을 흔히 볼 수 있습니다. 입으로는 예수 그리스도밖에 없다고 항상 찬양하는데 마음으로는 얼마나 예수 그리스도께서 귀한 분이시며 존귀의 왕이심을 믿고 있을까요? 여러분, 자기 자신들에게 가장 귀한 것이 무엇입니까? 어떠한 것을 제일로 두며, 그것을 이뤄가기 위해 달려가고 있습니까? 만약 입으로

는 그리스도를 시인하면서도 마음으로는 다른 것을 우선적으로 생각하고 있다면 하나님을 기만하고 있다는 것을 알아야 합니다. 그렇다면 세상에서 가장 무서운 것이 무엇이라 생각하십니까? 세상에서 가장 무서운 것은 하나님을 알아 가는 것을 방해하는 교만함과 자기 나름대로 하나님을 판단하는 착각입니다. 이러한 교만함과 착각으로 말미암아 하나님을 배반하는 것이 가장 무섭다는 것입니다. 하나님을 자기중심적인 잣대로 알고 믿고 자기 신앙관의 착각으로 말미암아, 하나님과 관계가 없는 황폐한 삶으로 이어진다는 것을 알아야 합니다. 자기중심적 신앙관은 자기 영혼은 물론이거니와 육의 패망까지 불러다 준다는 것을 알아야 합니다. 보이지 않는 하나님이라고 자신의 잘못된 신앙관을 토대로 해서 하나님을 자기 삶의 수단으로 이용하고 하나님 이름을 망령되이 일컬으면 하나님께서는 알아야 합니다. 육체는 건물적인 교회를 향하면서도 스스로 그리스도를 믿고 있다는 착각 속에 빠져 있지만 그런이들의 영혼은 하나님과 전혀 상관이 없으므로 패망을 향하고 있습니다. 이 패망의 길에서 벗어나려면 자기중심적인 신앙과 하나님을 믿고 있다는 착각에서 벗어나야 합니다. 그리고 하나님으로부터 인정받고 성령 충만함을 받아야 합니다. 성령님의 임재하심이 있는 믿음의 자녀들은 자기의 잣대로 말씀을 변질시키지 않으며, 하나님의 자녀(성도)들을 괴롭히지 않으며, 다른 사람들을 억울하게 하지 않으며 낮은 자들을 소중하게 생각합니다. 그리고 성령님의 하시는 일들을 모략하고 방해하지 않습니다. 믿음은 하나님께서 선물로 주셔야 되고 하나님으로부터 인정받아야 되는 것입니다.

　여러분, 헌금을 많이 하고 많은 사람들을 전도했다고 해서 그리스도를 믿는 것은 아닙니다. 그리고 봉사를 많이 한다고 하여 그리스도를 믿는 자가 아니라는 사실을 알아야 합니다. 나의 열심으로 "이 정도하면 하나님께서 인정해 주시겠지" 하는 오만한 자기중심적인 착각과 망상에 젖어 살면 안 됩니다. 하나님의 시각에서 생각해 보지 않고 스스로 자기중심적인 신앙에 빠져서 하나님께서 당연히 우리의 헌금, 전도, 봉사를 기뻐 받으실 것이고 우리의 이름을 생명책에 기록해 주실 것이라 결정짓는 교만에 쌓여 있는데, 이러한 착각들이 세상에서 가장 무서운 것입니다. 여러분, 착각에 휩싸이지 않기 위해서는 반드시 성령님을 믿는 몸부림이 있어야 하는 것입니다. 그런데 거듭나기 위해 진리의 길로 들어서려는 몸부림을 하나도 하지 않으면서 하나님께서는 당연히 자기의 믿음을 인정해 주실 것이라는 결정을 내려놓는 착각에 빠져 있다는 것이 가장 무서운 일인 것입니다. 자기중심적인 가치관과 신앙관을 중심으로 사는 자들은 자신이 마귀의 종인지 하나님의 자녀(성도)인지도 모르면서 스스로 자칭 하나님의 자녀(성도)라고 자부하는 자기 착각에 빠져 있습니다. 마귀의 종노릇을 하면서 건물적인 교회에 나가 사람이 주는 물세례만 받으면 구원을 받은 줄로 아는 착각은 패망으로 향하는 지름길입니다. 그리고 그러한 행위에 물들어 하나님을 핍박하고 살아가면서도 자신은 하나님을 사랑한다고 말하고 있습니다. 하나님을 핍박한다는 것은 교회 안에 있는 어렵고 낮은 사람들을 은근하고 교묘하게 여러 가지 방법으로 괴롭히는 술수를 부리는 행위를 의미합니다. 이웃을 상처 주고 핍박하는 것은 하나님을 핍박하는 것입니다. 그렇게 여러 모양으로 마귀의 종노릇을 하면서도 하나님의 자녀인 척 하나님을 경외하는 척하는 가식적인 모습을 믿음이라고 여기고 있었던 것입니다. 남들의 오점과 실수는 잘 지적하면서 오히려 자기가 하나님과 관계없는 자임을 알지 못하는 착각을 하고 있다는 것입니다. 이런 오만함과 착각을 즉시 회개해야 합니다. 하나님보다 더 높아질 수는 없습니다. 우리가 하나님보다 더 높아지려고 한다면 그것은 분명히 사단일 것입니다. 타락한 사단은 때가 되면 영원히 무저갱 속에 갇히게 될 것입니다. 지금은 알곡과 가라지를 가리시기 위하여 하나님께서 사단을 잠시 풀어 둔 것뿐입니다. 사단이 제 아무리 날고 뛰어도 최후에는 무저갱 속에 갇히게 될 것입니다. 사단은 그리스도를 믿을 수가 없기 때문에 결국에는 무저갱 속에 갇히게 된다는 말입니다. 누구든지 예수 그리스도를 믿게 되면 영생이 있을 것이라는 하나님의 말씀이 있었지만 타락한 사단은 이 말씀에 해당이 되지 않으며 하나님 말씀과는 분리된 존재라는 것을 알아야 합니다. 하나님보다 더 높아지려는 사단의 종으로 타락한 무리들은 건물적인 교회당에 나와 열심을 낸다고 하여 하나님 나라에 들어갈 수는 없을 것입니다.

혹여나 사단의 끄나풀이 되어 영적 귀가 어둡고 영적 눈이 멀어져 자기의 가치관에 따라 성경을 말하며 자기 의를 나타내며 그냥 하나님을 조롱하는 데만 머물러 있는 모습은 아닙니까? 일생 동안 사단의 종노릇을 하면서 신비주의자로 살면서도 자신들은 열심히 하나님을 사랑하고 섬겼다고 착각하며 지내다가 주님 재림하시어 심판대 앞에 서게 될 때 하나님께서 "나는 너를 모른다"라고 하시면 어찌 하시렵니까? 주님께서 나를 외면하시고 그 악함을 저울질하여 그 무게의 가치대로 지옥불에 던져 버리시면 어찌 하시렵니까? 그때는 그 어떤 변명을 하고 기회를 달라고 부르짖어도 기회는 늦을 것입니다. 인생은 하나님을 섬기기 위한 몸부림의 길입니다. 모든 인생들은 보혜사 성령님을 모시어 들이기 위해 자기 심령의 모든 악들을 버리는 몸부림을 쳐야합니다. 자기 육의 이익을 위해 살

당신의 영혼은 안녕하십니까?

아가는 것이 아니라 자기의 영혼의 때를 기다리며 하나님을 영화롭게 하기 위해 살아가야 합니다. 사람들은 하나님의 뜻을 알지 못하고 이 짧은 여정 속에 각자 자기의 착각 속에서 자기의 육의 일을 위하여 목숨을 걸고 전진하고들 있습니다.

날씨가 우중충하면 비가 올 것이라는 기후는 알면서도 마지막 때의 징조는 알지도 깨닫지도 못하고 있는 우리들입니다. 정작 자기 영혼을 위해 목숨을 걸고 영의 일을 하는 자는 과연 몇이나 되겠습니까? 자기 영혼을 위해 목숨을 거는 자들을 향하여 사람들은 자신의 착각의 잣대로 들이대며 미쳤다고, 정신 나갔다고, 정상이 아니라고, 신앙생활을 잘못하고 있다고, 사이비에 빠졌다고 놀리고 있습니다. 그러나 성경을 잣대로 보면, 상대를 지적하고 있는 자들이야 말로 하나님을 알지 못하고 신비주의적 신앙관에 빠져 자기중심적인 잣대로 성령님을 모독하고 무시하는 행위를 하고 있는 것입니다. 무엇이 옳은지 그른지는 하나님의 시각으로 말씀을 잣대로 비춰 보아야 할 것인데, 우리는 진리이신 그리스도를 높이는 것이 아니라 돈이나 권력이나 명예를 높이는 신앙관을 가지고 살아가고 있습니다. 자신들이 잘못된 것을 모르고 하나님을 제대로 섬기며 천국을 위해 몸부림치는 영적 사람들을 멸시합니다. 하나님을 섬기는 자를 멸시하는 자는 하나님을 멸시하기 때문입니다. 그들은 입으로는 "주여"라고 부르고 있지만 그 심령은 하나님 나라가 세워지는 것을 싫어하고 성령님의 사역을 거부하며 자기가 높아지려고 하는 짐승의 마음을 가지고 있습니다. 우리가 아직 악을 부리고 성령님의 말씀하심이 들리지 않는 이유는 하나님을 미워하고 있기 때문입니다. 육적 욕망에 따라 살아가며 하나님의 말씀을 소홀히 하는 자들은 하나님을 미워하기 때문입니다. 하나님께서 사용하시는 도구를 미워하는 것은 우리가 악에 속한 자들이기 때문입니다. 아직도 악의 정체를 감추며 하나님을 섬기는 척 위장을 하십니까? 아무리 위장을 하여도 악은 하나님을 섬길 수가 없습니다. 악인은 하나님의 심판을 견디지 못 합니다. 악인은 바람에 나는 겨와 같이 흩어 버려지게 될 것입니다.

죽을 수밖에 없는 진노의 자녀였던 우리를 하나님께서는 예수 그리스도를 믿게 하고 구원의 길로 인도해 주시는데, 우리는 하나님의 크신 사랑을 감사하기는커녕 자기의 착각된 신앙관으로 하나님께 계속 도전장을 내고 있습니다. 하나님을 미워하면서 건물적인 교회를 섬기고 있습니다. 건물적인 교회를 섬기고 지도자들을 섬기는 일들이 하나님을 섬기는 것인 냥 착각하고 있는데 그러한 행위는 종교 생활을 하고 있는 모습이지 그리스도를 믿는 모습이 아니라는 것입니다. 종교 생활을 하고 있는 자들은 입술로는 하나님을 사랑한다고 말하지만 속 사람은 하나님을 미워하는 거짓된 생활을 하고 있습니다.

하나님의 크신 사랑을 감사하여도 부족할 판에 감히 성령님을 조롱하고 성령님의 사역을 방해하는 행위를 하나님께서는 어찌 하실 것인지를 한번 돌아보아야 합니다. 성령의 하시는 일에 도전하는 자는 멸망을 당합니다. 성령님의 사역하심을 보고도 하나님을 속이고 거짓과 술수로 믿음 있는 척, 진실한 척 한자는 그대로 무서운 심판이 있을 것이라는 사실을 반드시 알아야 합니다. 하나님의 사람은 무서운 보응을 받기 때문에 악을 멈추는 것이 아니라 어떠한 경우에도 근본 선하신 하나님의 말씀을 듣게 되어 있습니다.

하나님과는 그 어떤 거래가 있어서도 안 되는데 사람들은 하나님과의

당신의 영혼은 안녕하십니까?

거래를 하려고 합니다. 거래를 하고 있음에도 불구하고 거래를 하고 있다는 조차도 모르고 있습니다. 성령님의 말씀을 듣지 않고 성령님을 부인하는 자들은 하나님의 자녀가 될 수 없으므로 그리스도를 믿을 수가 없게 될 것입니다. 그냥 하나님의 일에 귀기울이는 구경꾼일 뿐이지 영원히 지옥불못에 떨어져야 하는 악인이라는 것입니다. 자기의 육의 욕구에 대하여 조금이라도 이익이 된다면 굴복하는 척하며 성령 하나님을 섬기겠다고 말하는 이들은 진정으로 하나님을 모르는 것입니다. 구원을 위해, 영생을 위하여 예수 그리스도를 믿어야 합니다. 하나님의 구원의 목적은 나의 영혼이 그리스도를 믿어 영생을 얻게 하기 위한 것입니다. 그리고 우리가 사는 목적은 하나님을 영화롭게 하는 것입니다. 하나님을 영화롭게 하기 위해서 살아야 할 우리가 하나님의 영광을 빼앗아 자기의 욕심을 채우려 하는 것은 하나님을 배반하는 것입니다. 천국이 있다는 것을 부정하는 자들인 것입니다. 진정으로 천국을 아는 자는 육신의 일을 하는 것이 아니라 영의 일을 하며 하나님을 경외하며 하나님을 영화롭게 하기 위해 목숨을 바칠 것입니다. 과연 얼마나 길게 살아갈 것이며 인생의 끝은 어딘지를 묵상해 보십시오. 하루하루 길고 지루한 인생 같지만 인생은 매우 짧습니다. 이 짧은 인생을 살아가면서 하나님을 배반하고 자기의 정욕에 따라 살아가다가 그 결국에는 어찌 되는지를 생각해 보십시오. 잠깐 누릴 편안 때문에 영원히 누릴 평안을 버리실 것입니까? 잠시 누릴 육체를 위하여 발버둥을 치다가 그 결국에 영원히 지옥불못에서 허덕이며 사는 영혼이 되시렵니까? 아니면 인생의 고달픔과 죄의 눌림으로 인해 힘이 들고 고통스럽지만 오직 하나님을 영화롭게 하기 위한 몸부림으로 영원한 생명을 얻어 하나님을 아버지라 부르며 영원한 기뿜으로 찬양 드리며 살아가시렵니까? 어느 길을 선택할 것인가는 우리의 의지와 믿음에 달려 있습니다. 이제는 자기중심적인 착각의 신앙에서 해방되어 하나님 중심적인 믿음으로 자기를 부인하고 십자가를 지고 주를 따르는 삶이되시기를 간절히 소망합니다.

32

성도의 준비를 하여야 합니다

그러므로 모든 더러운 것과 넘치는 악을 내버리고
너희 영혼을 능히 구원할 바 마음에 심어진 말씀을 온유함으로 받으라
너희는 말씀을 행하는 자가 되고 듣기만 하여 자신을 속이는 자가 되지 말라

(야고보서 1:21~22)

여러분의 영혼이 하나님의 심판 앞에 서게 되는 날은 반드시 이르게 될 것입니다. 그날이 이르게 되면 여러분들은 하나님 앞에 무엇을 내어놓겠습니까? 여러분들은 어떠한 "선함(하나님 나라의 일)"으로 하나님께 잘했다 칭찬을 받을 수 있는 성도의 모습을 준비하고 있습니까? 마지막 때가 임박함을 알리는 여러 가지 하나님의 경고의 말씀을 듣고도 말씀을 준행하는 구별된 삶을 살아가는 것이 아니라, 말씀을 버리고 자기 자신의 생각과 뜻에 따라 하나님을 자기 삶의 수단으로 이용하는 너무나 교만한 모습이 현재 우리의 모습임을 알아야 합니다. 성경이 말하는 교만이란 세상이 말하는 자기 자랑과 자기만족에 으스대는 마음을 말하는 보이는 교만이 아닙니다. 하나님의 권위를 침범하여 하

나님보다 더 높아지려는 마음이 바로 성경이 말하는 교만입니다. 그러한 교만은 화를 입게 됩니다.

지금의 경제나 나라의 화근들을 보십시오. 사람들은 정치인들이 정치를 잘못하여 나라가 어지러워진 것인 줄로 생각하고 있습니다. 우리의 싸움은 혈과 육으로 인한 것이 아니라 하늘의 영과 공중 권세 잡은 영들의 싸움인데 말입니다. 오늘날 현실 세계에서 일어나고 있는 혼란들은 성경에 분명히 예언해 놓았으며 마지막 때가 임박함을 알리는 경고들임을 알아야 합니다. 사람들은 성령님이 하시는 말씀을 알지도 깨닫지도 못하여 성도의 준비를 하기는커녕 성령님을 조롱하며 노아 때처럼 여전히 세상과 쾌락을 쫓으며 살아가고 있습니다. 아비가 자녀를 죽이고 자녀가 아비를 죽이는 세상 속에서 하나님께로 돌이키고 하나님과 가까이하는 구별된 삶을 살아가려는 것이 아니라 점점 더 하나님을 떠난 타락된 삶을 살고 있습니다. 하나님을 경외하지 아니하고 하나님을 두려워하지 않는 교만한 마음으로 악한 삶을 지속하면 지금 현재보다 더 무서운 재앙이 닥쳐올 것입니다. 교만함으로 인한 가장 무섭고 두려운 일들 중 하나는 앞으로 하나님 말씀을 점점 들을 수가 없게 된다는 것입니다. 하나님 말씀을 자유롭게 듣고 싶어도 듣지 못하는 때가 온다는 사실을 애통해야 합니다. 하나님 말씀을 듣지 않으면 마른 땅에 가뭄이 오듯이 우리의 영혼은 이루 말할 수 없이 메마르게 될 것입니다. 그러므로 지금 즉시 교만한 마음을 버려야 합니다. 이때를 대비하여 한층 더 주님과 함께할 수 있도록 겸손한 심령이 되어야 합니다. 노아 때와 마찬가지로 마지막 때가 임박했음을 모르는 이들이 하나님 말씀을 저버리고 시집가고 장가가며 육체의 쾌락을 쫓아 살아갑니다. 성령님을 받아들이지 못하고 성령님을 부정하며 죄를 더 쌓아 가고 있습니다. 여러분, 한순간의 고난이 싫어서, 사람들의 핍박과 조롱이 싫어서, 육의 곤고함이 싫어서, 하나님을 버리고 죄를 쌓는 어리석은 삶을 살아가려 하십니까? 그렇지만 그 순간이 지나면 분명히 심은 대로 심판이 다가올 것입니다. 어느 누구도 피할 수 없는 1사망이 찾아 올 것이며, 주님 재림하실 때 심판을 받아 영원한 사망(2사망, 지옥불못)의 길로 향하게 될 것입니다. 그리스도를 믿지 않았던 영혼들은 제2의 영적 사망을 당하고 지옥불못에 던져질 것입니다. 여러분, 우리는 그리스도를 믿는 사람들입니다. 그리스도를 믿는 자들은 영적사망을 피하며 천국을 소유하게 될 것입니다. 과연 우리는 제2의 사망을 염려하고 자기 영혼을 위해 진정으로 하나님께 마음을 엎드려 보았습니까?

무엇 때문에 이렇게 악하게 되었고 무엇 때문에 죄의 보응을 받는지를 우리는 잊고 있습니다. 잊고 있기 때문에 또 자기의 생각대로 악을 행하며 하나님과 반대의 길을 가고 있습니다. 하나님은 우리의 겉모습(육의 신앙관)을 보는 것이 아니라 우리의 중심(영혼)을 보십니다. 여러분, 모든 악을 내려놓으십시오. 중심을 포장하고는 아무것도 될 수 없고 더 큰 악으로 죄의 보응을 받게 됩니다. 하나님을 모르는 것도 죄인데, 하나님의 일을 시기하고 질투하며 하나님 나라가 확장되기를 싫어하는 마귀의 속성에서 떠나십시오. 악이 아무리 하나님 나라의 일들을 방해한다고 하여도 하나님의 계획은 멈추지 않고 어김없이 진행됩니다. 자기의 생각대로 하나님을 말하고 판단하지 마십시오. 그리고 사람들의 말실수의 꼬리를 물고 사람들을 판단하는 행위 또한 버려야 합니다. 말의 꼬리를 물고 헐뜯고 악을 행하는 자들은 마귀의 종으로 하나님과 대적 관계임을 알아야 합니다. 그들은 자신이 행한 그대로 악에 대한 보응이 기다리고 있을 것입니다. 예수님의 사랑을 알지 못하고 율법적으로 똘똘 뭉쳐 사람들의 말실수들을 가지고 험담을 한다든지 비판을 하고 있다면 즉시 돌이키십시오. 지금 돌이키지 않으면 영원히 기회는 오지 않을 것입니다.

언제라도 그리스도를 믿기만 하면 하나님께서는 우리 죄를 용서해 주시고 우리들을 양자로 택하여 주십니다. 이러한 은혜를 알면서도 즉시 돌이키지 않고 악을 행하는 자들은 하나님의 냉엄한 심판을 자초하는 어리석은 자들입니다. 하나님의 은혜를 외면하고 악을 사랑하며 악을 버리지 못하는 마음은 자기 영혼의 기회의 때를 놓쳐 버리고 심판을 당하게 될 것입니다.

그리스도를 믿지 않으면 구원의 문은 열려지지 않습니다. 그리스도를 믿도록 우리의 영혼을 인도하시는 분은 성령 하나님이십니다. 악인들에게는 그리스도를 믿지 못하게 하시는 분도 성령님이십니다. 성경에도 기록되었습니다. 악인은 천국에 들어갈 수 없도록 바람에 나는 겨와 같이 흩어 버리신다고 하셨습니다. 예수님은 제자들에게 하나님의 뜻을 비유를 통해 전해 주셨습니다. 그러므로 성령님의 인도를 받아 그리스도를 믿고 순종하는 자들만이 말씀의 비밀을 알 수 있습니다. 아무리 성경 지식을 잘 전달하여도 악인들은 영원히 말씀의 비밀을 모르게 될 것입니다. 우리가 말씀에 준행하는 구별된 삶의 몸부림을 칠 때에 성령님께서 도와주실 것입니다. 여러분, 성령님의 도우심을 받고자 하려면 어찌해야 할까요? 먼저 성령님과 우리 사이에 막힌 담을 헐어 버리고 하나님께 인정받는 거룩한(구별된, 경건한) 삶이 되어야 합니다. 하나님께 인정받는 삶이란 자기의 생각과 뜻을 죽이고, 십자가를 지고 그리스도를 높이며 하나님을 기쁘게 해 드리기 위해 몸부림치는 삶입니다. 여러분, 하나님께서는 우리의 영혼이 성령님을 사랑하려고 얼마나 몸부림을 치는지를 지켜보시고 계십니다. 하나님을 사랑하는 사람은 자기를 높이지 않고 하나님을 높입니다. 하나님을 사랑하는 사람은 자기를 부인하고 십자가를 지고 그리스도를 높입니다. 하나님을 사랑하는 사람은 자기를 낮추고 성령님을 높입니다. 자기는 없고 하나님의 일만을 높입니다. 하나님을 사랑하는 사람은 이웃을 사랑합니다. 하나님을 사랑해야만 하나님께 속할 수가 있고, 하나님처럼 되려는 교만한 마음이 사라지고 겸손하며 낮아진 마음으로 전환이 될 것입니다. 교만이 깨지면 겸손하게 되며 자기를 낮추게 됩니다.

여러분, 하나님보다 높아지려는 것이 무엇입니까? 성경에도 기록되었거니와 하나님보다 높아지려는 것은 짐승이라고 말씀하셨습니다. 어찌 짐승이 감히 유일신이신 여호와 하나님께 도전을 한다는 말입니까? 짐승이 하나님처럼 되려는 것은 교만하기 때문입니다. 짐승은 짐승인데 자기가 하나님보다 더 높아져야겠다는 마음을 먹는 것은 교만 때문입니다. 할 수도 없고 해서도 안 되는 일입니다. 그리고 하나님 외에 어떤 다른 신들도 흉내 낼 수 없는 위대하심을, 타락한 인간이 자기의 능력으로 이루어 낼 수 있다고 여기고 있는 마음이 교만입니다. 타락한 인간이 하나님께 도전하는 것은 스스로 사단의 종이 되는 것이고 결국에는 무저갱 속에 영원히 갇히는 것을 스스로 자초하는 것입니다. 무저갱 속에 갇혀서 어둠의 권세들에게 절하며 그 권세들과 함께 하나님을 더 조롱하고 멸시하며 하나님의 일을 방해하는 데 앞장서겠다는 것으로 밖에 보이지 않습니다. 여러분들은 표적과 기사를 보면서도 아직 하나님이 하시는 일임을 모르고 있습니까? 우리의 악함 때문에 우리는 지옥불못에 떨어지게 될 것입니다. 공의의 하나님은 절대로 인정으로 사역을 하시지 않으신다는 것을 알아야 합니다. 하나님은 냉철하시고 공의로우신 분이심을 잊으면 안 됩니다. 하나님의 도구로 쓰임 받는 사람들은 사람이기에 인정이 있어 그 인정으로 사역을 하다가 넘어질 때도 있고 때로는 상처를 받지만, 하나님께서는 악인들은 분명히 심판하실 것입니다. 악한 자들에게는 음부의 길을 열어 놓고 그것을 바라보게 하실 것이며 그 길로 들어간 자들은 결국 몰살당하여 영원히 갇히게 될 것입니다. 악인들에게는 영적 눈을 가려 버리시며 영적 귀머거리로 만들어 그리스도를 알지 못하고 하나님 나라의 비밀을 깨닫지 못하게 만들어 버리실 것입니다. 그렇게 되면 악인들은 영원히 그리스도를 믿지 못하게 되며, 영원히 흑암의 권세들에게 장악당하며 지내게 될 것입니다. 하나님께서는 하신다면 하십니다. 하나님은 약속의 하나님, 실언하시지 않으신 하나님이십니다. 하나님께서는 그리스도를 믿고 하나님 뜻대로 살아가는 선한 이들에게는 반드시 영생의 복을 주시지만 악인들은 반드시 심판하십니다. 하나님은 실언의 하나님이 아니시고 약속의, 언약의 하나님이심을 알고 즉시 악한 심령을 선한 심령으로 돌이켜야 합니다. 여러분, 즉각 악한 심령을 돌이키십시오. "악함을 돌이키고 싶어요, 마음대로 되지 않아요, 나도 새사람이 되고 싶어요"라고 말을 하는 것이 아니라, 반드시 돌이켜야 한다는 사실을 명심해야 합니다. 악을 행하던 악한 마음을 선(그리스도)을 사모하고 믿는 마음으로 돌이키지 않으면 하나님과는 대적 관계가 될 것입니다.

"자꾸 악이 올라와요"라고 하는데, 그것은 본인은 그러지 않겠다고 하는데 악이 올라오는 것이 아닙니다. 악이 올라오니까 자신이 악에 휘둘리는 것이 아니라, 본인이 악하니까 악이 올라오는 것입니다. 여러분, 하

당신의 영혼은 안녕하십니까?

나님 말씀을 버리고 자기 자신이 그 악을 제압할 수 있다고 여기십니까? 모든 악은 어떤 모양이라도 버리고 교인에서 성도로 성화되는 힘씀이 있어야 합니다. 세상이 아무리 좋다고 하여도 곧 썩어질 헛된 곳에 전심을 다하지 말고 오직 성령님의 인도하심을 받아 그리스도를 믿어 성도로서의 준비를 하여야 할 때임을 분명히 알아야 합니다. 자기중심적인 신앙관으로 하나님을 말하고 천국을 말하며 자기 뜻대로 살아가다가 성도의 준비를 하지 못하여 주님을 대할 때 그때는 이미 늦었을 것입니다. 그러므로 지금부터 즉시 참된 성도로서 우리의 영혼을 반듯하게 세워야 합니다. 귀 있는 자들은 성령님의 하시는 말씀을 듣고 성도의 준비를 하여 주님오실 그날에 주님 맞을 자격을 갖추어야 한다는 것을 명심하기 바랍니다. 속물적인 신앙관으로는 절대로 주님을 만날 수가 없으므로 거룩한 진리의 영이신 성령님의 인도를 받아 거룩한 성도의 모습을 갖추어 나가기를 바랍니다. 성령님의 인도를 사모하며 그 인도대로 살아가는 신실하고 깨끗한 영혼이라면 반드시 하나님의 도우심이 있을 것입니다. 하나님의 도우심을 받기 위하여 더 겸손히 낮아지고 그리스도를 높이며 자기 영혼의 때를 위하여 준비해야 합니다.

하나님은 은혜의 하나님이시며 또한 진노의 하나님이십니다. 돌이키는 자에게는 은혜를 베푸시고 대적하는 자에게는 심판을 내리실 것입니다. 교만함과 육적 욕심으로 인하여 범한 모든 죄를 즉시 하나님께로 돌이키십시오. 우리 모두 성령님의 인도를 받아 그리스도 안에서 거듭나고 영생의 주인공들이 되어 하나님께 영광 돌리는 성도들이 되시기를 예수 그리스도의 이름으로 축원합니다.